极简

契丹

丹

A Brief History of

THE KHITAN

水木森 ◎ 著

史

团结出版社
UNITY PRESS

图书在版编目（CIP）数据

极简契丹史 / 水木森著 . -- 北京：团结出版社，
2023.9
ISBN 978-7-5234-0219-1

Ⅰ.①极… Ⅱ.①水… Ⅲ.①契丹－民族历史－通俗
读物 Ⅳ.① K289-49

中国国家版本馆 CIP 数据核字（2023）第 114078 号

出　版：团结出版社
　　　　（北京市东城区东皇城根南街 84 号　邮编：100006）
电　话：（010）65228880 65244790（出版社）
　　　　（010）65238766 85113874 65133603（发行部）
　　　　（010）65133603（邮购）
网　址：http://www.tjpress.com
E-mail：zb65244790@vip.163.com
　　　　tjcbsfxb@163.com（发行部邮购）
经　销：全国新华书店
印　装：三河市东方印刷有限公司

开　本：170mm×240mm　16 开
印　张：14.5
字　数：197 千字
版　次：2023 年 9 月　第 1 版
印　次：2023 年 9 月　第 1 次印刷

书　号：978-7-5234-0219-1
定　价：48.00 元

序　契丹历史独一无二的魅力

　　契丹是中国历史上消失了的少数民族。在中华文明中，契丹存在时间只有几百年，但它给我们留下了难以磨灭的记忆，它为中华文明的发展和传播做出了重要贡献，至今仍然影响着我们。

　　契丹人向来剽悍，却成功地将游牧文明和农耕文明融合在一起；契丹地跨长城内外，以塞北为主，却在很长时间被一些西方国家当作一统中国的王朝；契丹崛起于东北亚，却在国破家亡后，还能远征西域，在中亚建立称霸百余年的国家……

　　契丹源于东胡，跟匈奴、鲜卑都有一定关系，但历史发展轨迹又与匈奴、鲜卑大不相同。东胡被匈奴打败后，一支残部发展成鲜卑。鲜卑大举进入中原后，留在塞外辽河上游的一部分，经过几百年不同发展道路，形成契丹等民族。到北魏时，契丹才以独立身份登上历史舞台。

　　契丹本义是镔铁。契丹族诞生于铁和血的环境，其历史发展轨迹，也如同一块生铁炼成熟铁，炼成钢，最后又回炉，被融入其他金属中。契丹族兵强马壮，骁勇善战，无论是遇到强劲对手，还是势力较小的部族，都会勇往直前。起初，他们勇猛而缺少谋略，经过一定挫折后，他们会很快成长，变得有勇有谋，甚至某些谋略超越时空。

　　经过长期奋斗，契丹人建立了雄霸东北亚的游牧民族与农耕民族和谐相处的帝国。契丹创造性实行"一国两制"，用中原制度治理汉族、渤海族等农耕民族，用传统制度治理契丹、奚族、女真等游牧民族，且能长期相对和睦相处，共同创造当时最强盛帝国。在契丹最强盛时期，它的领土北到外兴安岭、贝加尔湖一线，东临库页岛，西跨阿尔泰山，南抵河北和山西北部，是当时名副其实的东亚第一强国。

契丹是骑马打天下的民族。契丹骑兵骁勇善战，但兴起于东亚强权并起时代，生存并不容易。盛唐之后，在契丹周边，渤海、北宋、西夏、高丽、金国等相继崛起。契丹面临强大的邻居，没有强大的武力和超人的智慧，是无法掌握主动权，成为诸多强邻霸主的。

契丹的伟大是铁和血铸就的，但其安全和民族兴盛是武力和智慧成就的。为了在争霸中获得主导地位，契丹通过强大武力征服有威胁的强邻，又以开放的姿态兼收并蓄各种文化，吸收各种先进技术和政治制度，用来巩固和繁荣自己。

通过一系列的战争，契丹不仅打败和征服了周边的民族与部落，建立国家，发展自己的文化；还使自己在东亚众多国家中占据绝对主导地位，使一些遥远的部落和国家前来朝贡，实现四海宾服。

契丹人在历史上创造了辉煌，但也逃脱不了由盛而衰的历史规律。女真人兴起后，强大的契丹在十多年间就被消灭。这段历史令人感叹。但是，这并不能证明契丹人不行。在契丹灭亡之际，一部分契丹人西迁，成功建立西辽，并在短时间内重振契丹雄风，称霸中亚和西亚近百年。

岁月如梭，契丹消失在历史长河中，留下强盛的记忆和天书般的文字。很多人对契丹历史知之不多，但它的影响力是远超我们想象的。如今，我们还能在国际上发现"契丹的影子"——有些国家还称中国为契丹，中古英语如此，现代俄语、希腊语也是如此。其原因是，契丹强盛的几百年间，让丝绸之路以西的国家误认为契丹统治着整个中国。

本书以《辽史》为依据，结合其他史料，以通俗笔调再现契丹历史，结构简单明了，内容通俗易懂，以期普及契丹历史知识和文化，在与大家分享过程中增长智慧，获取精神力量。至于学术方面，由于水平有限，某些史料存有争议，书中难免有不足之处，也难免有异议之处，敬请大家不吝赐教。

水木森

2022 年 5 月于武汉

目 录

第一章 挑战强者，
　　　　高傲者付出巨大代价

契丹本义是镔铁。契丹族是东胡人的后裔，也有匈奴人的血统。他们继承了东胡人的高傲，也继承了匈奴人的勇猛。无论他们的对手是谁，无论他们是处在兴盛时期还是衰败时期，他们都会在血与火中英勇斗争。从大贺氏到遥辇氏时代，唐朝册封契丹首领，因与契丹民族传统相违背，引发长期血腥斗争。这一系列斗争，给契丹留下血的教训，为其崛起提供了经验。

1. 轻视对手，东胡人被匈奴一击致命

契丹地跨长城内外，同时实行游牧民族政治制度和中原政治制度，一度成为东亚霸主。它影响了西方众多国家，甚至有些国家至今尚用"契丹"称呼中国。契丹帝国灭亡后，契丹族融入汉族和其他民族，为华夏民族发展注入了活力。

契丹人从哪里来呢？契丹族源于鲜卑宇文部。鲜卑宇文部是北匈奴在1世纪被东汉击败西迁后，留在故地的残部与鲜卑人混居以后形成的部落。鲜卑人是东胡残部逃亡鲜卑山后发展而成的民族。灭亡东胡的是匈奴。契丹人是匈奴人和东胡人（鲜卑人）这对宿敌共同的后裔。

东胡在历史上名气没有匈奴大，但它当年的实力一点都不比匈奴逊色。它是先秦时北方的强大少数民族之一，与燕国、赵国交界，经常与燕国、赵国发生战争，互有胜负。到秦朝时，东胡在北方草原上与匈奴、大月氏并列三强。不过，这一时代，东胡、匈奴、大月氏的历史发展方向发生了巨大的变化。

匈奴处于大月氏和东胡之间，既是草原上攻击性最强的部落，也是威胁中原政权最为凶猛的敌人。秦朝统一中国后，为解除北方游牧民族的威胁，尤其是匈奴对中原的威胁，秦始皇派蒙恬率秦军多次出塞北伐，最终收复了黄河以南44个县，打得匈奴军向北撤退了700多里，数十年不敢侵犯秦朝边境。

匈奴人不敢侵犯中原，但他们侵略扩张的本性丝毫没有改变，与同是游牧民族的大月氏人、东胡人矛盾越来越尖锐，为争夺牧场和生存空间不断起冲突。大月氏和东胡相继成为游牧部落争斗的牺牲品，成为匈奴崛起的垫脚石。

当时，匈奴单于叫头曼。因打不过秦军，头曼单于率匈奴人向北迁徙，跑得远远的，十几年不敢南下。十多年后，秦始皇死了，蒙恬死了，秦末农民战争爆发了。此后数年，中原一片混乱。秦朝戍守边疆的那些人或者撤回中原或者逃亡，原来戒备森严的边防，一下子形同虚设。匈奴人外部生存环境空前好了起来，实力迅速得到恢复。他们悄悄渡过黄河，恢复了原来的疆域。

头曼单于的大儿子叫冒顿，深受器重。但后来，头曼单于想废掉冒顿，改立小儿子为继承人，便派冒顿到大月氏当人质。冒顿刚到大月氏，头曼单于就率匈奴军进攻大月氏。大月氏王气得要杀冒顿。冒顿先稳住大月氏王，然后偷得大月氏的马匹，悄悄逃回匈奴。头曼单于认为冒顿勇猛，委派他统率1万骑兵。

冒顿出过国，开拓了眼界，还经历过生死考验，对治国带兵深入思考过。他利用在大月氏学到的知识和技术，发明了一种响箭，用来训练骑兵。他对部下说："我的响箭射到哪里，你们就必须射到哪里。谁不跟着射，我就砍谁的脑袋！"

冒顿射鸟兽，没跟着射箭的人被杀；他射自己的爱马，没跟着射箭的人也被杀；他射自己宠爱的女人，没跟着射箭的人还是被杀。接连几次后，冒顿的手下再也不敢犹豫了，见冒顿的响箭射向哪里，他们就毫不犹豫地射向哪里。结果，在一次打猎途中，冒顿突然将响箭射向自己的父亲，手下也一齐射向头曼单于。头曼单于死后，冒顿又率军杀掉一批不服从他的贵族，重新任命各部落首领，宣布自己为单于。

冒顿杀父自立为单于，本来不关东胡的事，但东胡却想趁火打劫，从中获得利益。谁也想不到，东胡这次趁火打劫，将它一步步引上了灭亡的道路。

当时，东胡正处在鼎盛时期，兵强马壮，相对于匈奴处在优势地位。东胡王派人向冒顿单于索要头曼单于的坐骑千里马。为麻痹东胡王，使他骄傲起来，冒顿单于亲自说服反对的贵族，派人给东胡王送去千里马。

见冒顿单于服服帖帖地接受无理的条件，东胡王误以为冒顿单于怕他，欲望进一步膨胀，得寸进尺，派人向匈奴索要头曼单于的阏氏。在匈奴，阏氏是单于妻子的称呼。东胡王的要求，相当于向中原皇帝要皇太后或者皇太妃。东胡王此举欺人太甚。冒顿单于知道这是在逼他挑起战争，但为了麻痹东胡王，寻找战机，他依旧亲自说服不满的贵族，派人将头曼单于遗留的一个阏氏送给了东胡王。

向匈奴要什么，匈奴就乖乖送来什么，屡试不爽。东胡王尝到甜头，也越发骄横起来。这一次，东胡王向匈奴要土地。

匈奴和东胡是相邻草原部落，相互联系比较紧密。双方在一块方圆1000多里的牧场归属权上有争议。东胡王派人向冒顿单于索要那个牧场。东胡王索要领土，冒顿单于又召集贵族们商议。鉴于前两次冒顿单于对东胡王有求必应，有贵族主张将那个牧场给东胡王。

冒顿单于一反常态，认为东胡王的要求触犯了他的底线，决不可忍让。他说："土地是国家根本，怎么能送人！"随后，他下令杀掉主张给东胡王土地的贵族，召集军队，准备作战。

冒顿单于亲自向将士宣布军纪，要求他们随自己一起袭击东胡，作战时，有后退的人，直接杀死。匈奴人对东胡王无理至极的要求非常不满，见单于下令攻打东胡，个个斗志昂扬，士气大振。

东胡王轻视冒顿单于，没有意识到事态的严重性，也未做任何防备。冒顿单于率匈奴军袭击东胡，一举击败东胡军，杀掉东胡王，俘虏大量东胡百姓，掠夺了数不清的牲畜财产。东胡从此灭亡，其残部东逃到鲜卑山和乌桓山。匈奴军继续追击，逃到鲜卑山的东胡残部以鲜卑名义归顺匈奴，成为匈奴属国。

后来，汉朝派兵击败匈奴，匈奴属下部落投降汉朝。鲜卑趁机脱离匈奴控制，投降汉朝，与汉朝结成对付匈奴的联盟。匈奴与汉朝对抗主场从此转移到西北部，东北部逐渐成为鲜卑人的发展壮大之地。再到后来，匈奴和鲜卑都成为汉朝臣属国。东汉中期，汉朝、南匈奴、鲜卑等联军击败北匈奴。北匈奴残余势力西迁，漠北草原出现势力真空，鲜卑人趁机将其占领。留在漠北草原的匈奴遗民与鲜卑人融合，形成鲜卑宇文部，史称宇文鲜卑人。

五胡乱华后，匈奴在中原雄起，鲜卑各部也纷纷参与逐鹿中原。鲜卑宇文部、鲜卑慕容部、鲜卑段部、鲜卑拓跋部等，都参与了中原逐鹿。在逐鹿中原中，鲜卑宇文部的战绩并不显赫，在345年被鲜卑慕容部建立的前燕灭亡。鲜卑宇文部残部分散逃走，一部分逐渐形成库莫奚族，即奚族；另一部分发展成为契丹族。契丹族强大起来后，兼并库莫奚族，逐渐发展成为辽东强权。

契丹族是东胡人后裔，也有匈奴人血统。他们继承了东胡人的高傲，也继承了匈奴人的勇猛。无论他们的对手是谁，无论他们是处在兴盛时期还是衰败时期，他们都会在血与火中英勇争夺利益。这一点，从契丹与唐朝硬碰硬的历史中得到了验证。

2. 当上都督，契丹首领违背了传统

契丹东边与高丽接壤，西边与奚族为邻，南边与营州相连，北边与室韦（蒙古前称）接壤，以冷陉山为屏障保卫部落。契丹境内有两条著名河流，分别叫土河和潢河，是农耕文明和游牧文明交汇地带比较大的河流。

土河即老哈河；潢河即西拉沐沦河，起源于大兴安岭南端。它们都是辽河上游的支流。老哈河从辽宁医巫闾山向西流，与潢河交汇，流入辽河。契丹人早期就生活在这一地域。

契丹处在农耕文明和游牧文明交汇地带。他们有一个寓意农耕文明和游牧文明并蓄的传说——青牛白马传说。牛是农业文明的象征，青色代表夏季；马是游牧文明的象征，白色代表冬季。这两者结合在一起，说明契丹人所处之地可以夏季从事农业生产，冬季从事游猎活动。契丹人既不认为自己来自鲜卑（东胡），也不认为自己来自匈奴，而是认为自己来自这个传说。

相传，有一个天女久居天宫，感觉生活枯燥无聊，就偷偷来到人间旅行。她坐在一头青牛拉的车上，从"平地森林"沿潢水顺流而下。在潢水和土河交汇处的木叶山，她遇到了一个骑着白马从"马盂山"出发，沿土河向东走来的男子。

郎才女貌的男女偶遇了，他们都觉得彼此有缘分。天女走下青牛车，男子跳下白马，非常兴奋地朝着对方走去。

突然，天降花雨，地生灵芝，百花齐放，百鸟争鸣，万里蓝天，祥云飘荡，群山披翠，充满祥瑞气象。天女和男子爱上了彼此，结为夫妻，并在这个地方住了下来。

后来，他们一共生了8个儿子。8个儿子的后代又繁衍出8个部落，

即悉万丹部、何大何部、伏弗郁部、羽陵部、日连部、匹洁部、黎部和吐六于部。8个部落结成联盟，部落联盟首领从8个部落首领中选出，每隔3年选一次，可以连任。这个部落联盟逐渐发展成契丹族。

这个传说最早记载在《契丹国志》中。

契丹人对这个传说深信不疑。耶律阿保机曾在木叶山建始祖庙，其中，骑白马的男子在南庙，坐青牛车的"天女"在北庙，每年供奉，祭祀不断。每遇战争，契丹人都会在这里祭祀祷告，求祖先保佑他们获得胜利。

起初，契丹人过的是游牧生活，逐水草而居，居无定所。6世纪，契丹人开始南下，侵犯北齐。533年10月，北齐皇帝高洋率军攻打契丹，取得巨大胜利，俘虏了契丹10多万人。契丹险些遭灭顶之灾，被迫臣服于北齐。北齐趁机瓦解契丹八部。北齐衰落后，契丹恢复实力，重建八部。无论是部落名称，还是部落成员构成，都与早期契丹八部不同。契丹部落联盟首领从八部中选出，每3年更换一次的传统却保留下来，只不过后来连任的现象越来越常见。

到隋唐初期，契丹部落联盟首领叫作大贺氏。大贺氏手下有4万精兵，分为8个部落，向突厥称臣纳贡。他担任突厥可汗任命的俟斤一职。契丹8个部落只有发生战争时才会结集在一起。他们平时猎射，各部分散行动，彼此互不影响。部落首领对其他部落并没有直接管辖权，即使遇到重大战事，部落联盟首领统一指挥，也必须听八部首领的意见，不得独断专行。

628年，契丹部落联盟首领大贺摩会见唐朝国力强大起来，主动投靠唐朝，做唐朝臣属国。当时，唐朝皇帝李世民刚刚登基一年，突厥对唐朝威胁非常严重，唐朝将突厥臣属国契丹挖过来，对削弱和打击突厥，具有非常重要的意义。因此，李世民高度重视这件事。

突厥颉利可汗见契丹投靠唐朝，非常不高兴，派人到长安，要求唐朝拒绝契丹归顺。李世民一口拒绝。颉利可汗又要求唐朝把割据一方的梁师都交给突厥，才会同意契丹归附唐朝。

这一次，李世民态度更强硬，非常生气地说："契丹和突厥本来就不是一个族类（突厥人是白种人，契丹人是黄种人）。现在，契丹归附大唐，突厥有什么理由索要梁师都？梁师都本来是大唐臣属。他兴兵作乱，抢夺杀害大唐百姓，有不可赦免的罪行，突厥竟然想接纳他。我正准备擒拿梁师都呢！突厥要求太无理。"

为了让突厥人知难而退，李世民随后调兵遣将，摆出跟突厥人大战一场的架势。契丹部落联盟首领大贺摩会见此，更铁了心归附唐朝，不再惧怕突厥人兴师问罪。

629 年，契丹部落联盟首领大贺摩会亲自到长安觐见李世民。李世民重赏大贺摩会，正式宣布契丹为唐朝臣属国，命令契丹依例进贡。契丹归附唐朝后，获得唐朝保护。突厥人从此不敢轻易侵犯契丹了。

后来，李世民率唐军御驾亲征高丽，时任契丹部落联盟首领大贺窟哥也派兵随唐军出征。唐军成功征服高丽。在班师回朝时，李世民率唐军路过营州。他召集契丹部落联盟首领大贺窟哥及其他 7 部的首领，分级赏赐缯绸等物，任命大贺窟哥为左武卫将军。

契丹所有部落都归附唐朝。李世民在契丹领地设置松漠都督府，任命契丹部落联盟首领大贺窟哥掌管十州诸军事，出任松漠都督，封爵无极男，赐姓李。此外，李世民还下令将契丹达稽部更名为峭落州，纥便部更名为弹汗州，独活部更名为无逢州，芬问部更名为羽陵州，突便部更名为日连州，芮奚部更名为徒河州，坠斤部更名为万丹州，伏部被分为匹黎州和赤山州。这些州都隶属松漠府管辖，原各部首领改为各州刺史。李窟哥的一个孙子李枯莫离被唐朝封为左卫将军、弹汗州刺史，爵位归顺郡王；另一个孙子李尽忠，在李窟哥死后，被唐朝封为武卫大将军、松漠都督。契丹一个部落的首领孙敖曹有个孙子叫孙万荣，被唐朝任命为归诚州刺史。

李世民给契丹部落联盟首领加封官爵，让各部首领当州刺史，并未让契丹对唐朝感恩戴德。相反，按照契丹的传统，部落联盟首领是选出来的，每隔 3 年需要更换一次，因此唐朝的册封让其他有资格当上部落联盟首领的人不满。

这些人成为契丹与唐朝关系破裂的推动力量。因为，只有反叛唐朝，契丹部落联盟首领才会放弃唐朝的册封，回归传统，其他人才有希望被选为新的部落联盟首领。一些契丹人就打着维护传统的名义，利用契丹军民，为他们谋私利。

3. 以小搏大，孙万荣率契丹军挑战唐朝

唐朝的册封无疑是与契丹的传统相抵触的。契丹贵族少数人获得利益，而其他等着当下一任首领的人，心里极其反感。

在这种环境下，负责管理契丹和奚族事务的唐朝东夷都护府大都护兼营州都督赵文翙，并未发现契丹贵族的不满情绪，采取错误的举动，进一步加大了契丹贵族的不满。这些契丹贵族以此为契机，煽动契丹民众一起反唐。

赵文翙这个人骄横贪婪，经常敲诈勒索下属，也纵容下属去敲诈勒索百姓。契丹部落联盟首领、松漠都督李尽忠心中非常怨恨他。696 年，契丹爆发了饥荒，李尽忠出面向赵文翙请求救济。这原本是赵文翙的职责，但他不仅不给予救济，还变本加厉地盘剥契丹百姓。

归诚州刺史孙万荣以侍子身份入朝，在长安了解清楚了中原的虚实。孙万荣认为，唐朝并没他们想象的那样强大，唐朝内部其实充满各种矛盾和斗争，契丹投靠唐朝并不是明智的做法。孙万荣寻找机会逃回契丹，鼓动契丹部落联盟首领李尽忠起兵反唐。

李尽忠听信了孙万荣的话，率领契丹军占领营州，杀死东夷都护府大都护兼营州都督赵文翙。随后，李尽忠自称无上可汗，任命孙万荣为大将军，率契丹军四处掠夺，公开举起反唐旗帜。由于唐朝没有任何

防备，契丹军所到之处，各城守军根本阻挡不了。各城池不是被攻下，就是被迫投降。不到 20 天，契丹就拥有几万兵马，号称 10 万，声势浩大。

不久，孙万荣率契丹军攻下崇州，活捉唐军讨击副使许钦寂。这件事令当时唐朝执政者武则天震怒。武则天决定派出唐军教训契丹，派武三思做总指挥，率曹仁师、张玄遇、李多祚、麻仁节等 28 员将领讨伐契丹。唐军第一次远征契丹的战争爆发了。

面对唐军来攻，接连取得胜利的契丹人并不畏惧。无上可汗李尽忠命令孙万荣率军迎战。在西硖石黄獐谷，孙万荣率契丹军设伏，突袭张玄遇、麻仁节所部。结果唐军惨败，张玄遇和麻仁节都被契丹军俘虏。契丹军士气因此大大提升。不久，唐军又进攻平州城，契丹军上下团结一心，全力防守。唐军无法攻下平州城，被迫撤退。

契丹军取得巨大胜利，李尽忠没想到，武则天更没想到。武则天认为契丹军战斗力如此强盛，如果不将其平定，将危及唐朝江山，便决定再次派兵镇压。

这一次，武则天任命武攸宜为统帅，率军进攻契丹。同时，她下令招募天下勇敢的奴隶，由官府出钱为他们赎身，然后将他们编入军队，跟随武攸宜开赴前线。这些奴隶获得人身自由，如果打仗立了功，还可以获得官职和奖赏。因此，相比上一次派出的唐军，他们作战积极性要高得多。

得知唐军再次进攻，无上可汗李尽忠再次命令孙万荣率契丹军迎战。在获胜几次后，孙万荣大意轻敌，低估了唐军的战斗力，经常率契丹军随意攻击唐军。结果，孙万荣骄傲轻敌的行为，被唐朝将领充分利用，导致契丹军遭遇前所未有的失败。

一天夜里，孙万荣率契丹军偷袭檀州城。镇守檀州城的唐将张九节早侦知情报，做好迎战的准备。张九节挑选唐军中最精锐的将士组成敢死队。在契丹军偷袭时，他派数百人组成敢死队正面迎战契丹军。这些人与契丹军此前遇到的唐军不一样，战斗力旺盛，战斗意志顽强。孙万荣惨败，残部不得不逃入山中。张九节率唐军稍作追击后撤回城内，契丹军才侥幸避免全军覆没。

不久，无上可汗李尽忠死，契丹内部忙着选新首领。突厥默啜可汗又率突厥军趁机攻击契丹。契丹陷入混乱之中。大将军孙万荣收聚散兵，重整旗鼓，派骆务整、何阿小率军进攻冀州，取得巨大战绩。唐朝冀州刺史陆宝积被杀死，数千人被契丹军俘虏。

武则天得知无上可汗李尽忠已死的消息，认为征服契丹的机会来了，又派王孝杰、苏宏晖率 17 万唐军进攻契丹。然而，在东硖石，契丹军以逸待劳，再次将唐军打败，唐军主帅王孝杰战死。趁此机会，孙万荣率契丹军攻下幽州并屠城。武攸宜派唐军前去捉拿孙万荣，又被孙万荣击退。

唐军又一次失败，武则天无法接受，她决心不惜血本打败契丹，挽回面子，又派武懿宗、娄师德、沙吒忠义率 20 万唐军讨伐契丹。孙万荣率契丹军取得一些胜利，因而并未将唐军放在眼里。他率契丹军浩浩荡荡南进，肆无忌惮地践踏瀛州各属县。

然而唐军这一次的表现令孙万荣吃惊，杨玄基率奚族兵掩击契丹军后卫，打得孙万荣防不胜防。契丹军大败，将领何阿小被活捉，李楷固、骆务整投降唐军，被收缴的兵器堆积如山，孙万荣弃军逃走。

不久，孙万荣集聚契丹残兵残将，与杨玄基的奚族兵展开搏杀。杨玄基四面出击，全力进攻，契丹军再次战败，孙万荣又被迫率军东逃。不幸的是，东逃正好钻进唐军设计已久的伏击圈。

唐将张九节曾击败过契丹军，在对付契丹军时，他投入了更多的精力和智谋。杨玄基与契丹军作战时，张九节关注局势，并做出判断，事先设了三道埋伏，伺机伏击契丹军。孙万荣的契丹军进入伏击圈，张九节率唐军猛烈攻击，孙万荣再败，带着家奴和轻骑兵落荒逃到潞河东边。他疲惫极了，倒在树林里休息，家奴趁机将他斩杀，将他的头送到唐军那里请功。

张九节将孙万荣的头送到东都洛阳，向武则天请功。契丹兵见主将孙万荣被杀，士气大减。唐军和奚族兵趁契丹军群龙无首的机会，发起猛攻。契丹惨败，残部向突厥方向撤退，归附突厥。

挑战唐朝失利后，契丹归附突厥，不再作为一个国家存在。但是，唐朝依然不肯放过契丹。700年，唐朝又派契丹降将李楷固、骆务整率军讨伐契丹。李楷固和骆务整原是契丹良将，对契丹军作战特点非常熟悉。这次唐军又打败了契丹。

713年，原契丹部落联盟首领李尽忠堂弟李失活见突厥默啜可汗实力衰弱，率领部落，与突厥贵族颉利发伊健啜一起归附唐朝，再次成为唐朝臣属。当时的唐朝皇帝李隆基赐给李失活丹书铁券。契丹再次实现与中原政权的和平。

4. 副使反唐，契丹多次遭受无情打击

契丹归附唐朝后，715年，其部落联盟首领李失活与奚族首领李大酺一同入朝觐见皇帝。唐朝皇帝李隆基下令再设松漠督护府，任命李失活为督护府都督，封爵松漠郡王，兼任左金吾卫大将军；还下令在松漠督护府驻地设置静析军，命令李失活兼任静析军经略大使。不仅如此，李隆基还任命契丹其他7个部落首领分别出任刺史，任命薛泰为押蕃落使，负责监督松漠督护府。

这一次册封和上次一样，没有考虑契丹独特的传统，即契丹部落联盟首领3年一选，册封李失活就意味着堵死了别人继任部落联盟首领的路。李失活特别愿意臣服唐朝，但是其他贵族，尤其是按照传统有机会担任首领的贵族，极不愿意接受唐朝册封。

为笼络契丹，李隆基封东平王外孙杨元嗣的女儿为永乐公主，将她嫁给松漠郡王李失活，以联姻和亲。李失活投靠唐朝后，不仅获得册封，

还获得美女，既得荣耀，又有丰厚的实实在在的好处。这让契丹内部小部分人心里不舒服，他们认为李失活是在出卖整个契丹族利益为个人谋私利。

老天似乎喜欢开玩笑。李失活接受唐朝官职和娶了永乐公主后，人生达到巅峰，但不到一年就死了。他是怎么死的，不得而知，但显然契丹又必须确立新的首领。

对唐朝来说，松漠郡王李失活一死，契丹与唐朝关系又充满变数。在李失活死后，为保持边境和平，唐朝皇帝李隆基追赠他特进，派使者去契丹吊唁。趁此机会，李隆基任命李失活的弟弟李娑固世袭松漠郡王封号及所有官职。按照中原政治制度，这是无可挑剔的，但从契丹传统角度讲，李娑固成为最大受益者，其他觊觎契丹部落首领的人希望再次落空。

716年，新松漠郡王李娑固与永乐公主一起到长安朝觐皇帝。李隆基赐宴招待他们，赏赐给他们很多东西。李娑固意外收获好处，这对他个人来说，是天大的利好，但对那些渴望依照传统上位的契丹贵族来说，进一步放大了不公平。

没多久，唐朝的册封激化了契丹的内部矛盾。松漠郡王李失活兼任左金吾卫大将军、静析军经略大使，是管理契丹各部落的最高军政长官。当时，骁勇善战的契丹贵族可突于出任静析军副使，是静析军经略大使副职。可突于受契丹贵族拥戴，在静析军经略大使李失活死后，很多契丹贵族认为，即使依照中原的政治制度，按照"顺序"，静析军副使可突于也应该升任静析军经略大使，晋封松漠郡王；如果按照契丹传统，由契丹人选择部落联盟首领的话，可突于当上首领的可能性也非常大。唐朝册封李娑固为契丹部落首领，不符合常理，也与契丹传统相悖。

在一部分契丹贵族别有用心的推动下，崇尚武力的契丹人并不认同李娑固做部落联盟首领，内心更加推崇可突于。可突于的声望和影响不降反升，成为契丹内部的"无冕之王"。

　　李娑固感到自己的地位遭到威胁，想动手除掉可突于。可突于也不满李娑固莫名其妙地就成为他的顶头上司，决定先下手为强，在李娑固决心未下前，发动军事政变。

　　李娑固在契丹也不得人心，且未做好防范，慌忙之中打不过可突于所部叛军，率亲信跑到唐朝营州避祸。

　　李娑固是唐朝所册封的松漠郡王、左金吾卫大将军、静析军经略大使。可突于率军攻打李娑固，是典型的造反，还意味着挑衅唐朝权威。

　　对此事，唐朝不可能袖手旁观。营州都督许钦澹派 500 名士兵，与奚族首领李大酺所率的奚族兵，一起进入契丹境内，镇压可突于叛军。可突于趁机鼓动契丹人全力抵抗外敌入侵。结果唐军和奚族联军被契丹军打败，李娑固和李大酺都战死沙场。

　　面对突变，营州都督许钦澹担心可突于趁机进攻营州，亲自率军撤到榆关防守。

　　可突于率军打败李娑固、奚族兵和唐军联军后，自己并未担任契丹部落联盟首领，而是和贵族们一起推举李娑固的堂叔李郁于出任，并派使者到长安谢罪。

　　这是向唐朝释放善意。李隆基抓住机会，也未过分追究可突于的责任，顺势承认既成事实，册封李郁于为松漠郡王，宣布不追究可突于的罪行。

　　新的松漠郡王李郁于到长安觐见皇帝时，李隆基又将宗室所生的女儿慕容氏封为燕郡公主，许配给他。过了一段时间，可突于也到长安觐皇帝。李隆基任命他兼任左羽林卫将军。

　　不久，松漠郡王李郁于死了。他弟弟李吐于承袭松漠郡王，当上契丹部落联盟首领兼任左金吾卫大将军、静析军经略大使。李吐于与静析军副使兼任左羽林卫将军可突于的关系不好，两人相互猜忌，不能管理好属下。最终，松漠郡王李吐于带着燕郡公主到长安觐见皇帝，趁此机会留在唐朝。李隆基改封李吐于为辽阳郡王，留在宫廷担任宿卫。可突于又拥立李尽忠的弟弟李邵固为契丹部落联盟首领。李隆基依然没有追究可突于的罪行，下诏同意李邵固出任契丹部落联盟首领。李隆基任命李邵固为左羽林卫大将军，改封广化郡王，并将宗室所生的女儿陈氏封为东华公主，许配给李邵固。此外，他还加封契丹各部首领为官。

可突于又来长安觐见皇帝，但没有受到唐朝宰相应有的礼节接待，怏怏而归。张说劝谏皇帝李隆基说："可突于这个人是人面兽心，唯利是图。现在，他掌握着契丹部落的最高权力，人心归附。如果我们不按规章制度对待他的话，那么以后他不会再来长安觐见了。"不过，这并未引起李隆基的重视。

730年，可突于杀了部落联盟首领广化郡王李邵固，拥立同为遥辇部的遥辇屈列为新的首领，史称遥辇洼可汗。从此，契丹部落联盟首领从大贺氏转到遥辇氏手中。

遥辇屈列当上首领后，胁迫奚族首领一起去投靠突厥。在这种局势下，和亲的东华公主逃离契丹，投奔唐朝平卢军。契丹与唐朝的关系进一步紧张起来。

李隆基一向对契丹很宽容，没想到实际掌控契丹的可突于不断挑战唐朝底线。他再也无法容忍，决定用武力来教训一下可突于。他下令幽州长史、范阳节度使赵含章率军讨伐契丹，派中书舍人裴宽大量招募壮士，组织和训练成军队，准备开赴契丹前线。他还任命李浚为统帅，派李朝隐、裴侑先为副统帅，率程伯献、张文俨、宋之悌等8员战将一起前去讨伐契丹。李浚还没启程，唐玄宗又任命李祎为副统帅，代理统帅，与赵含章一道攻打契丹。这一战，唐军将契丹军打得大败，可突于带领残部逃走。奚族人毫不犹豫地投靠了唐朝。

733年，可突于又率契丹军侵扰唐朝边境。唐朝幽州长史薛楚玉、郭英杰、吴克勤、乌知义、罗守忠等人率1000骑兵，在奚族兵协助下，反击契丹。在都山下，双方展开决战。可突于向突厥求助援军。突厥军参战后，奚族军有些害怕，对是否主动出战契丹—突厥联军犹豫不定。

契丹—突厥联军趁机发动进攻，奚族军分散逃走，据守险地自保。唐军陷入契丹军和突厥军两面夹击之中。唐军在都山之战中惨败，乌知义、罗守忠战败被俘，郭英杰、吴克勤战死，上万士兵被杀。

李隆基得知这个消息，非常震惊愤怒。他决定要狠狠地教训契丹一番，派曾经打败过突厥的猛将张守珪出任幽州长史，全权负责指挥唐军，与契丹—突厥联军作战。张守珪善于指挥战役，突厥军不敢与他交战。这次，轮到契丹品尝孤军奋战的滋味了。

在这种状态下，遥辇屈列和可突于害怕了，派使者佯装投降。张守珪得知实情，派王悔到契丹部落去监督他们。遥辇屈列并无投降的诚心，把营帐迁到略靠西边的地方，然后秘密勾结突厥，想杀死王悔反叛唐朝。

当时，契丹别帅李过折与遥辇屈列和可突于不和，王悔就利用他们之间的矛盾，极力拉拢李过折。李过折趁夜杀死遥辇屈列和可突于，消灭他们的党羽，率部族投降唐朝。

张守珪在紫蒙川举行盛大的阅兵仪式，奖赏唐军将士，并把遥辇屈列和可突于的头颅装盒送往长安。此战，李过折成为最大受益者，出任契丹部落联盟首领，被唐朝册封为北平郡王，兼任松漠都督。

此后，可突于的残党击杀了李过折及其家属。李过折只有一个儿子李剌干，逃到唐朝境内幸免于难。唐朝皇帝任命李剌干为左骁卫将军。契丹人杀死李过折后，又与唐朝为敌，不时骚扰唐朝边境。唐朝也改变政策，武力打击契丹。

737年，唐将张守珪率军主动攻击契丹，并两次打败契丹。从此，契丹军再也不敢随便侵犯唐朝边境。唐朝也彻底结束了宽容契丹的政策。契丹军骚扰唐朝边境，唐朝不再无条件地宽容，而是派出唐军无情地打击。

在张守珪出任幽州长史期间，契丹实力不仅没有发展，反而因为战争导致外在生存环境越来越恶劣，面临生死存亡的考验。他们对唐朝既恨且怕，不敢轻易侵扰，更不敢发动战争。

耶律泥礼后来掌握了契丹军权，自任松漠都督，拥立遥辇俎里为契丹部落首领，史称阻午可汗。耶津泥礼又自任地位仅次于可汗的夷离堇之职，掌握契丹军事大权。从此，耶律家族世袭夷离堇职位，直到耶律阿保机建国为止。

5. 以胡治胡，安禄山带给契丹空前痛苦

对契丹来说，虽然屡屡反叛或者做出让唐朝难堪的举动，但只要契丹表示归附，唐朝总会既往不咎，继续采取和亲政策，将公主嫁给契丹部落联盟首领。不过，契丹胁迫奚族投降突厥危及唐朝边疆安全，踩了唐朝的底线，唐朝被迫改变对契丹的态度，决定给予武力教训。

在张守珪率唐军教训契丹后，745年，契丹部落联盟首领阻午可汗遥辇俎里率契丹再次投靠唐朝。唐朝皇帝依然给予遥辇俎里很高的待遇，委任他为松漠都督，封崇顺王，将他改名为李怀秀，并将宗室所生女儿独孤氏封为静乐公主，嫁给他，与契丹实现和亲。

令人难以理解的是，此前契丹虽然被唐朝教训过，但好像没长记性，也没真正意识到唐朝的实力是不容契丹挑衅的，不久又主动与唐朝对立。李怀秀并不把唐朝放在眼里，接受了唐朝册封，但对和亲的静乐公主并不友好。不仅如此，他经常找借口折磨静乐公主，居然和亲不到半年就杀死了静乐公主。

李怀秀的举动是对唐朝赤裸裸的羞辱，李隆基早已经不再无条件宠契丹，意识到737年派张守珪主动攻打契丹的威慑力还不够，必须再来一次。这一次，他派去率军惩罚契丹的将领不是张守珪，而是他的宠臣范阳节度使安禄山。

安禄山是营州柳城人，他长期生活在民族杂居的边塞地区，从小学会多种少数民族语言，熟悉塞外游牧民族的情况。他曾长期在张守珪

手下任职，征讨契丹时非常卖力，曾与史思明一起深入契丹内部抓了不少人。

张守珪非常喜欢他，把他收为义子。张守珪一向令人敬畏，安禄山在他手下老老实实的。740年，安禄山出任平卢兵马使。他秉性机灵聪慧，用厚礼贿赂往来朝廷和地方的官员，笼络人心。很多朝廷官员都称赞他才干杰出，李隆基越来越信任他。不到十年时间，安禄山就一身兼任平卢、范阳、河东三镇节度使。他进朝奏请无所不应，成为皇帝最宠信的同时也是实力最强大的地方镇将。

静乐公主被杀死后，负责与契丹接壤防务的安禄山积极劝说唐朝皇帝武力教训契丹。当时，唐朝上下对契丹的行为非常气愤，包括皇帝在内，几乎所有人都主张惩罚契丹。安禄山劝说出兵，很快得到批准。唐朝调拨大量军队、粮草去惩罚契丹。安禄山趁此机会，发展自身的实力。

事实上，安禄山主张惩罚契丹别有用心。在他心目中，唐朝对契丹和亲是不行的，因为那样的话，不仅朝廷威信下降，契丹人还会继续侵扰他的领地，利益受损的是他安禄山；唐军迅速打败契丹，逼迫契丹投降，也是不行的，因为战争很快结束，那么他安禄山就没理由保持和扩建军队，无法为谋反做准备；唐军被契丹打得大败，那对他也是不利的，一方面朝廷要追究他的责任，另一方面他的领地会被契丹人占领。出于私利考虑，安禄山故意把唐朝对契丹的战争演变成长期战争，以便他能源源不断地从长安要到军备物资，做好造反准备。

对唐朝而言，在教训契丹这件事上，安禄山是不二人选。安禄山深得皇帝信任，了解契丹人的情况，且身兼挨着契丹边疆的三个军镇的节度使，即使改派其他将领，也将无法协调指挥当地的军队。在这种形势下，安禄山一下子变成非常重要的人物——他的态度影响着唐朝，也影响着契丹。

在一场战争即将爆发时，契丹主动求和。原来，李怀秀杀死静乐公主后不久死去。遥辇楷落继任契丹部落联盟首领，史称胡刺可汗。胡刺可汗立即向唐朝求和修好。皇帝李隆基不想打仗，册封遥辇楷落为恭仁王、代松漠都督。遥辇楷落竭力维护和平，争取发展时间和空间。

这场危机化解了，野心家安禄山成为最大赢家。他加强了军队，扩充了实力，还企图将教训契丹的战争变成常年不停的边界战争，破坏契丹与唐朝之间的和平，为他向朝廷索要军费和扩充军队制造借口。

于是，安禄山对契丹人要尽了手段。他多次诱骗契丹人，设酒宴招待他们，在酒里放入麻醉药，然后预先挖好土坑，等到契丹人昏迷了，将他们杀了埋掉。就这样，一批契丹人被安禄山诱杀了。这些手段，让唐朝不再怀疑安禄山对契丹作战有什么阴谋，也导致契丹人断绝投降唐朝的念想，不得不与唐军长期开战。

安禄山如此"玩"契丹人，将唐朝和契丹都带入无穷无尽的灾难之中。契丹人憎恨安禄山。在752年八月的一次战争中，契丹军大败唐军，差一点将安禄山杀死。

战争经过大致是这样的。752年八月，安禄山统率河东等镇5万多兵马，号称15万人，大规模进攻契丹。离开平卢1000多里后，安禄山率军来到北潢河。安禄山想一举捉住契丹部落联盟首领回朝请功。他率军每天行走300里，直接朝契丹部落联盟首领军帐驻扎地发起攻击。当时，天气不好，一连下了很长时间的雨，唐军的弓箭被浸湿，无法发射，而军队经过长途跋涉，也疲惫不堪，战斗力大降。安禄山不得不下令暂时休息。

契丹人得知消息，起先非常惊恐，随后发现了战机。契丹人侦查到唐军疏于防备，决定集中兵力，突击唐军。安禄山所部唐军从偷袭的一方瞬间变成被偷袭的一方。契丹人一鼓作气发起攻击，唐军迎战，但弓箭拉不开，战斗力严重受影响，伤亡殆尽。安禄山被一箭射中。不过，那一箭并未射中要害，仅仅射断他头上的玉簪。

安禄山吓得无心作战，带着手下20多名奚族杂役，跑上山躲避。

在慌乱之中，他又掉进坑洞。他儿子安庆绪等人搀扶着他，趁着夜色逃回平卢城。此后，安禄山加强防备，与契丹人展开连年不断的战争。契丹部落势力小，经不起长期战争的耗费，面临巨大的生存压力。

不过，安禄山给契丹生存压力的同时，也无意间制造了契丹生存和崛起的空间。755年，安禄山起兵反唐，将主要精力集中在造反上，在一定程度上缓解了契丹的生存压力，也给了契丹崛起的可能。因为，安禄山虽然与契丹为敌，打击契丹，同时安禄山也使契丹的强敌唐朝从此衰落，中央政权失去对地方的控制，使得契丹能够分化唐朝地方诸侯，从中获得更多利益。

757年，安禄山被谋臣严庄和宦官李猪儿杀死。这加快了唐军平叛进程，但并未实质改变契丹生存的外部环境。

唐朝镇压安禄山和史思明叛乱后，很快形成藩镇割据局面。藩镇各自有各自的地盘，人人努力发展军力保护自己。边疆的藩镇对防守及侦察格外严谨，面对奚族、契丹等塞外民族的侵扰，都不采取和亲政策，而是一旦侵犯到其利益，他们就给予严厉打击。

安史之乱后，契丹人意识到连年战争对他们不利，又与唐朝和好。在至德、宝应年间，契丹两次到长安进贡，在大历年间进贡13次，在贞元年间进贡3次，在元和年间进贡7次，在大和、开成年间进贡4次。

虽然契丹主动进贡，且不再像以前一样随时"翻脸"，但因契丹同时也向回鹘进贡，且因契丹以前反复无常，唐朝皇帝并未封爵赐官给契丹部落联盟首领，更谈不上嫁公主和亲。契丹已经变成唐朝一个没有分量的塞外小国。

不过，唐朝是不会丢弃契丹的，至少不会让它走到对立面去。842年，回鹘军攻破契丹。为了生存下去，契丹部落联盟首领向唐朝求救，请求再次归附唐朝。唐朝皇帝任命契丹部落联盟首领为云麾将军，任守右武卫将军，趁机排斥回鹘对契丹影响，命令契丹只向唐朝进贡，而不准同时向回鹘进贡。

契丹再次归附唐朝，不仅缓解了自身外部面临的生存压力，还获得了一定的发展空间，毕竟唐朝藩镇割据局面最终会导致天下分裂，从而使契丹能够趁机发展壮大。

6. 挑衅幽州，契丹再一次挨了揍

安史之乱使唐朝从一个强大的王朝变成藩镇割据的松散王朝。在唐朝内部，各藩镇林立，藩镇之间为自身利益，不再完全听从皇帝指挥，这在客观上给契丹创造了一个良好的外部环境。不过，契丹自身实力不太强时，唐朝藩镇对契丹的态度依旧是比较强硬的。契丹首领传了一任又一任，胡刺可汗后是苏可汗，接下来是鲜质可汗，然后是昭古可汗，其后是耶澜可汗，再就是巴刺可汗。

巴刺可汗叫遥辇习尔之。遥辇习尔之鉴于前辈挑战唐朝屡屡失利的经验教训，虽然意识到唐朝藩镇林立是契丹崛起的天赐良机，但他还是非常谨慎，不敢大胆扩张势力，公开反叛唐朝，而是一边通过蚕食的方式扩大疆土，一边不断向唐朝进贡，以寻求对契丹发展更为有利的外部环境。

等待机会，寻找对手弱点开刀，是契丹祖辈留下来的血的经验。在契丹历史上，忽视这一点，往往会遭到惨重损失。遥辇习尔之深深明白这个道理。因此，他有雄心扩展契丹势力，但决不轻易挑战唐朝，虽然唐朝此时已经衰落，但百足之虫死而不僵，挑战唐朝的机会还不成熟，最好的做法就是在不激怒唐朝的前提下，通过蚕食周边民族的领地扩大势力，然后再寻求更好的机会。

历史证明，遥辇习尔之的策略非常正确，对契丹的发展有着战略意义。善于寻找良机，善于寻找对手弱点，契丹就能获得迅速发展，否则就会受挫。

巴剌可汗死后，痕德堇可汗继位，痕德堇可汗叫遥辇钦德。

此时，唐朝爆发王仙芝起义和黄巢起义。这两支起义军流动作战，几乎打遍唐朝半壁江山。唐朝不得不集中各方兵力对付起义军。尤其是黄巢起义军，一度攻陷长安，建立大齐政权，有取代唐朝的趋势。

面对农民起义，唐朝最紧迫的就是自身生存问题。唐朝集中兵力对黄巢起义军作战，自然没心思去管理边疆的事，也无法去保护边疆其他少数民族。对寻求扩张实力的契丹来说，这是天赐良机。于是，痕德堇可汗趁中原混乱、北部没有防备的机会，率军蚕食唐朝各边郡以及周边少数民族部落，扩大契丹势力。当时，实力比较弱小的鞑靼、奚人、室韦等部族，成为契丹征服的最佳目标。

痕德堇可汗率契丹人一番征战后，鞑靼、奚人、室韦等臣属唐朝的北方少数民族多被契丹所控制。契丹兵力逐渐强大，还时不时向中原边郡进攻，掠夺那里的人口和财物，以达到削弱唐朝和壮大契丹的目的。从此时开始，契丹也由单一民族部落向多民族国家转变。

契丹发展壮大，引起临近的唐朝藩镇注意。894年十二月，在平叛中，唐朝任命刘仁恭为幽州节度使，负责管理与契丹交界要地幽州的军政事务。第二年，唐朝又授予刘仁恭卢龙军节度使职务。从此，与契丹相邻的幽州成为刘仁恭的势力范围。

刘仁恭非常看重领地，连896年唐朝朝廷讨伐罗弘信时，向幽州征兵，他都不愿意出一兵一卒。他当时的托词是，现在契丹人进犯，等契丹退兵后，就听从调兵命令。因为这件事，刘仁恭与唐朝朝廷矛盾激化，最终兵戎相见，大打出手。

唐朝朝廷此时脆弱得很，打不过稍有实力的诸侯。刘仁恭率幽州军打败唐朝官军后，又派人向皇帝求和，陈述边陲将领擅自兴兵的罪行，最终得到了皇帝赦免。此后，刘仁恭非常害怕遭到唐朝朝廷官军的武力惩罚，一刻也不敢闲着，招募士兵，训练军队。此举，一方面防备朝廷削藩，另一方面保持对契丹强大的威慑力。

契丹直接与幽州接壤，经常骚扰幽州。刘仁恭在探知契丹的虚实后，挑选将领，训练士兵，在秋季深入契丹属地，翻越摘星岭，攻击他们。到霜降时，刘仁恭派人焚烧塞下的野草，让契丹人过冬缺乏草料，导致很多马匹牲畜饿死。

面对刘仁恭"烧光"的政策，契丹人没有做好应对准备，只好派人向刘仁恭求和，用一些良马去贿赂刘仁恭，求得能够放牧的草地，使马匹牲畜免于全部饿死。

刘仁恭晚年荒淫恣肆，贪图享乐，放松了对契丹人的警惕和控制。有一次，刘仁恭离开幽州城，搬到大安山别墅里。契丹人得知这个消息，违背盟约，率军多次侵犯幽州。

不过，契丹人低估了刘仁恭的实力。痕德堇可汗派舍利王子率军向幽州进军时，遇到严重挫折。

当时，刘仁恭的儿子刘守光率军镇守在平州，舍利王子率1万名契丹骑兵去进攻平州。经过一番战斗，双方没分出胜负，形成僵持状态。刘守光提出与舍利王子讲和。舍利王子过分相信自己的实力，认为刘守光不敢把他怎样，亲自带人到平州城外讲和。

刘守光在平州城外张设帷帐，摆下酒席，等待舍利王子一行前来讲和。舍利王子一行来到帐篷，坐下准备喝酒，埋伏在帐篷外面的士兵冲出来，活捉舍利王子一行，并迅速撤入平州城内。

契丹人得知这个消息，相拥痛哭，派军围攻平州城。刘守光一边率军积极抵抗，一边要挟杀掉舍利王子。契丹人请求用5000匹马赎回舍利王子，刘守光坚决不答应。

为保住舍利王子的性命，痕德堇可汗亲自到平州城下与刘守光讲和。

经过一番讨价还价，痕德堇可汗同意与刘守光结盟，签订互不侵犯协议，然后用大量财物换回舍利王子。到此时，契丹人认清一个客观事实，唐朝陷入藩镇割据，契丹也打不过中原实力强大的藩镇。

契丹人意识到凭自身实力不足以在与中原政权争夺中取得优势，便遵循约定，十多年不再进犯边塞，集中精力，努力发展自身实力。这是契丹和中原历史发展的分水岭。此后，中原陷入内耗之中，契丹却悄悄发展壮大起来，迅速超越中原诸侯，最终成为影响甚至左右中原局势发展的势力。

第二章　八部合一，
　　　耶律阿保机领导契丹崛起

唐朝灭亡后，契丹获得发展壮大的历史机遇。契丹夷离堇耶律阿保机横空出世，率契丹人取得一次又一次的军事胜利，被推举为契丹部落联盟首领。他学习中原制度，改革契丹传统八部政治，当上契丹皇帝。在与保守派进行战争后，他更注重学习汉文化的同时，采取"一国两制"，建立各民族包容相处的帝国，为契丹此后几百年的历史奠定基调。

1. 禀赋异常，契丹人选耶律阿保机做首领

痕德堇可汗时代确立正确的发展战略，保障了契丹在低调中稳步发展壮大。到耶律阿保机时代，契丹终于实现了跨越性发展，实力一举超越中原，成为令中原各藩镇敬畏和争相示好的强大军事集团。

872年，耶律阿保机出生在契丹迭剌部霞濑益石烈乡（今内蒙古赤峰市一带）。他出生时，有一段耐人寻味的传说。他母亲萧氏梦见太阳坠入自己怀中。做了这个梦后，她便怀孕了。耶律阿保机出生时，产房内有神光和异香环绕。

这一奇异现象令他奶奶感到十分惊奇。奶奶疼爱孙子胜过爱儿子，

经常将他藏在自己的住处，给他涂抹脸面，不让别人看见他的真面目。这个老太太真奇怪，别人有可爱的孙子，经常在亲朋面前炫耀，她却不让亲朋看到孙子的真实相貌。大概是她相信天命，认为孙子是天命所赐，不可泄露天机的缘故吧。

不过，耶律阿保机身上的神奇依然掩盖不住。他很小的时候就喜欢谈论国家大事，且非常有见解。就这样，不仅迭剌部人遇到事情喜欢询问耶律阿保机的意见，契丹夷离董（各部军事首领）遇到疑难问题时，也会咨询他。耶律阿保机的伯父担任契丹夷离董时就是这样，耶律阿保机总能想到好方法帮助伯父解难。

耶律阿保机成年后，身材高大，是个不折不扣的巨人。历史记载，耶律阿保机身高9尺，那个时代1尺相当于如今23厘米，也就是说他身高超过了2米。他额宽颊瘦，目中神光照人，天生神力，能拉开300斤的大弓。在冷兵器时代，这是天生武将的材料。

契丹夷离董是契丹实际掌权者，由耶律家族男人出任。夷离董让耶律阿保机发挥天生优势，让他很小就率军参战，锻炼他的军事能力。耶律阿保机不负众望，表现出惊人的军事天赋。他率契丹军攻打小黄室韦、越兀、乌古、六奚、比沙第等部落，战无不胜，深得契丹族人喜爱。在一系列胜利中，他的声望也一步步树立起来。

901年，痕德董可汗成为契丹部落联盟首领，耶律阿保机担任契丹夷离董，专门负责率军打仗。他率契丹军接连攻破室韦、于厥及奚族，俘获非常多。就在这一年冬天，迭剌部耶律家族获得契丹部落联盟首领推荐权。也就是说，接下来的契丹部落联盟首领轮到从迭剌部耶律家族中挑选了。

904年九月，耶律阿保机率契丹军讨伐黑车子室韦。唐朝卢龙军节度使刘仁恭发兵数万，派赵霸率军进攻契丹。赵霸到武州时，耶律阿保机得知消息，将计就计，先在桃山下埋伏精兵，然后派黑车子室韦人牟里诈称室韦酋长派他来约赵霸在平原会师。赵霸听信了牟里的话，派牟里为向导，率唐军朝桃山方向进发。

到桃山后，耶律阿保机命令四面埋伏的契丹军一齐发起进攻，全歼唐军，活捉赵霸。趁着胜利余威，耶律阿保机率契丹军大破黑车子室韦。

第二年十月，在云州，耶律阿保机率7万契丹骑兵与晋王李克用相会。酒酣耳热后，李克用为报复木瓜涧之役的仇恨，向耶律阿保机提出借契丹兵，攻击刘仁恭。契丹多年想崛起却没有机会，如今中原藩镇互相攻击，向契丹借兵，是天赐契丹掠夺中原和发展自身实力的机会。耶律阿保机怎么会放弃呢？耶律阿保机立即答应李克用借兵要求，与他互换战袍和战马，结拜为异性兄弟。

耶律阿保机率契丹军和李克用所部河东军夹攻幽州藩镇刘仁恭，刘仁恭根本无力两面作战。结果是，他们攻下刘仁恭属下的几个州，虏获很多百姓和财物。契丹势力大大增强，开始向长城以南发展。

906年二月，耶律阿保机又率契丹军攻打刘仁恭。刘仁恭尚未从上次的受挫中缓解过来，耶律阿保机不仅获得巨大胜利，在回军中途，还乘胜袭击奚族人，将他们打得大败，获得很多战利品。这一战后，刘仁恭不敢随便跟契丹开战。

耶律阿保机意识到战略机遇来临，又率契丹军攻打奚族、霫族及女真族等尚未归附契丹的一些部落。耶律阿保机对那些部落以招降为主，只有不服时，才对其进行军事攻击。契丹的军事攻击连战连胜，契丹人对耶律阿保机再度刮目相看。

就在此时，契丹部落联盟首领痕德堇可汗死了。按照901年契丹八部的约定，下一任契丹部落联盟首领要在耶律家族中选出。贵族们趁机推举耶律阿保机担任契丹部落联盟首领。耶律阿保机礼节性地推辞了一下，然后接受了请求，出任契丹部落联盟首领。从遥辇屈列开始，遥辇氏出任契丹可汗的历史从此结束，契丹可汗转入迭剌部耶律家族手中。

耶律阿保机是迭剌部耶律家族第一个出任契丹部落联盟首领的。他继任方式跟历代首领继任方式不同，导致他成为契丹最后一任契丹部落联盟首领，第一任皇帝。辽太祖元年（907年）正月十三，耶律阿保机宣布就任契丹部落联盟首领，借鉴中原皇帝登基仪式设坛，焚柴祭天，宣布即皇帝位，尊母亲萧氏为皇太后，立妻子述律平为皇后。

当时，耶律阿保机即皇帝位，借口是提升契丹人地位，与中原人平起平坐。在耶律阿保机称帝后，北府宰相萧辖剌、南府宰相耶律欧里思等人不久又率大臣们上书，尊耶律阿保机为天皇帝，皇后为地皇后。皇帝就是天，皇后就是地，耶律阿保机称帝是天命所授，他成为契丹名正言顺的"天子"。契丹人敬天顺地，就要臣服皇帝和皇后。此举进一步巩固了耶律阿保机在契丹人心目中的权威。

同年四月初一，梁王朱温废黜唐朝皇帝，自立为帝，改国号梁，史称后梁。强大的唐朝从此灭亡，中原陷入频繁改朝换代的时期，契丹等待数百年的发展机会终于来临。耶律阿保机认为，这是他称帝后上天赐给契丹发展壮大的机会。

朱温称帝不久，派人前来契丹通告，要求契丹承认他的皇帝身份。耶律阿保机趁机与后梁协商，提出条件，要求朱温承认耶律阿保机是北方天子。朱温急于获得契丹的承认和支持，便与耶律阿保机相互承认对方为天子，大有兄弟平分天下的意味。

就这样，耶律阿保机称帝可能出现的外部干扰因素被消除，契丹从中原政权打击的对象，变为中原政权争取的对象，政治地位空前提高。

朱温称帝，其他地方藩镇根本不服从他。为争取外部力量支持，创造良好统一环境，朱温必须与实力日益强大的契丹搞好关系。其他一些藩镇，尤其是与契丹接壤的藩镇，为了生存，也必须与契丹搞好关系。从某种意义上说，耶律阿保机时代的到来，是契丹族辉煌历史的开始，也是中原政权边疆威胁进一步恶化的开始。

908年初，耶律阿保机就任契丹部落联盟首领一周年。他模仿中原皇帝，在皇宫里接受百官及各国使节朝贺。这一年，他率契丹军讨伐周围乌桓、黑车子室韦等不服从部族，势力获得进一步扩张。从这一年开始，耶律阿保机率契丹人朝光辉时代加速迈进。

2. 挑战传统，诸皇弟多次发动叛乱

耶律阿保机趁中原混战之机迅速扩大势力，征服周围一些不服从的少数民族和汉族藩镇。

910年七月，耶律阿保机任命萧敌鲁为北府宰相。萧敌鲁是耶律阿保机妻子述律平（述律后改姓萧）的哥哥。他性情宽仁厚道，力大过人，熟悉军事，富有胆识和谋略，作战时常常身先士卒，亲冒枪林箭雨，从来不曾有畏惧退缩，直到获胜才肯罢休。他是耶律阿保机的重要帮手。在耶律阿保机当契丹夷离堇时，萧敌鲁就每天跟随在他左右，每次作战，都要参与布阵指挥等工作。耶律阿保机率契丹军取得的一系列胜利，都少不了萧敌鲁的贡献。

耶律阿保机称帝时，萧敌鲁和萧阿古只、耶律释鲁、耶律曷鲁一起负责安全保卫工作。萧敌鲁升任北府宰相后，耶律阿保机定下皇后的亲族担任宰相的制度。从此以后，契丹皇后一律出自萧氏家族，皇后父亲或者兄弟担任北府宰相成为一种定制，萧氏成为与耶律同样显赫的大姓。

911年，耶律阿保机率军亲征西邻奚族。奚族人自恃地险路远，叛服无常。耶律阿保机多次派人去招抚，奚族人不听。奚族与契丹同宗同源，在唐朝时，归附唐朝，多次对契丹进行战争。耶律阿保机掌控契丹后，唐朝寿终正寝，奚族人失去强力保护，遭到契丹威胁。耶律阿保机趁机控制奚族，消除安全隐患，洗雪历史上的耻辱。更重要的是，将同宗同源的少数民族纳入统辖范围，能有效扩大契丹的势力。

在征伐奚族的战争中，萧敌鲁率契丹军一马当先，奋力拼杀，打败

奚族，将其纳入统辖范围。奚族人故有领地，东到大海，南及白檀，西越松漠，北抵潢水，总计 5 部人马，全部并入契丹。

耶律阿保机称帝后，采取与传统相违背的政策也不少。尤其是三年选一次契丹部落联盟首领改为终身制的皇帝，彻底封杀了一些按照传统有望当契丹部落联盟首领的人。这些人看到契丹越来越强大，内心就越来越惶恐。他们认为，耶律阿保机的地位越巩固，他们就越没希望。

契丹内部有不少人企图谋反，推翻耶律阿保机的皇位，废黜终身制，恢复三年一选的传统。

907 年，耶律阿保机以称帝方式当上契丹部落联盟首领，按照传统，到 910 年，他就该让出帝位，从其他迭剌部耶律家族男子中选出一个人来当皇帝。耶律阿保机称帝时，只是宣布契丹部落联盟首领改称契丹皇帝，没说契丹皇帝是终身制，也没说传统的三年一选的制度无效。

在迭剌部耶律家族男子中，耶律阿保机的弟弟耶律剌葛、耶律迭剌、耶律寅底石、耶律安端都有资格，且都是热门人选。到 910 年，耶律阿保机并未让出皇帝位，还是继续任用自己的亲信，巩固自己的权力。耶律剌葛、耶律迭剌、耶律寅底石、耶律安端等人认为自己利益受损，便产生反叛的想法。

911 年五月，耶律剌葛、耶律迭剌、耶律寅底石、耶律安端阴谋叛乱。耶律安端的妻子粘睦姑得知密谋内情，向耶律阿保机详细报告。耶律阿保机没想到反对他的，都是跟他血缘最亲近的人。如何处理好叛乱，不仅关系他的皇位是否稳定，还关系到契丹是否能抓住机会生存壮大。对此，耶律阿保机思考良久。

耶律阿保机派萧敌鲁率军先下手，迅速控制了耶律剌葛、耶律迭剌、耶律寅底石、耶律安端。随后，他与弟弟们一起登上山顶，杀牛宰羊祭告天地，发誓兄弟永远不互相残杀。然后，他宣布赦免弟弟们的罪行，作为惩罚，仅将带头闹事的耶律剌葛贬为迭剌部军事首领。

耶律阿保机这种处理颇有战略眼光。契丹刚刚兴起，如果发生内讧，不仅会杀死很多人，还会给契丹的敌人制造机会，危及契丹政权。耶律阿保机与弟弟们以起誓方式化解这一次冲突，不仅能够避免内战，还获得了仁慈的好名声，提高了契丹凝聚力。不过，就个人利益而言，这种处理方法无疑让耶律剌葛、耶律迭剌、耶律寅底石、耶律安端认为自身利益受损，是耶律阿保机在变相巩固既得利益。他们心里不服，只要时机成熟，便会再次冒险。

912年七月，耶律阿保机令耶律剌葛率契丹军攻打平州，自己率军驻在恩德山。到十月时，耶律剌葛攻破平州。这本来是一个非常好的战果，但被有反心的耶律剌葛搞成一场灾难。在回军时，耶律剌葛又与耶律迭剌、耶律寅底石、耶律安端秘密商定一起兴兵造反，打耶律阿保机一个措手不及。

同年十月十八日，耶律阿保机尚在北阿鲁山，得知弟弟们已经派兵拦截他的回归之路，就率军向南，一直到十七泺。在十七泺，他举行祭天仪式，宣布讨伐叛乱的弟弟们。第二天，耶律阿保机率军到七渡河。他的几个弟弟又分别派人前来谢罪，请求原谅。耶律阿保机仍然采取宽宥策略，给予他们改过自新的机会。不过，耶律剌葛等人并未真正悔过，仍然继续谋反。

913年初，因契丹处于内战之中，耶律阿保机暂停例行上朝，但丝毫未放松平叛准备。10天后，他率契丹军到赤水城，耶律剌葛等人又来请求投降。

耶律阿保机以大局为重，再次饶恕他们，同意他们的请求。为了让弟弟们相信他真心饶恕，耶律阿保机身穿白色衣服，骑一匹白马，任命耶律乐姑、辖剌仅阿钵为贴身护卫，撤掉所带亲兵携带的兵器，严肃地接受弟弟们的投降，对他们抚慰晓谕。兄弟之间一场冲突就这样化解了。

耶律剌葛等人率兵退回后，耶律阿保机又派使者去抚慰，以免他们内心不安，再次反叛。对于一个帝王来说，面对有野心的人，仁慈不一定能起作用，尤其是对那些反复反叛的人。毕竟，弟弟们认为耶律阿保机阻挡了他们晋升的道路，这是核心利益受损，不可调和。

耶律阿保机的仁慈换来的和平是短暂的，弟弟们根本就没想安安心心地做臣子。913年三月初十，耶律阿保机驻军泸水时，耶律迭剌哥想做奚王，和耶律安端一起率1000多骑兵赶来泸水，说要见皇帝。

一向仁慈的耶律阿保机识破了他们的阴谋，勃然大怒，令人抓住耶律迭剌哥和耶律安端，大声训斥："你们先前图谋作乱，我开恩宽恕，让你们改过自新。你们还是这样反复多变，想要加害于我！"

他下令把耶律迭剌哥和耶律安端所率的军队分散到各军中，接受各军监督，防止他们作乱。不过，耶律剌葛还在坚持叛乱，率兵攻占乙室堇淀，还陈设天子旗鼓，准备自立为帝。

耶律阿保机的母亲听说此事，为化解儿子间的矛盾，避免他们兵戎相见，私下派人叫耶律剌葛逃走，逃得远远的，以免招来杀身之祸。耶律剌葛不听，坚持谋反。

在紧急时刻，有人诈称耶律阿保机率军来了。耶律剌葛手下非常惊慌，一下子就溃散了。那些叛乱士兵抢掠居民，向北逃窜。耶律阿保机不再对他们宽容客气，派出重兵追击。契丹内部一场恶战眼看就要来临。

为了争取战争主动权，为了谋反成功，耶律剌葛决定派部将耶律寅底石偷袭耶律阿保机的行宫，焚烧那里契丹守军的辎重、庐帐，消灭那支护卫军队。行宫遭到惨重损失。皇后述律平得知消息后，急忙派曷古鲁前去救援，结果也仅仅使天子旗鼓避免被焚烧。与此同时，耶律剌葛又派神速姑率军劫掠西楼，焚毁明王楼。耶律剌葛发起的叛乱令契丹上下震惊。

面对危机，耶律阿保机神情自若，好像并不将叛军放在心上。他并不急于镇压耶律剌葛叛乱，而是"安心"地在土河休养，整顿军队。部下看到形势越来越不利，内心非常着急，多次请求火速派兵平叛。耶律阿保机尽力安抚部下，对他们说："他们跑远后，就免不了怀恋故乡。他们怀恋故乡心切时，必然容易军心涣散。他们军心涣散时，我们再趁机发起进攻，就能很快打败他们。"耶律阿保机不仅没急着去追击耶律剌葛所部叛军，反而将先前所获取的资财畜产分赐将士，以收买人心。他一直保持警戒，寻找打击耶律剌葛叛军的最佳时机。

913年四月初六那天，耶律阿保机认为时机已经成熟，率亲信和近卫军向北追击耶律剌葛。第二天到弥里，听说弟弟们面对木叶山射鬼箭厌祭禳灾（就是把反叛自己的人解押到木叶山面前，杀那些人来祭鬼告天），便选派轻骑兵轻装前进，追到培只河，全数杀死或俘获那里支持耶律剌葛的人，缴获一些武器辎重。

为镇压耶律剌葛叛乱，耶律阿保机在此前还联络室韦等周边民族。他派室韦及吐浑酋长拔剌、迪里姑等5人，分兵在耶律剌葛叛军必经之路设下埋伏，派北府宰相萧迪里古为先锋，率契丹军从正面攻打耶律剌葛。

耶律剌葛猜不透耶律阿保机的布局，率叛军迎战萧迪里古。萧迪里古在战场上勇猛无比，在阵前一口气射杀了叛军数十人，吓得叛军将士们不敢应战。到天黑时，叛军坚持不住，便溃散了。

萧迪里古率军追击叛军，使叛军毫无喘气机会。追到柴河后，耶律剌葛眼看形势不妙，下令焚烧他准备即位天子的车，趁着夜色逃跑。跑了不远，耶律剌葛又遇到拔剌、迪里姑等人率的伏兵。各路伏兵一起向耶律剌葛发起攻击，耶律剌葛叛军大败。

耶律剌葛叛军奔逃溃散，将所抢掠的神帐都丢在路上。耶律阿保机令人把神帐捡起来，好好祭拜它，并把所有活捉的叛军将士都放回老家。

看到这种形势，耶律剌葛重要谋臣徒库古只、磨朵都向耶律阿保机负荆请罪，叛军基本瓦解。

五月十二日，耶律阿保机派北府宰相萧迪辇率精锐骑兵渡过札堵河，继续猛追耶律剌葛叛军残余力量。第二天，萧迪辇打败了耶律剌葛叛军残余力量，活捉耶律剌葛、耶律涅里衮阿钵、前北府宰相萧实鲁、耶律寅底石等叛军主要将领。

过了9天，耶律阿保机在行宫里接见耶律剌葛等人。耶律剌葛、耶律涅里衮阿钵等人用草绳将自己反绑，肉袒而前，朝着耶律阿保机一步一拜，企望耶律阿保机能宽恕他们的反叛行为。

当时，契丹军长期在外行军作战，粮草有些接济不上，士兵们煮马驹，采野菜，牲口80%都死掉。不仅如此，契丹内部的物价上涨10倍，器物、服饰、资财、货物被遗弃到楚里河，城里街道也混乱不堪。为惩罚耶律剌葛，耶律阿保机下令将他改名耶律暴里。

4天后，耶律阿保机亲自到库里，用青牛白马祭天地，宣告平定叛乱。他给大回鹘、小回鹘分别赏赐600个奴隶和2300匹马。

六月二十一日，耶律阿保机率契丹军到狼河，抓住耶律剌葛同党雅里、弥里，下令将他们活埋，然后释放所俘虏的人。在回乡途中，那些人又大多被于骨里掳走。听到这个消息，耶律阿保机大怒，亲率轻骑兵去攻打于骨里，同时又派骁将分几路去追击叛军，全数控制叛军人马及他们所掳掠的人口。

8天后，耶律阿保机到了阿敦泺。他的养子涅里思曾经附从各位皇弟反叛。耶律阿保机使用鬼箭把涅里思射杀。涅里思剩下的6000余党，也按情节轻重，获得不等的惩罚。

随后，耶律阿保机到达石岭西，下令收缴军中缺粮时所遗弃的兵器甲仗，命令所部仔细审查后，再物归原主。夷离堇涅里衮曾经附从各位皇弟反叛，耶律阿保机不忍心用刑杀他，命令他投崖。

此外，耶律阿保机还下令将伙同各位皇弟反叛的其他29人车裂，将他们的妻子儿女赐给有功将官，将他们所掠取的珍宝、幼畜都归还原主；如果失去了本物，责令他们依其价值偿还；不能偿还的，就将他们的部属赐给物主抵债。不久，萧迪里古和特里又因跟从谋反的罪名被杀。

914年春，于骨里部人特离敏抓住参加谋反的怖胡、亚里只等17人。耶律阿保机非常重视这件事，亲自审问这一批"逆党"。通过审问，耶律阿保机发现，他们的供词牵涉很多宗室，很多人都是被挟持谋反，这引起了他的警觉。

耶律阿保机意识到，必须妥善处理这件事情，决定杀几个罪大恶极的，对其他人则以宽容为主，一概从宽释放。毕竟惩罚面过广，不仅会给契丹造成重大的创伤，还会造成统治不稳定。

于是，耶律阿保机下令杖杀怖胡。耶律化哥多次蓄藏奸谋，耶律阿保机多次宽容他，而他反复无常，不思悔改。耶律阿保机召集父老群臣，声明耶律化哥的罪恶，将他连同儿子一起处死，并把他的财物分给卫士们。

在最终审查皇弟叛乱事件时，相关负责人查出300个官员与叛乱有关系。耶律阿保机认为，人命之事至关重大，人死不能复生，便恩赐那些参加谋反的逆党大吃大喝，随自己喜好过一天，爱喝酒的可以尽情喝酒，爱唱歌的可以尽情唱歌，爱跳舞的可以尽情跳舞，爱射箭的可以尽情射箭，爱摔跤的可以尽情摔跤，每个人都可以尽兴一天。

一天后，耶律阿保机下令按逆党犯罪轻重论刑。反叛首要头目是耶律刺葛，其次是耶律迭刺哥，他们都是耶律阿保机的弟弟，耶律阿保机不忍心依法处死他们，而是判处他们杖刑，不再受别的惩罚。耶律寅底石和耶律安端本性庸弱，他们反叛行为多为耶律刺葛指使，耶律阿保机宽恕他们，赦免他们的罪行。前于越耶律赫底里儿子耶律解里和耶律刺葛妻子辖刺已，参与了叛乱策划，耶律阿保机下令绞杀他们。耶律寅底石妻子涅离属于胁从反叛，耶律安端妻子粘睦姑曾经真诚劝告过耶律安端不要谋反，耶律阿保机下令赦免她们。

耶律阿保机对契丹贵族们说："我弟弟们尽管天资聪敏慧黠，然而做了蓄谋奸恶的事。他们总是自恃有超人的智慧，做出凶恶狠毒的事情，溪壑可以填塞，但贪滥的欲望是永远无法满足的。挑剔别人的过失，即使是小的、应予宽恕的，也以为非常重大；自身行不义的事情，即使属于大恶一类的，也以为是轻如鸿毛的小事。他们亲近小人，谋及妇人，狼狈为奸，妄图颠覆我的大位。他们想要不败，难道能得逞吗？北府宰相萧实鲁的妻子余卢睹姑是国家至亲，一念之间就辜负了我，附从叛逆，还没等到置之法网，就病死了，这是上天要杀她。耶律解里从小与我天天同寝同食，享受恩遇远远超过宗族情分，也随他父亲一起背弃大恩，参加叛乱，叫我怎么能宽恕他？"听了耶律阿保机的话，群臣都心服口服。

各位皇弟反叛的本质是，契丹内部传统力量和耶律阿保机革新力量的冲突。耶律阿保机区别对待反叛者，不仅使契丹避免了一场血腥的屠杀，也让那些被征服的反叛者心服口服。不过，有一些官员不满意，觉得对反叛者的处罚太轻。

有关部门上书，提出各部众参与谋反的 300 多人有死罪，应将他们判处死刑。耶律阿保机感叹地说："剥夺人的性命，哪里是我想做的事呢？如果只是有负于我的人，我还可以容忍宽待的。有些人为所欲为，做无道的事，残害忠良，涂炭生灵，抢掠财物。民间原先有上万匹马，现在大家无马可骑，只好徒步行走。这种局面自建国以来未曾有过。杀掉他们，我实在是出于不得已。"耶律阿保机没有进一步扩大惩处，而是能宽恕的就尽量宽恕，迅速给诸皇弟反叛事件定案。

持续 5 年多的反叛事件终于结束，这一次反叛事件对契丹影响巨大。耶律阿保机有限地打击反叛者，镇压了叛乱，保存了契丹实力，使得契丹能持续崛起，为契丹未来的发展奠定了基础。

3. 巩固皇位，耶律阿保机确定"一国两制"

耶律阿保机成功地处理了诸皇弟叛乱事件，巩固了皇帝地位，为契丹进一步发展创造了条件。随后，他将目光投向契丹周边。

915年六月，幽州一个叫齐行本的将领率全族及部下3000多人投靠契丹。契丹内乱刚刚平定，中原有将领率部前来投靠，耶律阿保机认为，这是双喜临门。他任命齐行本为检校尚书、左仆射，还赐给他一个契丹名字——兀欲，并赠送粮食给齐行本等人。

齐行本等人并非真心投降契丹，也不适应契丹的生活习俗，在投降契丹几天后，又率族人及部下逃回中原。时任幽州军事统帅周德威考虑到契丹正成为威胁，便不计前嫌地收留了他们。

耶律阿保机感到被耍了，他派人到幽州去找周德威交涉，要求送还齐行本及其族人。周德威态度蛮横无理，出言不逊，根本不可能答应。在他眼里，只有中原向契丹提要求，哪有契丹向中原提要求？

见周德威如此态度，耶律阿保机非常生气。他意识到，契丹已经很强大，中原一些政权仍然不将契丹放在眼里，契丹在中原的影响力仍然非常有限。契丹要崛起，必须要向中原展示自身实力。于是，他开始考虑准备南征中原。

第二年二月，应契丹群臣的要求，耶律阿保机令人在龙化州东部筑坛，举行祭天仪式，自称大圣大明天皇帝，称皇后应天大明地皇后，改年号神册。趁此机会，耶律阿保机任命迭烈部夷离堇耶律曷鲁为阿庐朵里于越，对其他各官都各有封赏，大宴群臣3天。为巩固国本，他还仿照中原王朝做法，册封大儿子耶律倍为皇太子。

为了南征，耶律阿保机利用中原各政权内部矛盾，对他们采取分化政策，进一步削弱中原政权抗击契丹的能力。在916年的上半年，中原政权向契丹表示友好，或者投靠契丹的事，发生了好几起。四月初一，幽州节度使卢国用投降契丹，耶律阿保机任命他为幽州兵马留后。四月二十日，中原后梁又派郎公远来契丹朝贺，拉拢与契丹的关系，共同对付幽州等那些不臣服的地方藩镇。两个月后，处在江南的吴越国也派滕彦休前来契丹进贡，与契丹拉拢关系。

分化中原政权取得意料之外的结果。耶律阿保机决定推迟南征，着手去征服周边那些不臣服的少数民族，以免他们乘虚而入或者与中原互为策应，对契丹造成威胁。

916 年七月十九日，耶律阿保机发动对突厥、吐浑、党项、小蕃、沙陀诸部的战争。他亲自率军冲锋陷阵，激励将士奋战，结果令他非常满意，契丹军取得一系列胜利，一个接一个地征服了周边少数民族部落。

通过这一系列战争，契丹实力获得极大充实。契丹军俘虏了那些部落 15000 多户，90 多万件铠甲、兵仗、器物服饰等军备物资，宝货、驼马、牛羊不计其数。此后，耶律阿保机扩编契丹军，提升契丹军的战斗力。

一个月后，耶律阿保机对中原政权发动攻击。

出征不久，耶律阿保机率军攻取朔州，活捉朔州节度使李嗣本。这是他称帝以来对中原战争中最大的一次胜利。为纪念这一次胜利，他下令在青冢南部刻石纪功。随后，他又派人率军攻打中原政权与契丹交接的一些州县。

一个月后，契丹军接连攻下蔚州、新州、武州、妫州、儒州，杀死中原军队 14000 多人。契丹占领从代北，沿河曲一直到阴山一带的地方，对中原政权取得战略优势。因为中原政权面对契丹骑兵，已经没有多少险峻关隘可守，中原历代政权抵抗北方游牧民族所凭借的长城及北方山区已被契丹占领一部分，契丹铁骑可随时进入中原。

在占领这 5 个州后，很多汉族人沦为契丹臣民，归属契丹统辖。如何有效管理汉族人，不仅关系到契丹的稳定，还影响契丹能否崛起。一番深入思考后，耶律阿保机意识到契丹处于农牧交界处，虽然当前主要是游牧，但也有少量农耕，实行单一的仅仅符合游牧民族生存的政策，是否有利于契丹进一步发展壮大呢？

耶律阿保机召见在征服各部落战争的筹划中出力最大的谋士韩延

徽，征询他的意见。韩延徽原本是幽州次安人。907年，刘守光囚禁父亲刘仁恭自立为卢龙节度使，派韩延徽出使契丹，韩延徽坚持不肯向耶律阿保机行跪拜礼，被扣留下来，安排他到野外放马。皇后述律平认为韩延徽有操守，不屈不挠，是个贤士。耶律阿保机觉得述律平的话很有道理，召见韩延徽，与他坦诚深入交谈。二人谈得非常投机，耶律阿保机当即就下令让他参与军事谋划，充当自己的谋士。耶律阿保机称帝后的一系列事情，韩延徽都参与了谋划。

韩延徽认为，契丹要崛起，就要以开放的态度对待各民族，尤其是汉族人。他对耶律阿保机说："我建议修建城池，对城乡分别管理，让归降的汉族人居住下来，然后让他们择定配偶，垦田种植庄稼，养活自己，为国家缴纳赋税。汉族人需要的是安定的生产环境，契丹给予他们这样的环境，他们就能安居乐业。"

耶律阿保机听了韩延徽此话，觉得英雄所见略同，下令进行相关制度改革，在汉族人占多数的农耕区实行符合农耕的政策，在契丹及其他游牧民族地区实行符合游牧的政策，即设置南北两院，北面官，用契丹制度；南面官，仿中原制度。

不仅如此，耶律阿保机还下令将武州改为归化州，将妫州改为可汗州，设立西南面招讨司统管，选拔有功的人担任这些州的刺史，要求他们推行中原的农耕政策。

通过一系列政策改革，契丹很快在汉族人为主的州站稳脚跟，这些农耕州也成为契丹领土的重要部分。后来，企图统一中原、消除北方威胁的中原政权不得不花费大力气来争夺这些州。更为重要的是，契丹有效占领这些州，使中原政权失去可以阻挡契丹骑兵的天险，在地缘上一直处于优势地位。

耶律阿保机称帝遭到弟弟们强烈反对。他在契丹实行"一国两制"，也遭到代表传统实力的其他7部首领反对。迭剌部反对势力消除后，契丹其他7个部落并不完全支持耶律阿保机。如今，契丹部落联盟首领从迭剌部推选，但以后就会轮到他们部落了。耶律阿保机模仿中原人称帝，7部首领并未公开反对，但内心强烈不满，只是耶律阿保机太得人心，他们找不到突破口。耶律阿保机改变契丹根本制度，他们认为耶律阿保机必将失去人心，反对他的时机已经成熟。于是，他们以恢复旧的可汗选举制度为旗号，强迫耶律阿保机让出可汗之位，退皇帝位。

面对其他7个部落的反对，耶律阿保机很想问一问韩延徽的看法，但此时韩延徽已经逃回中原，他只好先答应退位，交出契丹可汗的旗鼓，让另外7个部落首领去争夺，然后另外寻找破解的策略。

一天晚上，耶律阿保机做了个梦，梦见有一只白鹤飞入帐中。第二天早晨，耶律阿保机对左右说："韩延徽要来了。我高枕无忧了！"左右问原因，耶律阿保机笑着说："韩延徽走的前一天晚上，我梦见有一只白鹤飞出帐外。如今梦见白鹤飞入帐中，那必将是他要回来了。"几天后，韩延徽果真回来了。

原来，韩延徽思念家乡的父母，偷偷逃回中原，在晋王李存勖属下任职。李存勖属下的掌书记王缄妒忌韩延徽的才能，令韩延徽心中感到非常不安，他向晋王李存勖告假，躲到好朋友王德明家中，计划返回契丹。

在危难之际，韩延徽回到契丹，耶律阿保机非常高兴，拍着他的后背，问他："你这段时间到哪里去了？"

韩延徽坦诚地回答："我思念母亲，想回乡探望她，怕您不允许，就自己偷偷跑回去了。"

耶律阿保机又笑着问他："那是什么原因导致你去而复回呢？"

韩延徽说："抛弃父母，是不孝的行为，背叛和抛弃君王，是不忠的行为。我尽管斗胆逃走了，但我的心还在您这里，所以，我决定回来。"

耶律阿保机听了韩延徽的话，认为他非常真诚，很高兴，赐他契丹名字——匣列。随后，耶律阿保机与韩延徽一起密谋如何化解当前危机。很快，韩延徽献出计谋。

耶律阿保机依计行事，召集所有契丹贵族，对他们说："我当了9年可汗，下属有很多汉族人。我退位后，想亲自统率一部，修建一座城池，管理那些汉族人。"按照契丹传统，耶律阿保机从首领位置退下来，也是迭剌部首领，而那些汉族人都是他属下俘获的，都属于他。因此，这一要求获得契丹贵族一致同意。

随后，耶律阿保机率迭剌部部众，督促那些汉族人修建城池，从事农业，煮盐冶铁。没多久，耶律阿保机的地盘经济发达，人口稠密。夫人述律平建议耶律阿保机邀请其他7个部落首领来参观一下采用汉法治理汉族人的成效。

耶律阿保机派人去告诉7个部落首领："我这里有盐井，煮了很多盐，分给你们各部也不少了，你们不能只知道吃盐便利，却不知道答谢盐井的主人。最近，我新开了一口盐井。你们应该来庆贺和犒劳一下。"

另外7个部落首领得知消息，不仅觉得有道理，还认为参加庆祝后，可能分得一些盐，有好处可图。于是，他们便带着牛和酒来了。

耶律阿保机听从韩延徽的建议，布下伏兵，等大家喝得烂醉时，伏兵杀出，将各部落首领全部杀死。随后，耶律阿保机派迭剌部战功煊赫的将领去接管各部。各部部众也目睹耶律阿保机率契丹强大起来的事实，见首领被杀，无可奈何，只能接受了新首领。这一次事件后，耶律阿保机全面掌控了契丹八部，全面控制了契丹。

毫无疑问，耶律阿保机继续当皇帝，他制定的"一国两制"得到巩固。从此，契丹变成农耕民族和游牧民族和平共处共同治理的国家，耶律阿保机的皇帝地位也得到巩固。

4. 南征中原，契丹出现了安全隐患

耶律阿保机确立"一国两制"，已经充分暴露出他想统治中原。他

此前奋战多年，虽然发展壮大了契丹实力，但仅仅占领了中原边塞的几个州，进一步扩大契丹农耕区统治范围，成为他接下来的奋斗目标。

917 年二月，后晋新州偏将卢文进杀死节度使李存矩，投降契丹。

耶律阿保机趁机发兵进攻新州，新州刺史安金全弃城逃走，契丹军占领新州。耶律阿保机任命卢文进部将刘殷为新州刺史，然后率契丹军继续征伐附近州县。此时，契丹进攻中原州县，重点在于占领治理，而不再是抢掠物质和人口。

进入三月后，耶律阿保机率契丹军大肆进攻幽州。幽州节度使周德威率领幽州、并州、镇州、定州、魏州所有兵马，驻扎在居庸关西边，准备与契丹军决战。在新州城东，契丹军与幽州兵展开决战。这一战，契丹军作战勇猛，大败周德威所部幽州兵，斩杀 3 万多人。

与此同时，耶律阿保机派萧阿骨只、萧实鲁率军出居庸关抢掠燕赵一带各州县。这一支契丹军行军作战，出乎周德威意料，没有遭遇任何抵抗，如入无人之境。他们纵情掠夺一番，带着大量财物和俘虏的百姓回到契丹。

一个月后，契丹军包围幽州，但一直未能攻克。汉族军队虽然不善于长途奔袭，但守城防卫远强于契丹。耶律阿保机下令将幽州围困，企图迫使幽州断绝粮草，从而不得不投降。

对于契丹军来说，攻坚是短项，长期围困幽州并不是上策。一些契丹将领不断在寻找机会攻破幽州城。在六月二十八日那天，幽州城中有如烟火状的气体升到天空中。一些将领主张趁机率军攻城，耶律阿保机认为那是周德威在使诈。

随着时间推移，形势对契丹军越来越不利。进入夏季，幽州接连下了几场暴雨。契丹军的军营里积了不少水，面对又热又潮的天气，非常不适应。耶律阿保机便回契丹去了，留下耶律曷鲁、卢国用等人继续围困幽州。

耶律阿保机离开不久，耶律剌葛和他儿子耶律赛保里叛变，逃到幽州城内，告知耶律阿保机回契丹的消息。幽州城内军民得知消息后，更加坚定死守幽州的信心。他们一边积极抵抗契丹军，一边向中原其他州县寻求援助，内外夹攻，击败契丹军。

一个多月后，后唐皇帝李存勖派李嗣源等人前来救援，耶律曷鲁见契丹兵少，根本不是后唐军对手，便率军撤回契丹境内。契丹南征停止。

这次南征受挫后，耶律阿保机一边派兵继续攻打中原北部州县，一边通过外交手段扩大契丹的影响力，创造更好的南征环境。

918年正月，耶律阿保机任命皇弟耶律安端为大内惕隐，派他率契丹军进攻云州及西南诸部。一个月后，契丹修筑的皇都城竣工。后梁、后晋、吴越、渤海、高丽、回鹘、阻卜、党项及幽州、镇州、定州、魏州、潞州等州，分别派使者前来祝贺。

为彰显契丹的强大，耶律阿保机令人仿照汉文制定契丹文字，创立独特的契丹文化体系。

920年，契丹文字制定成功，耶律阿保机下令在全国颁行，命令皇太子耶律倍率迭剌部夷离堇耶律玗里轸等将领，一起率军掠夺中原云内军和天德军两个藩镇。

契丹军围攻天德军时，天德节度使宋瑶率军抵挡，打不过契丹军，请求投降。耶律阿保机赐给宋瑶弓矢、鞍马、旗鼓，改天德军为应天军。不过，等契丹军班师回朝后，宋瑶又叛变了。契丹军只好再次进攻天德军。几天后，天德城被攻破，宋瑶被活捉。此次，耶律阿保机将宋瑶家属及其天德军所有百姓迁到阴山南边，以防止他们再次反叛。

921年十月，后晋新州防御使王郁率部投靠契丹。趁此机会，耶律阿保机率契丹军进入居庸关，进攻附近各州县。一个月后，契丹军攻下古北口。随后，耶律阿保机下令把契丹军分为几路，分别进攻附近一些州县。经过一番奋战，契丹军攻打了檀州、顺州、安远、三河、良乡、望都、潞城、满城、遂城等10多个城池，俘获不少百姓。他们将那些百姓全部押送到契丹境内，进行安置，让他们安心从事农业生产。

十二月初二，王郁去朝拜契丹皇帝耶律阿保机。耶律阿保机认王郁做干儿子，赏赐十分丰厚，同时下令把王郁的部下全部迁到潢水南边，安置在那里从事农业生产。

几天后，契丹皇太子耶律倍带王郁等人，率军到定州攻城略地。后唐义武军节度使王处直的养子王都囚禁了王处直，自称义武军留后，成为新的一方藩镇。得知这个消息，契丹军包围了涿州。10 天后，涿州刺史李嗣弼率全城百姓投降契丹。

契丹蚕食中原地区，引起后唐皇帝李存勖的高度重视，亲自率后唐军前来援救义武军留后王都。他率后唐军直扑望都，想把驻扎在那里的契丹军赶走或者歼灭。在行军途中，李存勖遭遇契丹骑兵，被包围。李存勖率军奋力突围 4 次未果，后经李嗣昭率 300 精锐骑兵来救，李存勖才打退契丹骑兵。

李存勖率部突围后，没有修整，更没有撤退，而是立即向契丹骑兵反扑。契丹军没预料到李存勖在这种状况下还敢反攻，没有任何心理准备。一场激战后，契丹骑兵大败，被迫放弃占领的各城池，向契丹境内后退。李存勖一路猛追。追到幽州时，他派 200 骑兵紧跟在契丹军后，负责侦查契丹军的动向。契丹军突然回头攻击他们，将他们尽数活捉。此后，李存勖不敢贸然进攻契丹，先行收复契丹放弃的那些城池。

在契丹军北撤时，幽州一些军民袭击他们。契丹军很快打败幽州军民，摆脱困境。耶律阿保机下令将檀州、顺州的百姓都迁到东平、沈州安置，让他们从事农业生产。

922 年二月，契丹军再度进攻幽蓟一带。两个月后，契丹军攻下蓟州城。李存勖得知相关消息，亲自率军反攻。几天后，李存勖率军包围镇州。契丹镇州守将张文礼迅速向耶律阿保机求援，耶律阿保机命令选烈、康末怛率契丹军前去救援。迭烈、康末怛很快打败李存勖，斩杀了李存勖的部将李嗣昭。这年冬季，耶律阿保机任命耶律德光为天下兵马大元帅，负责进攻蓟北。

923 年正月，耶律德光率契丹军攻下平州，俘虏平州刺史赵思温、偏将张希崇。

同年初夏，耶律阿保机命令耶律德光率契丹军进攻幽州，同时派迭剌部夷离董耶律觌烈抢掠山西。幽州节度使符存审派裴信父子率军出战耶律德光，兵败，裴信父子被俘虏。耶律德光趁机攻下镇州、曲阳、北平，长城内又有数州县并入了契丹领土范围内。

924 年正月，耶律阿保机派军到燕南抢掠。几个月后，耶律阿保机下令将蓟州民户迁徙到辽州安置生产。就在此时，渤海人杀了契丹刺史张秀实，掳掠他属下的百姓，耶律阿保机不得不分散精力来对付渤海国。

从此时起，直至耶律阿保机去世，契丹军都没有大规模侵扰中原边塞各州县。耶律阿保机意识到，征伐中原，并非短时间内能完成的事业，他必须要征服周边少数民族，使他们彻底臣服契丹，而不是时降时叛。

综合考虑一番后，耶律阿保机草草结束南征，暂时将中原放到一边，这是他军事生涯的遗憾，也把南征建功立业的重任留给了他的继任者。

5. 西征草原，契丹确立各部落统治地位

924 年六月十八日，耶律阿保机召集皇后、皇太子、大元帅及两位宰相等重要大臣，一起商议军国大事。

在会议上，耶律阿保机说："上天让天子代天行政，是要他代替上天向百姓施恩惠。不过，自古以来，圣明君王要 1 万年才能出现一个。

我已经承受天命统治天下，我所有的征战都是奉天意行事。因此，我率军作战时，能智谋百出，用兵如神；管理国家时，能政令通行，人心归附，天下归心，能纠正各种弊政，能使天下百姓安居乐业……人的生死由自然规律决定，是否能使自己永垂不朽，在于自己如何去做。我突出的领导能力和悟性，都是上天赐予我的……3 年后，我将会死去。不过，我还有两件事没做完。我怎么能辜负大家对我的忠诚呢？……"

皇后、皇太子、大元帅及两位宰相等重臣听到这话，惊惧交加，不知所措。

耶律阿保机随后宣布大举兴兵征讨吐浑、党项、阻卜等部，命令皇太子耶律倍监国，大元帅耶律德光随他出征。

西征开始后，在耶律阿保机巧妙布置和策划下，契丹军取得一个又一个重大胜利。

924 年七月十四日，耶律曷剌率军攻打素昆那山以东的部族。契丹军以碾压之势，打得他们大败。一个月后，耶律阿保机率部到达乌孤山，在那里以鹅祭天，宣告成功征服素昆那山以东部族。一周后，耶律阿保机率军在古单于国驻军时，也登上阿里典压得斯山，在那里以鹿祭天，宣告自己是这片土地的统治者。

九月初，耶律阿保机在古回鹘城驻军，他令人刻石纪功，宣布回鹘故土为契丹所有。到月中时，契丹军打败阻卜部。几天后，南府宰相耶律苏和南院夷离堇耶律迭里率军向西南方向进攻，他们一路抓获不少俘虏。九月末，耶律阿保机下令磨去辟遏可汗的故碑，以契丹文、突厥文、汉字刻录这次西征功绩。

同一天，契丹军攻破胡母思山一带的吐蕃部落。耶律阿保机在业得思山驻军，用青牛白马祭告天地，宣告契丹成为这片土地所有者。

十月初，耶律阿保机率军在寓乐山狩猎，捕获数千头野兽，用来补充契丹军粮。不久，到达霸离思山，他派兵翻越流沙，攻下可汗浮图城，全部降伏西部部落。

一个月后，契丹军俘获甘州回鹘都督毕离遏。这是一件大事，耶律阿保机非常重视，一边派使者告诉回鹘国王乌母主可汗，一边率契丹军迅速向霸室山挺进。这一段路程有 600 多里。耶律阿保机率军一边行军，一边打猎，将士们每天都能吃到鲜肉食品，士气旺盛。契丹军在西征途中一路所向无敌，沿途各部落纷纷归降契丹。契丹声望进一步壮大。

925 年正月初九，耶律阿保机派人将西征胜利的消息通报给皇后、皇太子。随后，他又派大元帅耶律德光进攻党项部落。

过了段时间，皇后述律平派康末怛前来问候耶律阿保机的起居情况，呈上御服、酒食，祝贺西征军取得巨大胜利。不久，萧阿古只率进攻燕赵一带的契丹军回来，向耶律阿保机进献牙旗兵仗。二月底，耶律德光率契丹军取得对党项部落战争的彻底胜利，抓获了不少俘虏，缴获大笔物资。

耶律阿保机见西征目标已经基本实现，率西征将士到水精山，举行庆功大会，大加犒赏，契丹军士气进一步高涨起来。此后，耶律阿保机又率契丹军讨伐南边的小蕃，取得胜利后，正式结束征伐。

回到契丹后，周边国家、部族、政权得知契丹西征胜利消息，慑于契丹国威，不得不纷纷派人出使契丹，或是谢罪，或是进贡，或是禀陈，或是打探虚实。

回鹘乌母主可汗派人前来契丹谢罪，与契丹缔结和好条约；中原后唐派人来告知消灭后梁事，祝贺契丹西征胜利，同时探听虚实；日本派人前来向契丹进贡；高丽派人前来向契丹进贡；新罗派人前来向契丹进贡……耶律阿保机高兴地接见各国使者，给予赏赐。

耶律阿保机环顾各国使者，却没发现东边邻居渤海国使者。他觉得渤海国对契丹不够重视，很不高兴，不过内心也有些小激动，因为他自认必须完成的第二件事就是兼并渤海国。渤海国的表现，正好给了他一个进攻渤海国的借口。耶律阿保机开始筹划东征渤海国。

6. 倾国东征，契丹军一举灭渤海国

渤海国是契丹东部由粟末靺鞨部建立的国家，与高丽有渊源。5 世纪后期，粟末靺鞨从北方迁移到粟末水流域，与高丽因争夺土地，产生冲突。隋朝前期，粟末靺鞨在与高丽的战争中处于劣势，首领突地稽率 8 个粟末部落逃到辽河以西。为安置他们，隋朝特地设置辽西郡。粟末靺鞨成为抗击高丽前沿。668 年，唐朝派兵与新罗联合灭掉高丽。为防止高丽复辟并有效控制高丽遗民与临近的靺鞨、契丹、奚等少数民族，唐朝又强行将"粟末靺鞨依附高丽的人"徙居到辽西营州（辽宁朝阳）。

696 年，契丹部落联盟首领李尽忠反叛，杀死营州都督赵文翙。这件事导致契丹跟武则天进行了长年的战争。当时，乞乞仲象是粟末靺鞨部落酋长，率靺鞨人加入反叛武则天的行列。乞乞仲象还被契丹部落联盟首领李尽忠授予大舍利职位。李尽忠失败后，靺鞨人首领乞四比羽、乞乞仲象等人率营州靺鞨人东逃辽东。武则天对靺鞨人采取招抚政策，封乞四比羽为许国公，乞乞仲象为震国公，赦免他们参与叛乱的罪行。乞四比羽明确表示拒绝接受，后被武则天命令契丹降将李楷固等人消灭。乞乞仲象在逃亡中病死，他儿子大祚荣继任粟末靺鞨部落酋长，率部继续东逃。在天门岭，大祚荣率靺鞨人击败追击的李楷固所部唐军，赢得喘息时间。

两年后，突厥默啜可汗进攻中原，契丹与奚族又依附突厥，中原通往东北的交通道路被阻隔。粟末靺鞨部落酋长大祚荣审时度势，在东牟山自称震国王，宣布姓大，渤海国建立。

为巩固震国，震国王大祚荣与突厥结盟，又与新罗通好，震国赢得发展机遇，十多年后成为一支举足轻重的政治力量，其统治范围南接新罗，北邻黑水靺鞨，西连契丹、突厥，境内百姓包括靺鞨、高丽、汉、

契丹、奚、突厥、室韦等民族，有 10 多万户，数万军队。

713 年，大祚荣接受唐朝招抚，向唐朝称臣，被封为左骁卫大将军、渤海郡王。从此，震国又称为渤海国。渤海国积极学习唐朝，社会经济迅速发展，国家实力迅速增强。

大祚荣死后，他的儿子大武艺继位。大武艺虽然也接受唐朝册封，但更注重自主性，不用唐朝年号，喜欢对外发动战争。渤海国先后征服铁利、拂捏、越喜、虞娄等"东北诸夷"。渤海军进攻黑水靺鞨时，引爆与唐军的冲突。

727 年，大武艺派人东渡到日本，试图与日本结盟，对抗唐朝，确保安全。此外，渤海国也与契丹结盟。732 年，渤海军进犯唐朝，唐将乌承玼、盖福顺等人奋力抗击，新罗、黑水靺鞨、室韦也发兵帮助唐军。渤海军打不过，大武艺派大诚庆去长安谢罪，请求停战。唐朝当时的皇帝李隆基赦免了大武艺，渤海国撤军，恢复对唐朝的朝贡。

几年后，大武艺死去，他的儿子大钦茂继位。大钦茂在位 56 年，坚持学习中原文化。他兴文治，模仿唐朝典章制度，在中央设立三省六部，在地方设五京及府州县建制，完善渤海国中央集权制度。与此同时，加强与唐朝和日本的商业贸易，49 次派人访问唐朝，12 次派人出使日本。渤海国农耕经济发展，国势蒸蒸日上。

在此期间，唐朝爆发安史之乱，渤海国没有贸然卷入，而是迁都上京以防叛军侵入，并加强与日本的联系。

793 年，大钦茂死去，其后 20 多年间，渤海国进入衰落时期，先后更换了 6 个国王，政局动荡，多次发生宫廷政变，渤海王因政变而即位或死亡非常频繁。

818 年，大仁秀继位，渤海国势又强大起来。大仁秀非常重视发展军事势力，曾率军打败新罗，迫使新罗退到浿江（今大同江）修筑 300 里长城；向北征服拂涅、虞娄、越喜等其他靺鞨部落，打败素称强悍的黑水靺鞨，占领兴凯湖、乌苏里江流域直到三江平原。

　　大仁秀的继任者大彝震进一步营建上京宫阙，发展与唐朝和日本的经济、文化关系。其后的两代渤海王大虔晃、大玄锡继承他的政策，渤海国文化日臻成熟，成为名副其实的"海东盛国"。

　　大玄锡死后，大玮瑎继任渤海王；大玮瑎死后，大諲譔继任渤海王。大諲譔是907年继位的，这一年，耶律阿保机称帝。大諲譔对契丹人不屑一顾，根本看不起他们，但对中原政权一如既往地示好，多次派人朝贡后梁、后唐，到中原进行经济、文化交流，却一次也没派使者到契丹。

　　处于渤海国西部的契丹通过不断的征战，不断发展壮大，渤海国与契丹关系日趋紧张。大諲譔下令在与契丹交界处的扶余城部署重兵防守，重点防备契丹。不仅如此，他还派人到契丹进行外交交涉，要求契丹人保持和平，不以武力征服周边各国。实力日益强大的耶律阿保机根本就不搭理渤海人的要求。正因为如此，契丹西征取得胜利后，渤海国并未向契丹派出使者。

　　在接待各国使者后，耶律阿保机召集大臣们，说："我以前提到所谓的两件事，一件事已经完成。现在，我们要准备完成第二件事：渤海世仇还没有昭雪，我怎么能按兵不动呢？现在，集聚全契丹的兵马，随我一起东征渤海，报仇雪耻！"

　　耶律阿保机亲率契丹军浩浩荡荡向渤海国进发。这次出征，契丹倾尽全国兵力，志在灭亡渤海国。皇后述律平、皇太子耶律倍、大元帅耶律德光都随军出征。

　　925年十二月十四日，在乌山，耶律阿保机用青牛白马祭告天地，誓师讨伐渤海国。5天后，耶律阿保机率契丹军到达商岭，乘夜包围渤海国扶余府。

　　渤海国虽有重兵驻防扶余城，但是，渤海军长期没经历战争，战斗力和战斗意志都远远不如长期南征北战的契丹军。在一次激烈的攻防战后，契丹军攻下扶余城。此时距契丹军到达扶余城仅仅过了3天。耶律阿保机下令处死扶余城守将，安抚当地百姓。

在扶余城修整 5 天后，阿保机命令耶律安端、萧阿古只等人率 1 万骑兵充当先锋军，继续攻击渤海其他地方，命令耶律德光、耶律苏、耶律斜涅赤、耶律迭里突袭渤海首都忽汗城。

大諲譔将渤海军主力部署在扶余城，根本就没想到契丹军 3 天能攻下扶余城，更没想到契丹军能够迅速将忽汗城围得水泄不通，城内没有大量精锐守军，城外也没有援军。因为缺乏情报，他认为契丹军包围忽汗城，便是已经将其他地方攻下，最后才对忽汗城发起围攻。在走投无路的情况下，大諲譔只好向耶律阿保机请降。

927 年正月十四，渤海王大諲譔身穿白色衣服，绑着草绳子，率300 多大臣走出忽汗城，正式向耶律阿保机投降。耶律阿保机下诏，命令属下好好对待渤海王大諲譔，亲自为他解开身上的草绳，以表示对他礼遇有加。

3 天后，耶律阿保机又下诏，告诉渤海各州县守令：渤海王大諲譔已经向契丹投降，只要他们放下武器，就可以享受优厚待遇。渤海国一些州县守令接到消息，相继向契丹投降。

不过，并非所有人都愿意投降契丹。渤海王大諲譔率大臣出城投降后，暂时依然住在忽汗城内，城内治安依旧由渤海军负责，契丹军继续驻扎在忽汗城外，康末怛等 13 人先行进城，负责收缴渤海军兵器。耶律阿保机计划收缴兵器后，再举行盛大进城仪式。

康末怛等 13 人进城执行命令时，渤海王大諲譔避而不见，渤海兵将他们拦在王宫外。康末怛等人强烈要求进王宫，被渤海兵所杀。事情发生后，大諲譔没向耶律阿保机做出合理解释，反而率渤海军守城，全力抗击契丹军。因为他出城投降后，才得知契丹军是直捣忽汗城的，渤海地方州县根本未被契丹军攻占，只要他率渤海军抵抗，等到地方军前来勤王，就可击退契丹军，保全渤海国。

经过几天强行攻城，契丹军最终还是攻下忽汗城。耶律阿保机以胜利者姿态进入忽汗城，强令大諲譔率渤海臣民跪在城门口迎接。耶律阿保机进城第一件事，就是令人迅速护送大諲譔及其族人出城，关押到一个秘密的地方，将他们与渤海国臣民隔离起来。随后，他再次派人到渤海各州县，催促他们迅速到忽汗城朝拜契丹皇帝。

十几天后，渤海国安边府、莫府、颉府、南海府、定理府等府及诸道节度、刺史都前来忽汗城，向耶律阿保机投降。耶律阿保机亲自接见他们，给他们抚慰劳问，让他们回到原地继续担任原来的职务，管理原来的民众。这些人见渤海王大諲譔虽然投降了，皇帝换成契丹人，但他们的官职和爵位却没丝毫变化，因此也没太多反抗情绪，欢天喜地地回到自己岗位上去了。

到此时，契丹军取得东征的完全胜利。耶律阿保机下令将东征所获器物、钱币等赐给将士，用青牛白马祭天地，宣告契丹征服渤海国，大赦天下，改元天显。

二月十九日，耶律阿保机下令改渤海为东丹，改忽汗城为天福城，封皇太子耶律倍为人皇王，出任东丹王，负责主持东丹政事，任命耶律迭剌为左大相，原渤海丞相为右大相，原渤海司徒大素贤为左次相，耶律羽之为右次相，一起辅佐东丹王。还特别赦免原渤海国内除特殊原因判死刑外的所有犯人。

几天后，原渤海国一些州县发动叛乱，契丹军立即前往镇压。很快平息叛乱。二月二十七日，耶律阿保机宴请东丹国臣僚，颁赏赐物。又过了两天，耶律阿保机班师回朝，带走大諲譔及其全家族，人皇王耶律倍率东丹国僚属前去送行后，留下治理东丹国，即故渤海国。

927年七月二十，耶律阿保机率军到达扶余府时，不幸染上疾病。传说这天夜里，有大星陨落在帐前。契丹人认为这一不祥之兆预示着耶律阿保机快要死了。一个星期后的清晨，扶余城子城上空出现了黄龙缭绕，长约一里，光耀夺目，最终飞入行宫。天空遮蔽着紫黑气，过了一整天才散去。在充满悲剧色彩的这一天，55岁的耶律阿保机死了。

　　第二天，述律平皇后临朝称制，负责决理军国大事，代替掌管皇帝权力。她率军迅速将耶律阿保机的梓宫带回上京城，追加谥号升天皇帝，庙号太祖。

第三章　纵横中原，
契丹帝国荣光昙花一现

在母亲支持下，耶律德光登上皇位，率军南下中原，扶植后晋"儿皇帝"，将幽云十六州纳为契丹领土。后来，他率契丹军南下中原，消灭后晋，却因政治处理失当，无法在中原立足，死于撤军途中。他将契丹军的战斗力发挥到极致，也为日后契丹皇位传承带来负面影响。

1. 皇位更替，"谁强谁登基"是潘多拉魔盒

927 年七月，耶律阿保机死去，契丹首次面临皇位更替。谁继承耶律阿保机的皇位呢？如果不考虑契丹的特殊历史背景，毫无疑问是皇太子耶律倍。事实上，契丹是马背上的民族，比较看重实力，没有中原那种嫡长观念。耶律阿保机突破传统称帝，改革契丹治理方式，但契丹内部具有传统观念的还不少，且皇位更替是契丹历史上的首次，继承耶律阿保机的帝位，不可避免地要看谁实力更强，谁更具有号召力。

在耶律阿保机死后，皇太子耶律倍并没有立即继位，而是由皇后述律平称制，暂时掌管军国大事。这使继位者充满变数。在耶律阿保机的几个儿子中，谁更受皇后器重，谁就更可能继承帝位。

皇太子耶律倍是皇后述律平所生长子，他幼时敏慧好学，外表宽厚，

内心挚诚，深得积极推行新政策、仿照汉人称帝的耶律阿保机的喜爱。916年春，耶律阿保机册立耶律倍为皇太子，公开确立他皇位继承人的身份。

有一次，耶律阿保机问群臣："接受天命的君王，应该侍奉上天，敬奉神灵。我想祭祀那些建立巨大功业德行的先人，我们首先应该祭祀谁呢？"左右大臣都说应该首先祭祀佛。皇太子耶律倍有自己独特的见解，说："我认为，应该首先祭祀孔子。孔子是大圣人，世世代代都尊崇他。"

耶律阿保机问此话的目的，是他要学习汉人称帝，要推崇文化名人，赢得知识分子认同和支持。契丹大多数推崇佛祖，但耶律倍认为，能获得中原读书人一致推崇的是孔子。契丹人推崇孔子，赢得中原读书人认同和支持，就容易多了。耶律阿保机故此非常认同耶律倍的看法，下令建造孔子庙，命令耶律倍代表他每年春秋各祭祀一次孔庙。

除此之外，皇太子耶律倍战功也不小。他曾经随耶律阿保机出征乌古、党项，担任过契丹先锋军统领；在耶律阿保机率军西征时，他负责留守京师；926年，他还为攻取渤海献策，建立巨大功劳。

在攻下扶余城后，耶律阿保机想清查户口，先巩固战果，再图进取，耶律倍劝谏说："如今，我们刚刚得到扶余这块土地就进行人口清查，百姓一定不会安宁。我们应该趁势如破竹的机会，率军直捣忽汗城，擒贼先擒王！"耶律阿保机采纳了他的意见，派他和大元帅耶律德光担任前锋，率军袭占忽汗城。不难看出，在契丹灭亡渤海的战争中，耶律倍的战功显著，至少不比耶律德光逊色。

契丹消灭渤海后，耶律阿保机将渤海改称东丹，即东契丹，将东丹都城命名为天福城，任命皇太子耶律倍为人皇王，兼任东丹国国王，还让他戴天子冠冕，穿天子服饰，并仿照汉族政权模式，设置左右大相、次相及百官辅佐。

这是耶律阿保机治理渤海故地的一种办法，意在减少渤海人心理上的抵抗，便于耶律倍将来继位后，契丹能够顺利地兼并东丹国。

耶律阿保机把渤海交给皇太子耶律倍后，率军返回。耶律倍做梦也没想到，这次父子分别，原本已经公布的皇位继承人资格也悄悄远离了他。得知耶律阿保机病逝，耶律倍赶往扶余奔丧。他已经得知皇后述律平要立他的二弟大元帅耶律德光即位。他苦于得不到皇后的宠爱，实力和威望并不比耶律德光明显强多少，又远离京师，公开争夺皇位，可能引爆内战，将自己陷于"不孝"的舆论境地。

为了验证皇后是否有立耶律德光为帝的想法，并给自己争取舆论高地，耶律倍与手下大臣商量后，决定采取以退为进的策略，和大臣一起上书，请求皇后述律平，让大元帅耶律德光继承皇位。耶律倍以为这是高招，但没想到皇后顺水推舟，扶立耶律德光登基。

耶律德光是皇太子耶律倍的同母弟弟，他出生于902年。他出生时，神光异常，有人打猎打到白鹿和白鹰，大家都认为是吉兆。成年后，耶律德光参与国家大事。很多军国大事由他来裁决。922年，耶律德光出任天下兵马大元帅，统率契丹军南征。从此，契丹大部分兵权逐渐掌握在他手里，他在契丹军将领中的威望越来越高。

耶律德光有卓越的军事才能。在南征中，他率军攻下平州，俘虏赵思温、张崇等人；在回师途中，他又率军打败箭馆山一带的奚族部落，掠夺镇州和定州一带，并在幽州城下打败符存审所部幽州兵。在西征时，耶律德光打败党项和山西诸镇，夺取回鹘单于城；在平定渤海时，和皇太子耶律倍一起充当先锋，立下赫赫战功。综合起来，耶律德光的功劳不比耶律倍差，且掌握契丹军军权，又有皇后述律平的偏爱和支持。

耶律德光想当皇帝，但苦于无法以合理的理由说服契丹大臣、贵族。他内心也非常清楚：直接继承皇位的话，还有皇太子耶律倍存在，他的举动不合法，是篡夺皇位，会引起部分权贵的反对，给其他皇族人争夺皇位制造借口；通过武力方式夺取皇位的话，契丹就会遭遇大的流血冲突，甚至引发内战，严重削弱契丹实力。

正在此时，皇太子耶律倍率大臣向称制的皇后请求让耶律德光继承帝位。皇后本来就倾向于耶律德光，现在终于有名正言顺的借口，便顺势同意，将这封上书传给契丹重臣看。就这样，在皇后的偏爱下，在皇太子的"谦让"下，耶律德光顺利继任契丹第二任皇帝。契丹进入一个新的历史时期。

耶律德光做皇帝后，并没有对前皇太子耶律倍掉以轻心，而是猜忌有加。他把东平郡改名为南京，令耶律倍迁到南京居住，然后将南京百姓全部迁往其他地方，并设置卫士秘密监督他的一举一动。

过了一段时间，耶律德光皇位巩固了，迫于舆论压力，又让兼任东丹王的耶律倍回到东丹。耶律倍回东丹后，不再关心军国大事，而是将精力放在文学艺术领域。他命令王继远撰写《建南京碑》，在西宫修造书楼，整天在里面读诗作诗。

如果耶律倍从此读诗作诗过一生，那么历史可能会是另外一个发展方向。

后唐皇帝李嗣源听说契丹前皇太子耶律倍在东丹天福城过得非常郁闷，暗中派人跨越大海，带着他的亲笔信，秘密会见耶律倍。

在密会后，耶律倍产生离开契丹到中原去的想法。930年某一天，耶律倍获得耶律德光的批准，去海上钓鱼。到海上钓鱼，在契丹这个马上民族看来，完全是奇技淫巧、邪门歪道、玩物丧志。因而耶律德光就爽快地批准了。

到海边后，耶律倍突然将监视他的人捆绑起来，写下"小山压大山，大山全无力。羞见故乡人，从此投外国"四句话，然后乘船离开。几天后，耶律倍成功到达后唐。

后唐皇帝李嗣源给予耶律倍非常优厚的待遇，他以天子仪卫迎接耶律倍，并赐他姓东丹，名慕华，下令改瑞州为怀化军，任命东丹慕华为怀化军节度使、瑞慎等州观察使。后来，李嗣源又赐东丹慕华姓李，移居到滑州，遥领虔州节度使。

得知耶律倍乘船出海后，耶律德光非常紧张，派人出访后唐、高丽、新罗、日本等地，寻找东丹王耶律倍的下落。

半年后，耶律德光得知耶律倍到了中原，并受到后唐皇帝的器重。

2. 立"儿皇帝"，耶律德光掌握了中原命脉

耶律德光是契丹著名军事将领，做契丹皇帝后，陆续率军征讨周围一些部落和中原藩镇。923 年，中原的后梁被后唐取代。在契丹西征和讨伐渤海期间，后唐的势力迅速壮大。925 年，后唐灭掉前蜀王衍。928 年，南平王高从诲内附后唐。后唐的势力壮大，志在统一中原，其发展趋势已经明显威胁到契丹。

928 年十一月，耶律德光问手下的人南征后唐条件是否成熟。手下的人都认为："唐国有一定实力。我们最好不要轻举妄动，应该等到有可乘之机时，再动干戈。"耶律德光觉得有理，就暂时不南征，着手整顿内部。他下令将东平郡升为南京，将耶律倍迁到那里。

929 年八月，耶律德光亲自到南京，在人皇王府第宴饮群臣，并到南京兵营里视察。随后，他检阅军队，祭告天地，誓师南征，派三弟耶律李胡做试探性进攻，并召集各高级将领到行宫商讨南征战略。

930 年正月，耶律李胡率军攻占寰州，契丹军南征中原旗开得胜。皇太后述律平趁机夸奖耶律李胡，要求册立耶律李胡为皇储。耶律德光这才明白，原来皇太后最宠爱的不是他，而是三弟，之所以支持他从大哥耶律倍手中夺取皇位，是因为想为年幼的三弟耶律李胡将来登基做铺垫，最终确立兄终弟继的皇位传承原则。

耶律德光内心不愿意，却无力反对皇太后，因为他是皇太后当年支持才登基的，反皇太后就是质疑自己继位的合法性。这年三月，耶律德光册封皇弟耶律李胡为寿昌皇太弟，兼任天下兵马大元帅，负责准备南征诸项事宜。

正在这时，东丹有人上报，说人皇王耶律倍乘船到外国去了。耶律德光只好下令暂停南征，令人四处查询人皇王耶律倍的行踪。半年后，有人上报耶律倍已经渡海到了后唐，得到后唐皇帝礼遇，当上后唐的节度使。

耶律德光得知此消息非常气愤。耶律倍在契丹堂堂人皇王、东丹王不当，跑到后唐去当节度使。后唐秘密跟人皇王耶律倍来往，他作为皇帝居然不知道。耶律德光气愤之余，特别担心后唐跟耶律倍勾结，向契丹发动战争。耶律德光更坚定南征决心，他一直在等待机会。

3年后，耶律德光终于等到一个好机会。933年十一月，后唐皇帝李嗣源突然死了，他儿子李从厚继任皇帝。李嗣源手下有好几员大将与李从厚关系不好，后唐新皇帝和旧大臣之间矛盾激化，一场内战正在酝酿。

934年四月，李嗣源养子李从珂弑杀李从厚，自立为帝，后唐内部矛盾更加激化。拥有兵权的将领互相不服气，一场血腥内战开始。耶律倍在后唐境内，却在为契丹考虑。他将掌握的消息写信给耶律德光，建议他迅速率契丹军征伐后唐。直到此时，耶律德光才意识到误解耶律倍了，耶律倍提供的消息，跟他派人侦探的消息，基本是吻合的。

934年八月十四日，耶律德光用青牛白马祭祀天地，宣布南征。这次南征，他亲自率契丹军进攻中原的云州、河阴、灵丘、阳城等重镇。不过，天有不测风云，在耶律德光正要大举南进时，契丹内部发生了两件意外之事。一件是皇后在935年正月十三突然死了，另一件是935年二月宰相耶律涅里衮私通后唐的事曝光。爱妻新丧影响耶律德光的心情，耶律涅里衮泄露军事机密，让后唐提前做好准备，增加了南征难度。一番思考后，耶律德光取消南征。

不到一年时间，他又遇到一个千载良机。

936年正月，后唐河东节度使石敬瑭因不听从皇帝李从珂的命令，遭到强力镇压。为了生存，为了打败李从珂，石敬瑭先后派部将赵莹通和桑维翰前来契丹请求帮助，同时，中原藩镇赵德钧也来求助。

以往，只要契丹进犯中原，中原一些藩镇就会联合起来抵抗，或者停下相互之间的战争，抽出精锐军队对抗契丹，使得契丹难以取得决定性胜利。如今，中原一些藩镇主动来请求契丹出兵，此时契丹出兵，不仅可以分化中原军队的抵抗力量，还可以师出有名，减少中原百姓对契丹的反抗。

耶律德光便以"李从珂弑君自立，人神共愤，契丹要替天行道"的名义，调动各地军队和臣属契丹的各部族的军队，组成庞大联军，浩浩荡荡地南征后唐，援救石敬瑭。

936年九月二十二日，契丹军进入雁门关，向忻州和太原发起进攻。两天后，耶律德光派人告诉石敬瑭说："我远道兴师而来，会尽力帮你打败李从珂。"

当时，后唐将领高行周、符彦卿率军抵抗契丹军入侵。在交战时，耶律德光先假装退却，收拢兵力，趁后唐将领张敬达、杨光远没来得及列阵，便指挥契丹军将他们包围。高行周、符彦卿等所部后唐军被契丹伏兵截断，首尾不能相顾。后唐大败，丢弃的兵仗堆积如山，被斩杀的有上万人。张敬达率残部逃到晋安寨死守，被契丹包围。

在两军激战时，石敬瑭去朝见耶律德光，耶律德光握住他的手鼓励他，让他对击败对手要充满信心。

这年十月，耶律德光下令惩罚临阵退缩的将领鹘离底、寅你已、陪阿等人，封石敬瑭为晋王，调动石敬瑭部参战。

后唐皇帝李从珂派赵延寿率2万精兵在团柏谷防守，派范延广率2万精兵在辽州防守。得知契丹军围攻晋安寨的消息，后唐幽州节度使赵德钧趁机反叛，率1万余人，经过上党，直接进攻赵延寿驻扎在团柏谷的后唐军，与契丹军形成夹击之势。

后唐几路援兵遭到契丹军阻击后，逗留不前，不敢向晋安寨靠拢，退守晋安寨的后唐军处境越来越危险。李从珂亲率3万精锐骑兵，从汴京赶到河阳，亲自监督各路兵马支援晋安寨。

然而，李从珂的军事才能有限。他看到叛臣勾结契丹军夹攻自己，而手中掌握的军队又不能及时相互救援，一时束手无策，整天饮酒悲歌。

936年十月十二日，耶律德光将石敬瑭召到行宫里，对他说："我从3000里外率军前来这里，一次交战便取得了胜利，这大概是天意吧！我看你身材魁伟，气魄宏大，就替我管理中原，世代为契丹充当藩篱吧！"石敬瑭听出言外之意，内心大喜，假意推辞一番后就接受了。

耶律德光下令在晋阳设坛，准备举行册封仪式。十一月十二日，耶律德光册封晋王石敬瑭为大晋皇帝，命令石敬瑭称他为"父皇帝"，替他管理契丹军攻下的中原领土。石敬瑭比耶律德光大十几岁，但对捡来的"儿皇帝"非常满意，极其高兴地接受了册封，对他的"父皇帝"耶律德光感恩戴德。

耶律德光知道，石敬瑭这个由自己一手扶植的"儿皇帝"是离不开契丹支持的，必须俯首听话才能够生存下去，利用石敬瑭代替自己管理中原，既可以减少契丹军伤亡，又可以掌握中原的命脉，让中原最高决定权牢牢地掌握在自己手中。

3. 收获幽云，契丹拥有强国的基础

后唐将士抵抗契丹军入侵非常英勇，得知石敬瑭当上"儿皇帝"后，后唐军从南边和西边两路去支援晋安寨的张敬达所部，耶律德光命令耶律挞烈率军前去支援。

此时，张敬达所部被包围在晋安寨已80多天，由于内外隔绝，粮食储备消耗殆尽。将士们清洗马粪，用洗出来的木屑喂马，马饿得互相啃食鬃尾。马饿死后，将士们就用死马肉充饥。

杨光远等人劝张敬达投降契丹，张敬达回答说："我只有一死，如

果你想投降，为何不杀了我呢？"

不久，杨光远和安审琦果然杀掉张敬达，率部投降耶律德光。

耶律德光听说张敬达至死不改节操，对左右的人说："所有做人臣的，都应该以他为榜样啊！"耶律德光下令厚葬张敬达，并把所降附的后唐将士及1000匹马赐给石敬瑭。随后，耶律德光祭祀天地，宣告南征成功。

李从珂认为大势已去，召见耶律倍，让他跟自己一起自焚而死。耶律倍不愿意，李从珂派李彦绅杀死耶律倍，带着传国玉玺与曹太后、刘皇后以及儿子李重美等人，登上玄武楼，自焚而死。后唐灭亡。

不久，耶律德光率军驻扎在潞州，命令耶律解领、鹘离底、寅你已、陪阿率部分契丹军先行回国。在临回国时，耶律德光召见石敬瑭，开设酒席招待他。酒至半酣时，耶律德光与石敬瑭牵手，正式相约为父子。石敬瑭跪拜耶律德光为父亲，赠送他1件白貂裘、20匹厩马、1200匹战马，作为饯行礼物。

随后，耶律德光将在晋安寨缴获的物品分赐给将领们，率军从太原出发，经雁门关回到契丹境内。

耶律德光南征后，契丹的声望大增，周边部族主动前来进贡称臣，后晋对契丹毕恭毕敬，不时向契丹进贡。938年九月，后晋皇帝石敬瑭派冯道、韦勋给契丹皇太后上尊号，派刘昫、卢重其给耶律德光上尊号。耶律德光一派大国君王气势，派寅你已担任接伴官，下令赐给群臣锦袍、金带、白马、金饰马鞍勒，以示普天同庆。

两个月后，耶律德光令契丹南北府宰相等高官，到客馆中赐后晋使者冯道等人宴席，随后，在开皇殿亲自召见后晋使者。不久，皇太后和皇帝举行上尊号仪式，大赦天下，改元会同。

为讨耶律德光的欢心，石敬瑭上表祝贺，把幽州、蓟州、瀛州、莫州、涿州、檀州、顺州、妫州、儒州、新州、武州、云州、应州、朔州、寰州以及蔚州的土地和百姓作为礼物，赠送给契丹。这些州主要位于桑干河流域和海河流域，是此前契丹军与中原军反复争夺的地方，契丹梦寐以求。

耶律德光获得幽云十六州后，调整行政机构，把以前的皇都作为上京，称为临潢府，把幽州升为南京，把原来的南京改名东京，把新州改名奉圣州，把武州改名归化州，晋升北南府宰相及乙室夷离堇为王，以主簿为令，令为刺史，刺史为节度使，二部梯里已为司徒，达刺干为副使，麻都不为县令，县达刺干为马步；设置宣徽、阁门使，控鹤、客省、御史大夫、中丞、侍御、判官、文班牙署、诸宫院世烛，马群、遥辇世烛，以南北府、国舅帐郎君官为敞史，以各部宰相、节度使帐为司空，以二室韦闳林为仆射，以鹰坊、监冶等局之官长为详稳。从此，契丹行政机构更类似中原政权的统治机关。

十二月二十五日，耶律德光派同括、阿钵等人出使后晋，下令加封冯道为守太傅，刘昫为守太保，其余官员都有相应升迁。

耶律德光扶植后晋和获得幽云十六州，是契丹成为强国的关键性一步。从地理战略上讲，华北平原要想受到保护，要想不遭到塞外少数民族侵扰，就必须坚守幽云十六州一带的关隘，不让塞外民族铁骑踏入中原。契丹获得幽云十六州后，使中原政权统治的华北平原时刻处在威胁之下，从战略意义上讲，契丹奠定了对中原政权的战略优势，奠定了契丹的强国地位。后来宋朝想统一天下，收回掌握在契丹手中的幽云十六州，费尽九牛二虎之力，还是毫无结果，反而遭到契丹进攻。

4. 教训后晋，契丹军纵横中原数载

在契丹帮助下，石敬瑭推翻后唐，当上皇帝，把幽云十六州赠送给契丹做报酬。这种卖国求荣的做法尽失人心，引起后晋统治集团内部矛盾，不断有将领拥兵自立，公开反叛。石敬瑭疲于应付，内部非常不稳。

942 年，当了 6 年"儿皇帝"的石敬瑭结束了屈辱的一生。

石敬瑭反叛后唐时，他的儿子们都在汴京，被李从珂全部杀掉，石敬瑭死后，继任皇帝是他侄子石重贵。3 天后，石重贵派使者到契丹报丧。耶律德光下令停朝 7 天，并派使者前往吊慰，并窥探后晋政治风向。

后晋出现内乱，不断有将领拥兵自立，很大程度上是由于石敬瑭屈辱侍奉契丹，把国家战略要地送给契丹。石重贵继任皇帝后，为稳固统治，试图改变后晋与契丹那种"儿皇帝"与"父皇帝"的关系，让百姓看到他是真正的天子，而不是在"胡人"扶植下的"儿皇帝"。

七月，石重贵派梁言、朱崇节为使者，带着亲笔信到契丹答谢。在书信中，石重贵称"孙"不称"臣"。耶律德光看完书信，大怒，派乔荣为使者，前往后晋责备石重贵不懂礼仪。后晋大臣景延广反驳契丹使者乔荣，说："我们先帝是你们契丹所拥立的，现今的天子是我国自己册立的，为邻国的孙子辈可以，上表称臣不行。"

乔荣见后晋君臣如此态度，也不争辩，回去如实详细汇报给契丹皇帝。耶律德光内心愤怒，但时机不成熟，并未兴师问罪，而是派使者去祝贺石重贵继位，石重贵也派人到契丹答谢。

943 年春，石重贵派人把石敬瑭的遗物送到契丹，请求契丹皇帝同意他们把首都迁到汴京。耶律德光同意了石重贵的请求。

这年冬，上京留守耶律迪辇抓到一个后晋间谍。审问后，耶律德光掌握了后晋对契丹怀有二心的内幕。

十二月，耶律德光到达南京，派赵延寿、赵延昭、耶律安端、耶律解里等人率军进攻沧州、恒州、易州、定州，自己率大军紧随其后，作为后援。

944 年正月，赵延寿和赵延昭率 5 万契丹骑兵到达任丘。耶律安端率军越过雁门关，包围忻州、代州。几天后，赵延寿包围贝州。后晋贝州军校邵珂打开南门，向契丹军投降，太守吴峦投井而死，契丹军迅速占领贝州。

一周后，耶律德光率军到达元城，任命赵延寿为魏博等州节度使，封爵魏王，率所部屯驻在南京。

正月末，石重贵见后晋打不过契丹，同意割让河北诸州给契丹，派桑维翰、景延广为全权代表，与契丹谈判相关事宜。耶律德光不愿意停战，后晋求和无门，不得不硬着头皮迎战。

二月初，契丹进攻博州城，博州刺史周儒开城投降。后晋平卢军节度使杨光远在几年前由后唐投降契丹，后被耶律德光交给石敬瑭，如今耶律德光率契丹军再次前来中原，他暗中导引契丹军从马家口渡河，攻击后晋军。后晋将领景延广得知消息，急忙令石斌率军把守麻家口，白再荣把守马家口，堵住防线，将契丹军阻挡在黄河以北。

不久，降将周儒导引契丹军在河东扎营，准备攻打郓州北津口，接应杨光远所部。石重贵派李守贞、皇甫遇、梁汉璋、薛怀让等人率 1 万人，沿黄河水陆并进，加强黄河沿线防御。

不久，契丹军在戚城包围后晋军一部。得到这个消息，石重贵亲率大军前去救援，契丹军解围而去。

李守贞等人率后晋军到达马家口时，麻答的 1 万契丹步兵正在修筑工事，1 万骑兵守卫外围，其余人马驻扎在河西。契丹军渡河还没完成时，遭到后晋军攻击。契丹军失利，不得不撤走。

三月初一，赵延寿向耶律德光献计说："晋国诸军沿黄河设立营栅，胆怯得很，不敢跟契丹军作战。如果您派人直抵澶渊，占据桥梁，就可以击败晋国。"耶律德光采纳了他的建议。

据探知的消息，后晋军主力驻扎在澶渊，先锋高行周率军去救援戚城了。耶律德光命令赵延寿和赵延昭率数万骑兵攻击高行周后晋军右侧，亲自率精兵攻击左侧。

两军从早晨战到太阳落山，不分胜负。日暮时分，耶律德光又派精锐骑兵冲击后晋中军，中军渐渐抵挡不住。在关键时刻，耶律德光得到重要情报：后晋军东面人数少，沿河的城池营栅也不坚固。契丹军火速攻击后晋军东边，东边的后晋将士四散溃逃，契丹军趁势追击后晋败兵，获得大胜。

不久，天气热了，耶律德光率亲信回到南京，命令部将继续进攻。契丹人生活在北方，对中原炎热的夏季不适应，进攻进展非常缓慢，与后晋军形成"不战不和"的局面。

十一月，天气转冷，耶律德光命令征发契丹诸道兵马，在温榆河以北会师。一个月后，又大规模进攻后晋，这场一度暂停的战争又爆发了。

945年正月，契丹分兵攻打邢州、洺州、磁州，杀戮掳掠当地军民。不久，契丹军进入邺都境内。张从恩、马全节、安审琦等人率后晋兵马，在相州安阳河以南列阵，准备与契丹军决战。

皇甫遇与慕容彦超率1000后晋骑兵，前去侦察敌军动向。在邺都，遭遇数万契丹军围攻。他们且战且退，撤退到榆林店，契丹军紧追不放。皇甫遇、慕容彦超与契丹军力战百余个回合，最后还是不分胜负，无法摆脱契丹军追击。皇甫遇率军与契丹军死战时，他的坐骑倒毙，只好徒步作战。在危急时刻，安审琦率后晋骑兵渡河，救走了皇甫遇，并击退契丹军。到此时，耶律德光才意识到后晋军的战斗力并没有想象的那样弱。

三月，契丹军攻下祁州城，杀死刺史沈斌。月中，杜重威和李守贞率后晋军进攻泰州。一周后，赵延寿率契丹军救援泰州。第二天，自知不敌的杜重威和李守贞南逃，赵延寿紧追不舍，追到阳城，打败后晋军。不久，后晋军以步兵为方阵，前去攻击契丹军，双方交战20多个回合，没分出胜负。

同月二十七日，契丹军在白团卫村包围后晋军，后晋军埋下带尖木桩为营寨。这天夜里刮起大风，天亮后，契丹骑兵下马，拔出带尖木桩，挥舞短刀，顺风纵火扬起烟尘以助声势。后晋军营出现混乱，有将士大声呼喊："将军为何不出兵交战，让士兵白白被契丹军杀死！"张彦泽、药元福和皇甫遇率后晋军奋勇出战，契丹军被迫后退数百步。

此时，符彦卿率 1 万多后晋骑兵袭击契丹军，配合步兵一同进攻。这一战，契丹军失利，耶律德光被迫乘奚车撤退了 10 多里，差一点被后晋军追上，只好放弃奚车，骑上一头骆驼，才得以逃脱。

不久，天气又热起来。耶律德光率契丹军撤回南京，杖打作战不力的将领，整顿军纪。

同年七月下旬，石重贵派孟守中到契丹求和。这场战争已经打了几年，一直没真正分出胜负，耶律德光同意接受议和。

不过，第二年八月，耶律德光忍不住又亲自率军南征后晋。一个月后，赵延寿率契丹军在定州打败张彦泽所部。

十一月，契丹军包围镇州。几天后，契丹军得知后晋援军来了，便派出精兵扼断黄河桥。后晋军战败，退守武强。南院大王耶律迪辇和将军高模翰分兵，从瀛州抄小路进攻，杜重威派梁汉璋率后晋军抵抗。经过交战，契丹军大败后晋军，杀死梁汉璋等人。

后晋将领杜重威和张彦泽据守中渡桥，赵延寿率步兵前往攻打，高彦温也率契丹骑兵进击，打得后晋军四散奔逃，损失数万兵力。杜重威只好率领后晋军退守中渡寨。这时，后晋义武军节度使李殷举城投降契丹。契丹军迅速向前推进，在滹沱河两岸安营扎寨，距中渡寨 3 里，对后晋军进行分割包围。契丹军夜里布防骑兵环守，白天出兵劫掠，后晋军难以应对。

在与后晋军进行阵地战时，耶律德光命令耶律朔骨里及赵延寿分兵包围后晋军，亲自率骑兵在夜里渡河，从后晋军背后发起攻击，攻下栾城，招降数千骑兵。随后，耶律德光又分派军队据守要害，命令将士们预备干粮，3 天内不得举烟火，俘获后晋将士后，将他们黥墨后放走。为后晋军运送粮草的人遇到被黥墨的人，都因害怕弃粮而逃。后晋军内外隔绝，粮食被吃光，陷入了穷途末路。

在走投无路的情况下，这年十二月初十，杜重威、李守贞、张彦泽等人率 20 万后晋军投降契丹。在数万骑兵簇拥下，耶律德光登临大阜，勒马受降。他任命杜重威为守太傅、邺都留守，李守贞为天平军节度使，其余后晋诸将继续担任旧职。除此之外，他把投降契丹的后晋军一半分给杜重威统率，一半分给赵延寿统率。

耶律德光命令耶律解里、傅桂儿和张彦泽持诏书到汴京，晓谕后晋皇太后李氏，安抚她的心志，同时诏令桑维翰、景延广来见自己。

随后，耶律德光留下 1000 多契丹骑兵镇守魏州，亲率大军继续南征。十六日，耶律解里等人到达汴京。石重贵身上穿着白色衣服，拜服听命，令人用乘舆抬着皇太后李氏，上表向耶律德光请罪。

当初，石重贵与契丹断绝和好关系，桑维翰多次上谏劝阻，未被采纳。这时，张彦泽趁机杀死桑维翰，诈称他自缢而死。耶律德光下令厚葬桑维翰，恢复他的田园宅第，抚恤家属。

第三天，张彦泽率军把后晋皇帝石重贵及皇太后、皇后迁移到开封府，命令李荣督率契丹军守卫开封，监视他们。几天后，耶律德光率部到达赤冈。后晋皇帝石重贵光着上半身，用草绳捆绑自己，率皇族成员到封丘门外，跪着迎接耶律德光一行进入开封城。耶律德光不想看到这种场面，下令不进开封城，率军驻扎在封禅寺。

后晋百官身穿白色衣，头戴纱帽，跪在地上，向契丹皇帝耶律德光请罪。耶律德光对他们说："你们的皇帝辜负我的恩德，你们这些做臣子的又有什么罪呢？"耶律德光命令他们站起来，仍担任旧职。

耶律德光任命安叔千为金吾卫上将军，安叔千出班，单独站在一边，不说话。耶律德光对他说："你在邢州时的请求，我是不会忘的。"他加封安叔千为镇国军节度使。原来，安叔千在邢州时曾暗里请求投降契丹。

947 年正月，耶律德光进入汴京，在崇元殿接受后晋百官朝贺。他命令后晋枢密副使刘敏暂时代管开封府，赐死郑州防御使杨承勋，任命杨承信为平卢军节度使，承袭杨光远的爵位。当初，杨光远在青州想投降契丹，他儿子杨承勋不听，杀死判官丘涛和杨承祚等人，率军回到后晋。因此，耶律德光要杀杨承勋。张彦泽擅自迁徙石重贵到开封府，杀死桑维翰，纵兵大肆抢掠，犯下了罪行，耶律德光下令斩杀。

为了安定后晋，耶律德光任命石重贵为崇禄大夫、检校太尉，封负义侯，任命张砺为平章事，任命李崧为枢密使，冯道为太傅，和凝为翰林学士，赵莹为太子太保，刘昫为守太保，冯玉为太子少保。正月二十七日，耶律德光派赵莹、冯玉、李彦韬率300契丹骑兵送石重贵及前皇太后李氏、前太妃安氏、前皇后冯氏、石重睿、石延煦、石延宝等人到契丹黄龙府安置，同时令后晋50个宫女、3个太监、50个亲兵、1个医官、4个控鹤、7个厨师跟从。

947年二月初一，耶律德光下令改国号为大辽，大赦天下，改元大同。大辽即国土辽阔的意思。随后，耶律德光又下令升镇州为中京，任命赵延寿为大丞相兼政事令、枢密使、中京留守，其他内外官僚将士都有不同等级赏赐。

契丹与后晋的战争是控制与反控制的战争，是石敬瑭屈辱侍奉契丹所遗留后患的爆发。对契丹和后晋来说，这场战争都是得不偿失的。后晋不但没有摆脱契丹的控制，反而被打得惨败，面临着亡国灭种的危险。契丹这一战虽然胜利了，达到控制后晋的目的，但激起了中原人的反抗，使契丹此后难以控制中原。

5. 陨落中原，一代英雄留下遗祸

在与中原政权的战争中，契丹获胜次数虽然不少，但像这次进攻后晋，通过一次次决战，击溃中原政权主力，迫使中原20万军队投降，俘虏中原皇帝及皇太后，契丹皇帝亲自任命中原官员等，在契丹史上，甚至北方少数民族史上，都是第一次。

在大好形势面前，耶律德光做出了一个动摇他统治中原根基的决定：令契丹军以牧马为名，四处抢掠百姓的财物。一时间，契丹军大杀大掠，开封、洛阳附近数百里瞬间成为无人区。他又以犒军为名，命令契丹军搜刮后晋官员钱财，无论任何人，都得向契丹军献出钱帛。所得财物，耶律德光并不分给契丹将士，而是命令他们运回契丹国内。

赵延寿见耶律德光已正式称帝，发现原本投奔契丹做中原皇帝的梦想灭绝了，就请求做皇太子。耶律德光说："皇太子要天子的儿子才能做，你做不得。"赵延寿企图模仿石敬瑭做"儿皇帝"的梦想也破灭了。

947年二月十五日，后晋河东节度使北平王刘知远自立为帝，国号汉，史称后汉。诸镇和后晋旧将多起兵响应。中原广大百姓也揭竿而起，人数最多的达到数万，人数少的也不下千百人。他们攻打州县城，杀死契丹任命的官吏，如王琼率澶州起义军攻入州城，围攻契丹将领耶律郎五；东方起义军攻破宋州、亳州、密州。

耶律德光意识到已经深陷汪洋大海，无力完全控制中原地区，准备撤回契丹境内，任命萧翰为宣武军节度使，留守东京；任命耿崇美为昭义军节度使，高唐英为昭德军节度使，崔延勋为河阳军节度使，分别率军据守要地，防止起义军趁机夺取中原，断绝他的北撤之路。

一个星期后，耶律德光令人将后晋的诸司僚佐、嫔御、宦寺、方技、百工、图籍、历象、石经、铜人、明堂刻漏、太常乐谱、诸宫县、卤簿、法物及铠仗等，尽数送往契丹上京。

就在这时，后晋磁州守将梁晖率军投降后汉刘知远。耶律德光闻讯命令高唐英率军为先锋，前去攻打后汉。他加强军事准备，计划从汴京撤离，北上去征服后汉，然后撤回契丹境内。

同年四月初一，耶律德光率契丹军从汴京出发北撤，令后晋的大臣冯道、李崧、和凝、李澣、徐台符、张砺等人随行。耶律德光准备当着后晋大臣的面，指挥契丹军消灭掉刘知远政权，威慑他们，以便后晋老老实实臣服于契丹。

耶律德光率一行路过相州时，下令契丹军屠杀相州城。相州城中的男人被杀死，妇女被掳走。契丹军连婴儿都不放过，将其抛入空中，用刀尖戳死，作为一种乐趣。事后查点，相州城有十多万人被杀。这件事传开后，各州除了惊恐外，抵抗契丹军的意志更加坚定。

撤出相州后，耶律德光依旧没有约束契丹军，继续杀人泄愤，所到之处都变成无人区。耶律德光一路上看到荒凉景象，对蕃汉群臣说："破败到这个地步，都是赵延寿的罪过，还有一个，那就是张砺。"很显然，耶律德光依然没有意识到他的中原策略出现问题。

契丹军一路疯狂杀人，直到一件事发生，才不得不收敛起来。有一天，耶律德光率军驻扎在赤冈。那天晚上，耶律德光的御帐里突然传出雷声，军营旗鼓前出现大星陨落景观。这一奇特现象引起耶律德光的恐慌，他认为这是不祥之兆，立即改变主意，不再攻打刘知远，而是直接撤军回契丹。

这件事后，耶律德光好像突然变了一个人。947年四月初十，他率军渡过黎阳渡时，突然对身边的人说："我这次南下中原犯了3个错误：纵兵抢掠粮草，搜刮百姓私财，未立即命令各路节度使回镇所。"身边的人一时不知道耶律德光在想什么，只好高呼"皇上圣明"。

就在这时，留守上京的皇太弟耶律李胡派人询问军前事务，耶律德光非常自豪地向使者介绍南征后晋的成绩："我先派20万大军降服后晋将领杜重威、张彦泽，攻下镇州。等我率军进入汴京后，发现后晋官员中有拿俸禄不干活的人，就撤掉他的官职，有才华能够匹配其职位的，就继续重用他。经过一番整顿，后晋的官属大多依旧是原来那些，但官吏都不敢怠惰，对工作兢兢业业。契丹军所到之处，大多是盗贼聚众造反的地方，与军事相关的土木工程都处于停滞状态，军需也不能按时供给，当地百姓也无法承受差遣。河东一些州县到现在还没归顺，西路军的将帅也互相结党营私。我日夜都在思考制服他们的办法，我认为，解决办法只有对百官以诚相待，协调军心，安抚百姓。现在，后晋归顺契丹的有 76 个州县，共计 1090118 户。如果不是汴州太炎热，水土不服，居住不适，只需一年，我就可以轻而易举地使天下太平。现在，我下令改镇州为中京，以便巡幸中原。讨伐河东等事，还是等到以后再考虑。"

3 天后，耶律德光率契丹军到达高邑，突然得了重病，太医们一时束手无策。耶律德光召见耶律阮密谈后，下令军队加速撤回。又过了 10 天，南征大军到达栾城时，耶律德光去世，没留下遗诏指定继位人。

耶律德光在灭亡后晋北归途中突然死去，吓坏了一起随他南征的大臣和将领，他们担心皇太后述律平借口他们保护皇帝不力而大开杀戒，同时又同情人皇王耶律倍不能继任皇位的遭遇。

当时，皇储是皇太弟耶律李胡，他有资格继承皇位。耶律德光长子耶律璟也有资格继承皇位。皇太后偏爱耶律李胡，原本他继承皇位的可能性最大。不过，无论耶律李胡还是耶律璟当皇帝，随耶律德光一起南征的大臣和将领都可能被追责。他们商议后，决定抢先册立耶律倍的儿子耶律阮。

耶律阮开始有点犹豫，因为他知道无论耶律李胡还是耶律璟，都拥有相当多的实力派支持。南院大王耶律吼和北院大王耶律洼也认为，如果去请示皇太后，她必定会让耶律李胡即位。耶律李胡性情暴虐，不得人心。耶律阮找来亲信耶律安搏商议。耶律安搏是耶律迭里的儿子，耶律迭里过去支持耶律倍即位，被皇太后处死。耶律安搏认为，耶律阮聪明又宽容，又是耶律倍长子，应当当机立断，以免丧失良机。

耶律安搏联络耶律吼、耶律洼等人，先陈述利害，然后要求大家一起拥立耶律阮在耶律德光灵柩前即位。这些大臣于公于私考量后，纷纷表示拥护。

耶律德光轰轰烈烈的一生结束。他从耶律倍手中抢来的皇位，又被耶律倍的长子耶律阮以迅雷不及掩耳之势继承。带着耶律德光陨落在行军途中的遗憾，契丹又进入一个新时代。占尽先机抢回皇位的耶律阮，能否处理好与皇太弟耶律李胡的关系，处理好与堂弟耶律璟的关系，影响着契丹接下来的历史走向。

第四章 皇位之争，
契丹频繁内乱丧失发展先机

耶律德光登基后，意识到皇太后更想让耶律李胡当皇帝，被迫将耶律李胡册立为皇太弟。耶律德光死后，耶律阮抢先当上皇帝。耶律李胡认为自己才是皇位合法继承者。双方进行了战争，最终虽然和平解决，但后遗症明显。此后30多年，争夺皇位的叛乱时有发生，导致契丹在不知不觉中丧失了对中原的优势。

1. 横渡之约，对峙的祖孙握手言和

人皇王耶律倍把皇位让给耶律德光后，活得不如意，秘密逃到中原后唐。他到后唐后，身在中原心在契丹，不时给契丹送一些重要情报。或许是因为愧疚心，或许是考虑到契丹的团结稳定，耶律德光没有为难人皇王耶律倍的妻子儿女，一直将耶律倍的大儿子耶律阮带在身边。

耶律阮长得壮实魁梧，内心宽厚，外表威严，擅长骑射，喜欢施舍，深受贵族们的喜爱。耶律德光不仅没有猜忌他，还非常喜欢他，把他当亲儿子一样管教。契丹朝廷有重大事情或者活动时，耶律德光也常带耶律阮参加。虽然有政治作秀成分，但实际上也无法抹杀耶律德光对耶律阮的喜爱。

947年二月，在南征后晋取得决定性胜利后，耶律德光册封耶律阮为永康王，让他继续在身边充当谋士，协助处理军国大事。

耶律阮继位后，开始施展他的政治才干。他一边派人护送耶律德光的遗体回上京，准备盛大的葬礼，一边积极整顿军队，准备镇压反对他继位的军事力量。毕竟在当时，拥有继位资格的人，不仅有他耶律阮，还有皇太弟耶律李胡、耶律德光的儿子耶律璟等人。无论是耶律李胡还是耶律璟，都拥有自己的军事力量，只要他们表示不满，就可能获得其他贵族和军队支持。尤其是耶律李胡，是皇太弟，是公开宣布过的皇储，是耶律阮的天敌。

皇太后述律平听说耶律阮抢先当上皇帝，果然勃然大怒，派皇太弟耶律李胡率兵前去攻打，企图用武力抢回皇位。皇太后述律平特别宠爱小儿子耶律李胡。耶律阿保机死时，她就开始为耶律李胡铺路，不惜冒风险排除皇太子耶律倍继位，其实让耶律德光当皇帝，也仅仅是让他过渡一下，为耶律李胡将来即位提供法理依据。耶律德光当皇帝后，在述律平的要求下，未册立皇太子，而是将耶律李胡册立为皇太弟。耶律德光临死前，耶律阮是最后受到接见的宗王，并未及时将耶律李胡召到身边，多少看出耶律德光对皇太弟并没有多少好感。

皇太弟耶律李胡是耶律阿保机的小儿子。他少时勇武强悍，力大无比，生性残忍酷虐，动辄在人脸上刺字，或者将人投入水中火中，所作所为非常没有人性。不仅如此，相比耶律倍、耶律德光，耶律李胡在个人能力上也远远逊色于他的两位哥哥。

有一次，在严寒冬天，耶律阿保机让三个儿子出去捡柴，以考察他们的能力。耶律德光不加挑选，见到柴就捡，最先捡好柴火赶回来；耶律倍只捡干柴，将干柴捆好，码得整整齐齐，之后才带着柴赶回来，比耶律德光迟回来一会儿；耶律李胡捡的柴很少，一路又不断地丢，等到回来时，已经两手空空。

这件事后，耶律阿保机对皇后述律平说："耶律倍心思精巧，耶律德光容易成功，至于耶律李胡，那就远远比不上他的哥哥了。"

930 年，耶律德光派耶律李胡率军到代北一带攻城略地，契丹军进攻寰州，抢掠了许多百姓和牲畜。趁着耶律李胡立功的机会，述律平催促耶律德光封他为皇太弟兼天下兵马大元帅。耶律德光就是从天下兵马大元帅的职位登基为帝的，述律平的用意，不言自明。如愿以后，耶律李胡也认为自己是法定皇位继承者，当皇帝的野心被逐渐激发出来。

耶律德光率契丹军亲征后晋，每次都是让耶律李胡留守京师。耶律德光攻打后晋的几年时间里，耶律李胡在皇太后的指导下，处理契丹政务，没有做出显著功绩，但也没有出现大的过错。

耶律阮是人心所向，很多实权派贵族都拥护他。耶律阮率军撤回南京时，五院夷离堇耶律安端、详稳耶律刘哥派人飞驰而来，请求担任前锋，率军前去镇压耶律李胡叛军。耶律阮派人回信，表达慰问，并告知他要亲自率军迎战耶律李胡。耶律阮率军到达泰德泉时，遭遇耶律李胡叛军。在耶律阮指挥下，将领们一鼓作气打败耶律李胡，收编他手下的军队。

皇太后述律平得知耶律李胡战败，亲自率军进攻耶律阮及其追随者。她深信，凭借她的威望，跟随耶律阮的那些大臣是不敢继续支持耶律阮的，到时候耶律阮就会成为孤家寡人。

947 年七月，述律平和耶律阮率军在潢河两岸对峙，述律平期待的事情没有发生。双方相持了数天，没有开战，也没有哪一方认输。耶律阮意识到长期对峙对他不利，即使速战速决，对他也没有太多好处。因为这是一场争夺皇位的内战，无论谁胜谁败，只要打起来，都会严重削弱契丹国力。于是，他想给祖母皇太后一个台阶，派耶律屋质去劝说皇太后讲和休兵，以和平方式结束皇位之争，史称"横渡之约"。

耶律屋质劝谏皇太后述律平，说："皇上已经继承大统了，他也是您的亲孙子。我私下认为，您点头接受才是最佳选择啊！"

当时，耶律李胡在旁，听到这话，立即变了脸色，插话说："有我在，兀欲（耶律阮乳名）怎么能即位称帝？还轮不到他！"

耶律屋质见耶律李胡那样说，也顾不上什么了，直接怼他："谁叫您残忍暴虐，失去人心呢？大部分人都拥护他。"

述律平见耶律屋质说的也是实话，回头对耶律李胡说："从前，我跟先帝宠爱你胜过你的哥哥们。俗话说：受偏爱的儿子保不住祖业，贤良淑德的老婆主持不了家里的事。你看看，不是我不想立你当皇帝，是你自己没能力，没声望，让人无法拥立你啊！"

述律平命令耶律李胡退下，与耶律屋质进行深入密谈。一番密谈后，述律平同意达成和解，同意大孙子耶律阮当皇帝，但要求耶律阮与耶律李胡当面商议和解条件，必须充分保障耶律李胡的安全。

耶律阮立即同意祖母皇太后提出的条件，愿意与叔叔当面商谈和解条件。

在会谈时，耶律阮让耶律李胡解下佩剑，两个人单独商讨，定下和约：耶律李胡同意耶律阮当皇帝，耶律阮保障耶律李胡的安全和待遇，双方停止战争，各归其位。

不久，有人告发耶律李胡与述律平谋反。耶律阮下令将耶律李胡迁到祖州，禁止他出入，同时诛杀耶律李胡的亲信划设和楚补里，消除他反叛的左膀右臂。

耶律阮尊称母亲萧氏为皇太后，以太后族人萧剌只撒古鲁为国舅帐，设立详稳作为他们首领。他将崇德宫的民户分赐给拥戴他当皇帝的功臣，特别赐给北院大王耶律洼、南院大王耶律吼各50户，耶律安搏、耶律楚补各100户。

九月，安葬耶律德光后，耶律阮行柴册礼，称天授皇帝，大赦天下，改元天禄。他追谥父亲人皇王耶律倍为让国皇帝；任命耶律安端为东丹国王，封明王；封耶律察割为泰宁王，耶律刘哥为惕隐，高勋为南院枢密使。契丹进入第三代帝王统治时期。

2. 因俗而治，守旧贵族不断起兵造反

在横渡之约后，耶律阮的皇位基本稳定。对拥立即位的功臣论功行赏后，他便进行官职改革，设置北枢密院，让耶律安搏做北枢密院使，掌管契丹军政大权，成为事实上的宰相。

从耶律阿保机开始，契丹的政治制度随着形势一直在发展变化。耶律德光发展完善了契丹制度，将后晋一整套汉族官制搬到契丹，加上耶律阿保机时期确立的官制，最终形成具有特色的民族官制，即根据"因俗而治"原则，形成北面官制和南面官制。

北面官制是契丹官职，官吏都是契丹族人，掌握契丹的一切军政事务，也是契丹最高权力机关。契丹人崇拜太阳，喜欢向东而坐，以左为尊。契丹皇帝的行营面向东方，左边就是北方，行营北部是契丹族官吏办公的地点，因而这些官吏被叫作北面官。北面官又分为北面朝官、北面御帐官、北面皇族帐官以及北面诸帐官和北面宫官。

北面朝官是契丹的主要机构。北面朝官又分为南北两个不同的部门，例如，北枢密院管兵部，南枢密院管吏部。在北面朝官中，南北枢密院是契丹最高行政机构，分别掌管军政和民政，也称为北衙和南衙；北南枢密院中丞司负责掌管纠察检举百官；北南宰相府类似于中原的参知政事，也参与军国大事；大惕隐司负责掌管皇族的政教事务；夷离毕院负责掌管断案、刑狱；敌烈麻都司负责掌管礼仪。大于越在百官之上，但没有实际职务，是荣誉称号，和中原的太师称号差不多。

北面御帐官也有许多下属机构。例如，负责御帐护卫的侍卫司，负责护卫北南两个枢密院的北南护卫府。北面皇族帐官由耶律阿保机后裔、耶律阿保机伯父后裔、耶律阿保机叔父后裔、耶律阿保机兄弟后裔 4 支皇族组成，分别设立有职权的营帐，叫四帐皇族，政治、经济地位都非常高。

北面皇族帐官也有分支机构，例如，专门掌管四帐政教事务的大内惕隐司。北面诸帐官是迭剌部之外，其他有地位的部族设立的机构，例如遥辇氏、渤海王族等，都设有北面诸帐官。这是契丹优待和有效地控制契丹部落或其他少数民族贵族的一种统治方法。北面宫官，主要掌管宫廷的日常事务。

和北面官相对应的是南面官。在得到幽云十六州之后，契丹进一步完善汉族官制，仿效唐朝官制，设立三省六部等一整套治理机构，以便让汉族读书人管理汉族人的事务。南面官主要由汉族人来担任。契丹人也有在南面官中任职的，他们被称为汉官，也穿汉服。当然，南面官的办公营帐在契丹皇帝行营的南边。南面官的分支机构有汉人枢密院，也叫汉儿司，还有中书省、尚书省、门下省、御史台、翰林院等。

在地方官制当中，契丹也是部族制和州县制两套制度并存，契丹人和其他游牧民族用部族制，汉族人和渤海人使用州县制。在耶律倍投奔后唐后，耶律德光趁机整顿东丹的行政制度，在东丹设立中台省，派官吏参与政务管理，加强对东丹的控制。

耶律德光制定的这些政策并未真正贯彻执行。因为契丹人的习惯不可能短时间内从根本上得以改变，加上他主要任务是率契丹军进攻后晋，国内军政大事交给偏向保守的皇太弟耶律李胡，耶律德光的政治制度改革，更多的只是停留在纸面上。

契丹军南下中原作战时，因没有后勤供应，粮草要靠自己就地解决。契丹军所到之处骚扰百姓，抢夺粮草，导致民心丧失，到处都是反击契丹军的武装。耶律德光最终醒悟过来，但为时已晚。当时，耶律阮在他身边，也意识到执行规章制度的重要性。耶律阮继位后，积极推行早已经制定的"一国两制"。

耶律阮随耶律德光南下中原，对中原的情况有所了解，对契丹存在的弊病也非常清楚。他倾慕中原风俗和政治制度，认同耶律德光改革的政治制度，因而积极推行。不过，他推行得过于激进，因任用较多汉族人担任要职，引起守旧贵族强烈不满。

许多人拥护耶律阮继位，并不是真心推崇他，而是因为与皇太后述律平有矛盾，担心皇太后趁着皇帝死去找借口杀掉他们。这些人骨子里是保守的，是容不得任何可能损害其自身利益的变革。耶律阮当皇帝后，雷厉风行实施"一国两制"，任用汉族人为高官，让那些守旧贵族感到危机重重。

不仅如此，耶律阮还做了一件令保守贵族难以接受的事。契丹军进攻汴京，后晋皇帝投降，41岁的宫女甄氏成为众多亡国奴之一。甄氏端庄秀雅，风韵犹存。随耶律德光出征的耶律阮深深喜欢上了她，虽然甄氏比耶律阮大十多岁。甄氏给耶律阮生下了三儿子耶律只没。耶律阮非常高兴，将甄氏册封为皇后。迫于压力，他同时将原来的妃子萧氏也册封为皇后。这样，契丹出现两个皇后，一个是萧氏，一个是甄氏。契丹守旧贵族看不起汉族人，容不得汉族人做官，更容不得汉族人做皇后，每次见到了甄氏，还要低头行礼，心里特别别扭。

948年，萧翰和耶律刘哥、耶律盆都等人，拥立耶律德光三子耶律天德，准备起兵造反，夺取皇位。事情泄密，耶律阮派兵将他们全部抓住，耶律天德被处死，萧翰被杖责，耶律刘哥被流放，耶律盆都被安排出使辖戛斯国。

耶律阮处理这件事非常宽大，除了将对他皇位造成直接威胁、一贯反他的耶律天德处死外，对萧翰、耶律刘哥、耶律盆都的处罚都偏轻。而正是这种宽大处理留下了很大的隐患。

耶律刘哥和耶律盆都是耶律寅底石的儿子。在耶律阿保机时代，因耶律寅底石多次参与反叛，他们兄弟不受重视；在耶律德光时代，他们兄弟依然不受重视，承担地方镇守工作，没有机会参与重要军政事务。947年，耶律安端随跟耶律德光南征后晋，因病先行回国，与耶律刘哥比邻而居。因历史渊源问题，他们叔侄两人来往密切。耶律阮登基后，耶律刘哥听从耶律安端父子的建议，最终举兵支持耶律阮。原因是他们都与皇太后述律平有旧怨，不可能支持述律平全力拥立的耶律李胡。

耶律李胡率军南下攻打耶律阮时，耶律安端和耶律刘哥率军在泰德泉阻击。在这场战斗中，耶律安端不幸落于马下，支持耶律李胡的耶律天德正好骑马赶到，想用枪刺杀他，耶律刘哥见此，用身体护住耶律安端，同时用箭射击耶律天德，射穿了他的铠甲，但没触及皮肉，耶律天德慌忙逃走。

因为发生过这件事，耶律阮对耶律刘哥非常信任。耶律盆都、耶律天德、萧翰等人谋反的事情被揭发。耶律刘哥是重要参与者，他以各种托词推脱，最终得到赦免。只不过，他反叛之心依旧不死。后来，他邀请皇帝耶律阮一起博戏，想利用进酒的机会毒杀耶律阮。耶律阮察觉出了耶律刘哥的阴谋，下令将他关押起来。

由于耶律刘哥在危难之际力挺过耶律阮，耶律阮怎么都不相信耶律刘哥会毒害他，就想给耶律刘哥一个活命的机会。

有一天，耶律阮召见耶律刘哥，耶律刘哥颈上戴着拘锁。耶律阮请他一起玩博戏，问他："你真的参加谋反了吗？"耶律刘哥为了活命，指天发誓，说："如果我有反心，参加了谋反，我头上就长上千条蛆！"耶律阮见耶律刘哥发了毒誓，便对他说："既然你发誓了，那我相信你吧！"

耶律屋质认为耶律刘哥犯下的罪行是不可以赦免的。耶律阮命令耶律屋质全权负责审问耶律天德等人，他们全都招供耶律刘哥参与了谋反。耶律阮还是不想让耶律刘哥死，特意下诏免除他的死罪，流放到乌古部。

耶律阮与皇太后述律平在潢河横渡对峙时，耶律屋质代表耶律阮去跟皇太后谈判，曾被扣押起来。萧翰是皇太后述律平的女婿，是支持耶律李胡的。他非常高兴，到囚押耶律屋质的地方，非常狂妄地说："你曾经说我不行，比不上你，你如今进入监狱了，这是什么原因呢？"耶律屋质冷淡地说："希望你以后不像我现在这样！"萧翰沉默不语。

后来，萧翰参与耶律天德密谋造反，也被关进监狱里。耶律石剌将此消息告诉耶律屋质。耶律屋质立即向耶律阮上奏，说萧翰反叛，罪不可恕，应该将他杀死。因萧翰娶了耶律阮的姑姑耶律阿不里，且在南征后晋过程中立下大功，耶律阮并不想将他处死。耶律屋质坚持劝谏，认为不可放过萧翰。耶律阮命令耶律屋质负责审查这件事，要彻底搞清楚后再上奏。耶律屋质采用严厉刑罚，萧翰屈打成招。但是耶律阮认为耶律屋质公报私仇，下令杖刑萧翰，然后释放。

萧翰不知悔改，写信给明王耶律安端，劝他起兵造反。萧翰写的密信被耶律屋质的人截获，耶律屋质将密信交给耶律阮。耶律阮再也无法保全萧翰，下令处死。

萧翰被处死，契丹明里反对耶律阮的人没有了，但暗地反对他的守旧贵族依然在寻找机会。尤其是萧翰秘密联络的耶律安端父子，随时都可能造反。遗憾的是，耶律阮坚信耶律安端父子在危难时刻支持他，是大功臣，不可能造反。

耶律阮认为，契丹国内终于太平，终于可以集中精力对外建功立业。谁也没想到，这个错误判断，最终因用人不当，让他惨遭奸人之手。

3. 火神淀之乱，耶律阮命丧亲信之手

在耶律阮看来，耶律安端的儿子耶律察割是他的铁杆支持者，是他亲自册封的泰宁王，契丹重要大臣。

950年二月初三，泰宁王耶律察割前来朝见皇帝耶律阮，被留下来做侍卫官。

耶律察割擅长骑射，他貌似恭顺，内心狡猾，有野心。耶律阿保机早看出他"是凶暴愚顽之人"，曾经嘱咐近侍说："耶律察割长得像日行千里的骆驼，面目露出了反相。我一个人居处时，你们就不要让他进入宫门。"

耶律阮争夺皇位时，耶律安端起先保持中立，观望局势发展。耶律察割对他说："皇太弟（耶律李胡）为人猜忌刻薄，缺乏人性。如果他继位了，怎么容得下我们呢！永康王（耶律阮）为人宽厚，又与耶律刘哥关系好，应该前去拥护他。"

于是，耶律安端联系耶律刘哥，一起起兵支持耶律阮，建立了较大功劳。耶律阮夺得皇位之后，耶律察割因功被封为泰宁王。

之所以泰宁王耶律察割能留在皇帝耶律阮身边，是因为他耍了一个计谋。明王耶律安端担任西南面大详稳，泰宁王耶律察割被安排在他手下当差。父子俩都是王，在一起主持军国大事，有一些矛盾和冲突，也是常情。耶律察割假装被父亲耶律安端厌恶和刁难，将父子不和的细节写出来，暗中派人送给皇帝耶律阮，倾诉他内心的苦楚。

明王耶律安端是耶律阮爷爷的亲弟弟，泰宁王耶律察割是耶律阮堂叔加亲信，他们之间不和，属于家务事。耶律阮身为皇帝，也管不了家务事。他无法去指责耶律安端，却非常怜悯耶律察割，就让他别回去了，留在皇帝身边统领女石烈军。

女石烈军是耶律阮的亲卫军。就这样，耶律察割有机会多次出入禁宫。他千方百计地讨好耶律阮，甚至经常将家中的小事都讲给耶律阮听。耶律阮觉得耶律察割诚实，多次奖赏他。耶律阮打猎时，常常带着耶律察割。耶律察割借口手疾，不带弓箭，手执链锤奔驰，在随从队伍中出尽了风头。

耶律察割的举动引起右皮室详稳耶律屋质的警觉。在查处萧翰的罪行时，耶律屋质发现，萧翰曾写信劝说耶律安端、耶律察割谋反，虽然没有确切的证据证实他们准备谋反，但耶律察割这样受宠，长期在皇帝身边，一旦他谋反，皇帝就危险了。

耶律屋质派人观察耶律察割，将其奸邪表现记录下来，上表给耶律阮，列举其罪状。耶律阮根本就不信耶律察割对他不忠，甚至当着耶律屋质的面，将奏表拿给耶律察割看。耶律察割又大演苦情戏，说耶律屋质功劳大，嫉恨自己在皇帝身边，说着说着便泣不成声。

耶律阮被耶律察割的表演迷惑，安抚他说："我知道没有此事，你又何至于哭泣呢！"

耶律察割便埋怨自己不该待在皇帝身边。耶律阮又不停地安抚他。

此时，站在一边的耶律屋质有些尴尬，对耶律察割说："你尽管无谋逆之心，因我错疑于你。你还是不要做不道义之事为好。"他这话充满无奈，因为耶律阮已经说耶律察割是忠诚的，而耶律察割一直在演苦情戏，让大家一时下不了台。

耶律屋质说了此话后，耶律阮趁势安抚了耶律察割几句。这件事总算过去了。

耶律屋质实在放心不下耶律察割，过了一段时间，又请耶律阮惩处耶律察割。耶律阮觉得耶律屋质敏感多疑，对他说："耶律察割抛弃亲生父亲来侍奉我。我可以确保他没有异心。这件事，你以后不要再提了。"

耶律屋质说："他对父亲尚且不孝，对君王怎么会忠心！"

耶律阮不听，耶律屋质没办法，只好不再过问这件事。

951年，中原后汉将领郭威自立为皇帝，建立后周。后汉河东节度使刘崇在太原自立为帝，建立北汉。后周和北汉打起来。面对中原战争，契丹心情复杂。后汉是契丹的对手，后周取代后汉，与后汉残余力量建立的北汉打起来，这也是后周在帮契丹消灭敌人。不过，后周和北汉之间的战争并不是势均力敌的。北汉被灭，北周进一步坐大，是可以预料的事情。

951年六月，北汉皇帝刘崇派使者向契丹称侄，请求契丹军援助。当年耶律德光扶植石敬瑭称帝，耶律阮是亲眼看见的，他也想建立类似功勋，便当即派燕王耶律牒獦、枢密使高勋去册封刘崇为大汉神武皇帝。随后，耶律阮准备亲自率契丹军南征中原，攻打后周郭威所部的军队。

一个月后，耶律阮率契丹军到太液谷。他下令在这里留居3天，宴请将士们。耶律察割想谋反,却一直没找到合适的机会。当然,耶律阮也一直没发现耶律察割的阴谋。

同年九月,耶律阮率契丹军到达详古山。在行宫祭祀父亲耶律倍后,他和皇太后一同举行大规模宴会。在宴会上,许多大臣都喝醉了。耶律察割见机会来临,就去见耶律德光长子寿安王耶律璟,让他出面执行自己制定的反叛谋划。耶律察割知道,他属于旁系皇族,谋反当皇帝的话,一定会有很多贵族反对,但如果由耶律璟出面率领谋反的话,成功的机会就大得多。

耶律璟深知此举的利害关系,目睹三弟耶律天德谋反被杀,也了解耶律察割的为人,坚决拒绝不从,当然他也想坐收渔翁之利,因此没及时将此消息报告给耶律阮。耶律察割又将谋划告诉此前谋反但被从轻处罚的耶律盆都。耶律盆都内心一直想反耶律阮,立即支持耶律察割。

当天傍晚,耶律察割和耶律盆都一同率军杀入行宫,一举杀掉耶律阮、皇后、皇太后等人。随后,耶律察割自称皇帝。契丹史上第一次武力谋杀皇帝的事情就这么顺利地成功了。耶律察割突然发现造反当皇帝如此容易,原先悬挂的心一下子就放松了。

由于事发突然,满朝官员都没做好服从耶律察割的心理准备。耶律察割非常残暴,对不服从官员,一律拘执他们的家属。到夜里,查看内府物品时,耶律察割看到一只玛瑙碗,非常高兴,拿回去在妻子面前夸耀:"这是稀世之宝啊!如今,它为我所有了!"

耶律察割妻子说:"只要寿安王耶律璟、耶律屋质等人还在,我们就没法活命。您不去追杀他们,拿这东西回来有什么用啊!"

耶律察割说:"耶律璟年幼不懂事,不足忧虑。耶律屋质也不过是统领几个平庸的奴仆而已,能掀起多大风浪?你放心,他们明天就会前来朝见我,给我下跪磕头!"

妻子知道耶律察割害怕耶律屋质,正要再劝他引起重视、赶快派兵去消灭耶律屋质时,手下前来报告,说寿安王耶律璟和耶律屋质已经率军包围了他们。

耶律察割在耶律阮灵柩前杀了萧皇后，然后率手下出外对阵，企图通过武力击败寿安王耶律璟和耶律屋质率领的军队。

耶律璟派人对耶律察割等人说："你们既已杀害了皇上，还准备怎么样？"

耶律察割手下听到此话，才意识到犯下了弥天大错。为了活命，一个夷离堇率军投降耶律璟。耶律璟当众宣布赦免他此前的罪行。其他士兵见此状，也纷纷投降耶律璟。一时间，随耶律察割杀耶律阮的将士跑得所剩无几。

耶律察割发现自己败局已定，下令拘禁众官员家属，手执弓箭威胁说："大不了将他们全杀了罢！"随后，他令左右将一个官员家属推出杀掉，以威慑将士们跟他继续谋反。

林牙耶律敌猎也在被囚人群中。他劝耶律察割说："如果没皇上（耶律阮）被害，寿安王怎么有机会兴起继立呢？如果你借口说起兵是为他当皇帝铺路，那么还可以争取到他赦免。"

耶律察割也不想死，见还有活路，便追问："果真如你所说，当派谁去说和呢？"耶律敌猎主动请求与耶律罨撒葛一同前往劝说耶律璟。耶律察割没更好的办法，只好依从其计。

耶律璟和耶律屋质见耶律察割挟持众官员家属，做困兽之斗，意识到这样僵持下去也不是好办法，也想缓和一下局势。耶律敌猎与耶律罨撒葛前来谈判时，耶律璟亲自接见他们，询问他们解救众官员家属的办法。耶律敌猎与耶律罨撒葛对耶律察割的所作所为也不齿。他们配合耶律璟，回去告诉耶律察割，说寿安王要求与耶律察割两人密谈，当面谈和解条件。耶律察割相信了，赶往谈判地点，结果被伏兵杀死。

耶律璟宣布耶律察割谋反事件结束，赦免胁从者罪行。在众大臣的拥护下，耶律璟继位当皇帝。耶律阮刚刚从叔叔耶律德光那里"要回"的皇位，因耶律察割叛乱，又被耶律德光长子耶律璟"要回去"了。

4. 叛乱后遗症，"睡王"惊恐执政十八载

耶律德光死后，他的长子耶律璟有资格继承皇位，但被堂哥耶律阮抢了先。耶律璟虽然很不甘心，但鉴于耶律阮的支持者甚众，又有叔叔耶律李胡争皇位，便采取默认的态度，置身事外，不去争皇位。因为如此，他不仅没受耶律阮的猜忌，还被其留在身边重用。

耶律璟不是不想当皇帝，而是没足够强大的实力去夺取皇帝之位。他只好收起自己的野心，耐心等待机会。

耶律察割和耶律盆都弑杀耶律阮后，耶律璟获得耶律屋质的鼎力支持，才勇敢地站出来，率领大臣以"铲杀逆臣"的名义，杀死耶律察割以及叛党，成功登上帝位。

原来，耶律阮被杀于火神淀后，契丹顿时陷入混乱之中。耶律屋质时时防范耶律察割，成为耶律察割等叛党最嫉恨的人。耶律屋质担任右皮室详稳，穿紫色朝服，统领皇族的精锐部队——皮室军。耶律察割一党人急欲除掉耶律屋质。耶律察割下令，任何穿紫色衣服的一律杀掉。

耶律屋质得知耶律察割叛乱的消息，就立即换衣服，趁混乱逃出行宫，去召集诸王，联合禁卫皮室军等，同心合力讨伐叛军。国不可一日无君，在讨伐叛军的同时，耶律屋质决定立耶律德光的长子耶律璟为皇帝。

早已经得知耶律察割叛乱，耶律璟在自己帐中不停地走动，等待最新的消息。耶律屋质派弟弟耶律冲去迎接耶律璟，说准备拥立他为皇帝，请他出面指挥大家镇压叛军。耶律璟见形势不明朗，犹豫不决。

耶律屋质又不得不向耶律璟反复陈述利害。他直截了当地对耶律璟说："您以为您可以置身事外吗？您是圣宗皇帝（耶律德光）的长子，反贼如果抓住了您，一定会将您视为他的威胁，想尽办法除掉您。如果是那样的话，您让群臣去拥立谁当皇帝？祖先留下的江山社稷又托付给

谁呢？如果您落入那些反贼手中，后果不堪设想啊！他们是不会饶恕您的。"

耶律璟这才意识到他不能再犹豫。耶律屋质在契丹贵族中威望比较高。诸将得知耶律屋质脱离危险，拥立耶律璟，号召大家一起消灭叛军，都相继率军来与他会合，自愿服从他的命令，加入讨伐反贼队伍。就这样，不仅没参与叛乱的军队支持耶律屋质，参与叛乱的部分军队，在醒悟过来后，也表示支持耶律屋质。

叛乱平定后，耶律璟继位当皇帝。他对耶律屋质说："我的性命，其实是您保全下来的啊！"耶律璟命令耶律屋质总管国事，将逆党的财产全部赏赐给他。耶律屋质坚辞不受。

当皇帝后，为巩固地位，耶律璟大力排斥异己。原来和耶律阮关系近的大臣，或者罢官，或者不再重用。耶律颓显是受耶律阮重用的大臣。在平定耶律察割叛乱中，耶律颓显也立下大功。耶律璟当初许诺给他大王之位。不过，耶律颓显老念念不忘耶律阮对他的恩情。耶律璟见此非常不高兴，将对耶律颓显的许诺束之高阁。

耶律璟一些情绪化的举动，引起了大臣的议论。他下令禁止大臣随便议论朝政，一旦被发现，便将他们贬官或者罢免。一旦哪些大臣有涉嫌谋反的意图，耶律璟丝毫不像耶律阮当年那样宽容，而是毫不犹豫地下令将那些人直接消灭。

不仅如此，耶律璟还养成白天睡觉，晚上彻夜喝酒欣赏歌舞的习惯。大臣有重要事情急于上奏时，皇帝不是在睡觉，就是在饮酒作乐。此时，近侍不敢上报给皇帝，大臣见不到皇帝干着急。偶尔有大臣闯入宫内见皇帝，他心情好时，大臣会遭受杖责，心情不好时，大臣会直接丢掉性命。大臣一时间都变得人心惶惶，甚至不知道该不该忠于职守。

952年六月，耶律璟继位不到一年时，政事令国舅萧眉古得和宣政殿学士李澣秘密商议，准备投奔中原的后周。李澣给在后周做官的哥哥李涛写信说，契丹皇帝搞得大臣内部怨气冲天，只知道喝酒游猎，没有大志向，建议后周寻机出兵攻打契丹。这件事泄露后，萧眉古得被杀，李澣被处以杖刑。

不到一个月，耶律娄国又想自立为皇帝，起兵造反。耶律敌猎率所部积极支持耶律娄国。耶律璟率军镇压了他们，将耶律娄国绞死，将耶律敌猎凌迟处死。到 953 年十月，耶律李胡的儿子耶律宛也起兵争夺皇位。这次事件涉及重臣耶律安搏。结果是，耶律安搏死于监狱中。其他人被处死，耶律宛却被释放。

在契丹内部一片混乱、君臣相互猜忌时，中原的后周不仅成功取代后汉，还通过改革大大增强了实力。954 年二月，后周世宗柴荣继位，北汉皇帝刘崇想趁机进攻后周，认为柴荣在服孝期间必定不会出兵迎战，同时请求契丹派兵相助。耶律璟不顾国内形势，也没分析中原局势，派耶律敌鲁率契丹军去帮助北汉皇帝刘崇，同时派杨衮率 1 万骑兵和奚等部 5 万人，一起去攻打后周。

柴荣的反应超出刘崇和耶律璟预料。柴荣不顾冯道阻拦，决意亲征，率后周军在高平与北汉军以及契丹军展开激战。契丹将领杨衮见后周军军纪严明，提醒刘崇不要轻敌，但刘崇根本不听，反而出言不逊。杨衮气得率契丹军闪到一旁观战。战争刚开始，北汉军占了些便宜，后周军险些失败。柴荣亲临战场督战，后周军反败为胜，将北汉军彻底击溃。后周军乘胜追击，几乎将刘崇所率北汉军全歼。契丹将领杨衮因为没参战，事后率契丹军返回。

这件事足以显示中原已经不是昔日的中原，但事实依然没引起耶律璟的足够重视，他整天依旧睡觉喝酒看歌舞。一向低调的功臣耶律屋质再也忍不住了，955 年，他主动请求离开京城，出任北院大王，总管山西事务。耶律璟同意了。耶律屋质离开朝廷后，耶律璟在朝廷一手遮天。

契丹内部矛盾依旧没缓和迹象。959 年十一月，耶律璟的四弟耶律敌烈主谋反叛。被平息后，和上次一样，其他人被杀，耶律敌烈却被释放。960年七月，政事令耶律寿远和太保萧阿不等人谋反，最后都被处死。同年十月，耶律李胡的儿子耶律喜隐叛乱。耶律璟将耶律李胡父子都抓进监狱。

耶律璟见起兵造反一起接一起，心里越来越烦。960年八月，耶律璟率契丹军到秋山狩猎，到了怀州，他用镇茵石打死近侍古哥。从此，他养成了杀近侍和后勤人员泄愤的习惯。给他养獐的人被杀，侍候他日常起居的人被杀，侍候他喝酒的人被杀，还有，养鹰的人、养鹿的人、养鸡的人、养猪的人、养雉的人、酿酒的人，他不高兴就会随便杀。

侍候耶律璟的人时时刻刻都提心吊胆，不知自己何时被杀掉。而耶律璟饮食作息都没有规律，需要享用时，近侍有任何差错，也会被杀死。

966年正月后，除了醉酒不上朝，耶律璟还喜欢到市井微服私行，尤其是喜欢到酒馆去喝酒。近侍们很为难——跟着皇帝去吧，皇帝烦，且容易暴露他的行踪；不跟着皇帝去吧，他的安全没保障，近侍们更是罪不可恕。有个叫白海的近侍跟随耶律璟微服私行时，表现不佳，但他并没犯什么罪，也没惹怒耶律璟，还是被处死了。这一年七月，耶律璟下了个奇怪的命令：皇帝所到的地方，必须设立高大上的标识，让百姓意识到那是不得进入的禁地，违反的人一律处死。

每当耶律璟到市井中酒楼喝酒时，近侍们只好化装成百姓跟着，将真正的百姓赶走。耶律璟并没觉得此举有什么不妥。他还多次偷偷到近侍或者酿酒人家里去喝酒。开心的时候，他就大量赏赐，不开心的时候，就会动辄杀人。当时，无论是开酒店的、酿酒的，还是皇帝的近侍，都极其期望皇帝不要到他家。

969年正月，耶律璟在宫中宴饮，不受朝贺。他经常醉酒，经常捉弄和殴打大臣，杀死前导末以及益剌，并将他们的尸体铡碎，丢至荒野之外。耶律璟在位近20年，在军功上毫无建树，但喝酒杀人在契丹史上前无古人。他所杀的人，多数是身边关照他生活起居的人。这些人虽然地位和权职并不高，但长期积怨、长期生活在恐惧中，也难免会做出极端的事来。

969年二月二十二日，耶律璟率契丹军到怀州打猎。他射猎了一只熊，非常高兴，与随从狂欢饮酒。欢饮到沉醉时，他突然骑马迅速回行宫。行宫里的侍者没想到耶律璟会半夜回宫，没做好迎接和侍候的准备。

耶律璟见状大怒，叫嚣着要将行宫里的人全部杀掉。结果，由于长期积怨，近侍小哥、盥人花哥、庖人辛古等6人，趁耶律璟喝醉的机会，抢先将他杀死。耶律璟糊里糊涂地死在近侍手中，年仅39岁。

5. 宋辽冲突，契丹被迫全力迎战新敌

耶律璟被近侍杀死，事出突然，契丹陷入一片慌乱之中。耶律阮的二儿子耶律贤获得消息，与飞龙使耶律女里、侍中萧思温、南院枢密使高勋等人，立即率1000多名骑兵飞奔耶律璟所在行宫。耶律贤模拟当年父亲耶律阮抢先继位的做法，在群臣拥戴下，在耶律璟灵柩旁宣布继任皇帝。

在耶律察割杀死耶律阮时，耶律贤才4岁。耶律璟继位后，将耶律贤放在永兴宫抚养。

耶律贤小心翼翼地与叔叔耶律璟相处，但从来不谈朝政，不过问军政大事。

969年二月二十一日，耶律璟曾经单独召见耶律贤，对他说："你已经长大成人，我可以将朝政交给你了。"耶律贤趁机继位，被认为是遵从皇帝耶律璟遗旨行事。契丹皇位又传到了耶律倍子孙这一系。

耶律贤继位后，调整契丹主要职位。他任命萧思温为北院枢密使兼任北府宰相，南院枢密使高勋被封秦王，进封太平王耶律罨撒葛为齐王，改封赵王耶律喜隐为宋王，封耶律隆先为平王，耶律稍为吴王，耶律道

隐为蜀王，耶律必摄为越王，耶律敌烈为冀王，耶律宛为卫王，册封王妃萧绰为皇后。

经过 20 年，契丹和中原的实力发生了巨大变化。20 年前，中原王朝是后晋，耶律德光率契丹军接连击败后晋军，迫使 20 万后晋军投降，俘虏后晋皇帝；20 年后，中原发生沧海桑田的变化，后晋被后汉取代，后汉同样没几年就被后周取代，后周没几年，赵匡胤就在 960 年发动陈桥兵变，取代后周，建立宋朝。时任契丹皇帝耶律璟一如既往地饮酒作乐，不理国政，更不关注日益变化的中原。宋朝采取先南后北战略，发展壮大起来，逐步统一了中原。

宋朝统一南部和西部后，集中精力对付由后汉分化出来的北汉。后汉是反契丹的，它在中原的统治被取代后，其皇室在今山西北部重建汉政权，称为北汉。北汉一改后汉反契丹的政策，采取亲契丹的政策。正是因为有北汉替契丹防御中原政权，耶律璟才能安心无忧地喝酒睡觉，不务军政大事。

宋朝渐渐强大起来后，向北汉发起大规模进攻。北汉军抵挡不住宋军，向契丹军请求支援。耶律贤继位稳定内部后，派南府宰相耶律沙、冀王耶律敌烈率契丹军前往救援北汉。很快，契丹军帮助北汉军打退宋军。

宋军打不过北汉和契丹联军，不得不重新调整策略，从长计议。976 年，赵匡胤死了，他弟弟赵光义继位。赵光义为树立声威，下令宋军加紧讨伐北汉。在强大的攻势下，北汉军不断失败，又不断请求契丹军给予帮助。耶律贤一边派人送战马、粮草去援助北汉军，一边派人出使宋朝，去打探宋朝虚实，为下一步制定战略做准备。

979 年正月，耶律贤派长寿为使者，出使宋朝，去问赵光义兴师攻打北汉的原因。赵光义回答说："河东王刘继元违抗天命，我作为皇帝，有责任率军问罪。如果契丹军不援助他，宋辽和约仍旧有效，否则，我将不惜兵戎相见。"在消灭北汉这件事上，赵光义对契丹的态度非常强硬。他不管契丹态度如何，命令宋军继续征战北汉。

北汉皇帝刘继元因宋军压境，迅速派使者向耶律贤求援。耶律贤命令南府宰相耶律沙为都统、冀王耶律敌烈为监军，率契丹军前往援救北汉，又命南院大王耶律斜轸率契丹军随行，枢密副使萧抹只前去督战。赵光义命令宋军继续讨伐北汉，耶律贤只能针锋相对，派出契丹军迎战。

这年三月，耶律贤命令北院大王耶律奚底和乙室王耶律撒合等人率军加强幽云十六州一带防御。北汉使者再次奏告宋军入侵境内，形势紧急。耶律贤又命令韩侼、耶律善补率契丹军南下驰援北汉。他想保住北汉这个缓冲国，掌握对中原政权的战略优势。

一个星期后，耶律沙率契丹军在白马岭与宋军遭遇。宋军的战斗力超出契丹军的意料。一场激烈交战后，契丹军惨败。冀王耶律敌烈及突吕不部节度使都敏、黄皮室详稳唐蘮都战死，士兵死伤更多。宋军击败契丹军后，加强进击北汉，北汉军大败。北汉将领刘继文和卢俊率部投奔契丹。一个月后，北汉皇帝刘继元投降北宋，北汉灭亡。宋朝成功实现了中原的统一。

得知宋朝统一中原后，耶律贤封刘继文为彭城郡王，任命卢俊为同政事门下平章事，收集北汉流亡军民，将他们组织起来，命令他们继续抵抗宋军。契丹此举引起宋朝的愤怒。宋军趁胜前来攻击契丹军。契丹北院大王耶律奚底、统军使萧讨古、乙室王耶律撒合等人率契丹军迎战。契丹与宋朝的大规模军事冲突从此开始。

在沙河，契丹军与宋军进行大决战，遭到失败。宋军趁机向契丹境内进攻。979年五月二十二日，宋军包围契丹南京。局势朝着不利于契丹的方向发展。耶律贤不得不调兵遣将，准备在南京城下与宋军决战。

经过一段时间的准备，七月，耶律沙等人率契丹军在高梁河与宋军决战，被宋军击败，不得不后退。在关键时刻，耶律休哥和耶律斜轸率契丹援军相继赶到。他们拦腰截击宋军，转败为胜。亲自督战的宋朝皇帝赵光义在慌忙中骑牛逃跑。趁着胜利机会，契丹军反击宋军的残余力量，杀死不少宋兵，缴获兵仗、器甲、符印、粮馈、货币等数不胜数。

高梁河之战，通过惊心动魄的战斗，契丹军先败后胜，促使局势朝着对契丹有利的方向发展。宋军包围契丹南京之围解开。从此，契丹军士气大振，对宋军作战也开始从劣势向优势转变。

战后，耶律贤因白沙之役失利责备耶律沙、耶律抹只，又因他们有击退宋军的功劳而宽释他们。耶律奚底所部遇到宋军，不敢作战，直接撤退。耶律贤亲自用剑背责打他，提醒他以后作战要勇敢些。耶律撒合率契丹军与宋军作战失利，也下令退却，但他属下的军队撤退时秩序不乱。耶律贤宽恕耶律撒合。冀王耶律敌烈部下率先逃跑的人全部被杀。都监以下军官，只要作战不积极的，都遭到杖责。

这年九月，耶律贤调整契丹军高级将领职位，任命燕王韩匡嗣为都统，南府宰相耶律沙为监军，与惕隐耶律休哥、南院大王耶律斜轸、权奚王耶律抹只等人，负责率领契丹军向南进攻宋军；同时，命令大同军节度使耶律善补率山西方向的契丹军进攻宋军。耶律贤旨在报复宋军进攻契丹南京的仇恨。

一个月后，韩匡嗣等人率契丹军与宋军在满城决战，又遭到失败。幸亏太保耶律矧思率契丹军与宋军在火山交战时打败宋军，才不至于全线败溃。耶律贤意识到宋军战斗力远远超出了他的预计，不得不一边下诏数落韩匡嗣5条罪状，一边赦免他，以鞭策和安抚契丹军的将领和士兵。

980年正月，耶律贤封耶律隆绪为梁王、耶律隆庆为恒王，任命耶律休哥为北院大王，封前枢密使耶律贤适为西平郡王。在此期间，耶律贤因契丹军作战失败，没有急于命令契丹军进攻，而是不断对军队进行调整，做南征宋朝的准备。

这年十月，契丹军攻打驻守瓦桥关的宋军，将瓦桥关紧紧包围。宋军顽强抵抗。双方在瓦桥关下形成对峙局面。一个月后，耶律休哥率契丹军在瓦桥关东面击败宋军。当时，张师率宋军出战，耶律休哥率契丹军奋力迎击，大败宋军。随后，宋军在黄河南岸列阵，抵抗契丹军。耶律休哥率契丹军渡河击破宋军战阵，追击宋军直到莫州才罢休。这一战，契丹军杀死、杀伤很多宋军将士。不久，宋军再度前来征战。耶律休哥率契丹军消灭了这支宋军。瓦桥关之战，契丹军取得非常大的战绩。耶律贤班师回朝后，封耶律休哥为于越。

两年后，耶律贤亲自率契丹军南征宋朝，企图建立当年契丹军攻打后晋那样的军功。到满城时，契丹军与宋军交战失利。契丹军守太尉奚瓦里中流箭身亡，统军使耶律善补被宋军伏兵包围，枢密使耶律斜轸率契丹军驰救后，耶律善补才幸免于死。这一战，契丹军惨败，耶律贤只好班师回京。

秋季时，耶律贤又率契丹军到云州，准备寻找新的进攻宋朝的机会。在祥古山打猎时，他不幸染上重病。几天后，年仅35岁的耶律贤在焦山行宫死去。在病重期间，他下遗诏，梁王耶律隆绪继位当皇帝，皇后萧绰晋升皇太后，垂帘听政，处理军国大事。

面临强大宋朝，契丹孤儿寡母执政，内外压力非常大，萧绰母子能否肩负历史重任呢？

第五章　太后听政，
契丹从此走向辉煌

耶律贤病死，12 岁的耶律隆绪继位，萧太后垂帘听政。孤儿寡母面临国内外危机。萧太后凭借个人才华和能臣全力支持，稳定局势，为契丹的繁荣富强奠定了坚实的基础。耶律隆绪继续执行萧太后的政策，将契丹带入鼎盛时期。

1. 忠臣辅政，权力交接有惊无险

982 年九月，12 岁的梁王耶律隆绪继位，皇后萧绰晋升为皇太后，垂帘听政，全权负责处理军国大事。契丹迎来了一个崭新的时代。

萧绰小名叫燕燕，是北府宰相萧思温的女儿。她小时非常聪明，16 岁时被耶律贤选为贵妃。由于聪明伶俐，表现出众，她后来被册封为皇后，参与处理朝政大事。面对契丹偌大一国的政事，他们孤儿寡母开始时显得有些力不从心。萧太后曾对着大臣哭泣，说："我们孤儿寡母，国内骄兵强将，边境战火不断，如今的局势，该怎么处理呢？"听罢这话，耶律斜轸、耶律休哥、韩德让等人相继站出来表态："只要太后相信我们，我们一定肝脑涂地地效力。哪里还有什么值得忧虑的呢？"萧太后听了这些安慰的话，心里觉得舒坦了很多。

耶律斜轸是于越耶律曷鲁的孙子，生性聪明机敏。在耶律贤做皇帝时，枢密使萧思温认为耶律斜轸有治理国家的才干，特意荐举他。

当时，耶律贤尚有疑虑，说："耶律斜轸有才干，这我也知道。只是他性格放荡不羁，怎么会屈身接受他人管制呢？"

萧思温说："他外表上看起来放浪。事实上，他的器量才干不可限量啊！"

耶律贤将信将疑地召见耶律斜轸，询问他对军国大政的看法。耶律斜轸回答得切中事理。耶律贤发现耶律斜轸的才华果然出众，非常器重他，并把皇后（萧绰）的侄女嫁给他，命令他节制西南面诸军，不久又改任他为南院大王。

耶律斜轸是契丹贵族中的实力派。979 年，宋军征战河东时，耶律斜轸跟随耶律沙率契丹军在白马岭与宋军决战。耶律沙等人率契丹军作战失利。在关键时刻，耶律斜轸率契丹军向宋军发起猛烈反击。他命令属下万箭齐发，最终威慑住宋军，迫使宋军后退，挽救了危急中的耶律沙等人。

宋军攻下河东，乘胜进袭燕地。北院大王耶律奚底与萧讨古等人率契丹军迎战，兵败后退到清河北。眼看契丹军与宋军作战要大败，耶律斜轸率契丹军在得胜口打着耶律奚底的青帜军旗号诱惑宋军。擒贼先擒王，宋军集中兵力向得胜口进攻。耶律斜轸趁机设下埋伏，大败宋军，使整个战场转败为胜。此战后，耶律斜轸受到耶律贤的器重，在契丹军中威信非常高。

耶律斜轸表示全力支持皇太后，能有效威慑其他图谋不轨的皇族，帮助皇太后树立威信。而于越耶律休哥全力支持皇太后母子，也是耶律隆绪皇位稳定的又一关键因素。

耶律休哥祖父是隋国王耶律释鲁，父亲是南院夷离堇耶律绾思，是契丹贵族中的实力派人物。耶律贤命令耶律休哥代替耶律奚底为统帅，率五院契丹军前去解南京之围。当时，契丹军被围困在南京，耶律沙率契丹军与宋军作战失败，契丹军士气低落。耶律休哥丝毫不畏惧，率契丹军在高梁河与宋军决战。他和耶律斜轸分别率左右路契丹军向宋军发起进攻，大败宋军。这一战，从根本上扭转了契丹军对宋军的作战劣势。耶律休哥身上受了三处伤，付出了惨重代价。事后，耶律休哥在契丹贵族中的声望大大提升。

同年冬，耶律贤命令韩匡嗣和耶律沙率契丹军反攻宋朝，以报复南京围城之仇。耶律休哥率契丹军配合韩匡嗣所部作战。宋将派人来假装投降，主将韩匡嗣相信，准备接纳宋军投降。耶律休哥劝谏他说："宋军队伍整齐而精锐，不会轻易屈服，这是他们引诱我军出动的计谋。我们应当严整军队，做好相关准备。"韩匡嗣不听耶律休哥的建议。耶律休哥只好自己登高而望，做好以防不测的准备。

不一会儿，宋军大举前来，飞速冲进契丹军营。出现这种变故后，主将韩匡嗣仓促之间不知道该怎么办。不少契丹兵丢下旗鼓逃走。眼看契丹军就要全军崩溃，耶律休哥因事先有准备，立即率契丹军进行反击，才阻止了宋军的进攻，挽回局势。

980年，耶律贤率契丹军与宋军在瓦桥关交战。耶律休哥充当先锋大将，在阵前杀死宋军守将张师，并率精兵渡河，把宋军追到莫州。在战争中，耶律休哥的箭用完了，还活捉了宋军几员将领。当时，赵光义正率军赶往瓦桥关增援，得知宋军战败后，不得不撤回。

耶律贤大喜，亲自赐给耶律休哥御马和金盂，并勉励他说："你的勇敢超过传言中的名声，如果人人都像你，哪里还怕不能打胜仗？"大军回师后，耶律贤特别封耶律休哥为于越。于越是契丹官僚体系中位于百官之上的一种荣誉称呼，其荣耀程度远远高于大王。

萧绰母子执政的另一个铁杆支持者是韩德让。韩德让对契丹走向繁荣起了不可替代的作用。韩德让是韩知古的孙子，与萧绰是青梅竹马，两小无猜，只是萧绰被耶律贤选为贵妃，才没跟他最终走到一起。韩知古曾出任中书令，主诸国礼仪，为契丹制度创建做出了重大贡献，是耶律阿保机和述律平最信任的汉族人之一。正因为如此，他儿子韩匡嗣当上了南京留守。韩匡嗣率契丹军对抗宋军不利，但他儿子韩德让却因能力出众，在关键时刻接替他的职位，并成功扭转局势。

韩德让端庄忠厚，足智多谋，熟练掌握国家治理的方法，喜好建功立业。耶律贤当皇帝时，韩德让因独特的身份，为人处事谨慎低调。韩德让担任过东头承奉官、枢密院通事、上京皇城使等职务，因表现出色而被授彰德军节度使，接替父亲韩匡嗣出任上京留守，暂时代管京城事务，获得契丹皇族一致称赞。

韩德让留守后方，处理政事，做得有声有色。他父亲韩匡嗣镇守南京，在阻击宋军时表现得狼狈不堪。耶律贤下令，让韩德让去南京接替韩匡嗣的职务。阵前换将是作战大忌，但契丹将领听到这消息，都信心高涨。因为他们知道，韩德让的军事才干是远超韩匡嗣的。

宋军包围契丹南京时，有契丹将领产生投降宋军的想法。代理南京留守韩德让坚决要求大家守城抗敌，鼓励大家只要坚持下去，就一定能取得胜利。他亲自登城，日夜守御。契丹援军到后，南京便解了围。等到高梁河之战宋军败走时，死守南京城的韩德让及时命令守军出城主动追击宋军，配合耶律休哥等人，取得非常大的战果，导致宋军从此丧失了大规模进攻契丹的能力。这一战，除耶律休哥功勋卓著外，配合他里外夹击的韩德让也立下了汗马功劳。战后，韩德让凭军功当上辽兴军节度使、南院枢密使。

除顾命大臣的身份和曾经建立的战功外，韩德让还与萧绰从小就有非常好的私人关系。皇太后萧绰对韩德让非常信任，很多重要事情，首先想到商议的人就是他。

有实力派支持，皇太后萧绰对治理契丹更加有信心。她任命耶律休哥全权负责处理南面的军务，任命韩德让和耶律斜轸参与处理日常军政大事，任命南院大王勃古哲总领山西诸州事务。皇宫宿卫是契丹最核心的事，萧绰直接把它交给韩德让负责。在她心目中，韩德让是对她最忠诚、最值得依赖的人。

983 年，耶律隆绪又尊萧绰为承天皇太后，大赦天下，改元统和，对朝内外广施恩泽，文武官员各晋爵一级。契丹进入萧太后垂帘听政时期。

2. 东征女真，萧太后借此提升士气

耶律隆绪虽然顺利当上皇帝，但契丹此时仍然有很多不安定的因素。契丹南边与宋朝处于敌对状态，东边的女真诸部又蠢蠢欲动，而西边突厥诸部见契丹幼帝登基，也趁机挑起战争。萧绰母子的当务之急就是如何面对危机。

经过一番战略分析后，萧太后确定先弱后强的战略，即先集中力量镇压周边不服的部落，然后集中力量与中原强国宋朝决战。

突厥诸部主动挑起战争，西南路招讨使一时面临巨大的军事压力，请求朝廷增派援兵。在萧太后的旨意下，耶律隆绪命令北院大王耶律蒲奴宁率敌毕部、迭烈部的契丹军前往增援，并令他们要尽可能迅速地征服突厥部落，结束战争。

与此同时，耶律隆绪派拽剌跋剌哥出使党项诸部，以巩固双方关系。党项诸部再次声明归顺契丹。党项夷离堇儿子隈引等人率军请求归附契丹。耶律隆绪下令安抚招纳他们，但同时要察其真伪，注意边防动向。西南面的契丹军尽职尽力，很多人立功了，还获得了耶律隆绪的赏赐。

983 年十月，耶律隆绪任命吴王耶律稍出任上京留守，管理临潢府的政治事务，着手准备东征。他亲自检阅东京留守耶律抹只所统率的军队，赐给宣徽使兼侍中耶律蒲宁和林牙萧恒德旗鼓及银符，命他们率军东征女真诸部。

984 年二月十五日，东路行军都统、宣徽使耶律蒲宁奏报，契丹军征伐女真获得巨大胜利。耶律隆绪派人前往行执手礼，以示褒奖表彰他

们。过了几天，韩德威率契丹军征伐党项部落凯旋回师。在途中，他率契丹军趁势袭击河东，获得了丰厚的战利品。在向皇帝献俘后，皇帝下诏特别褒奖他。

一个多月后，宣徽使、同平章事耶律蒲宁，都监萧恒德进献征伐女真所抓获的俘虏。耶律隆绪命令耶律蒲宁兼任政事令，萧恒德出任神武卫大将军，分别赐给他们金器等物。随着征伐女真战争的胜利，耶律隆绪又准备派兵征伐高丽。七月初，他诏令诸道修缮甲胄兵器，为东征高丽做准备。

八月初，因辽东沼泽低洼潮湿，耶律隆绪下令停止征伐高丽，转而任命耶律斜轸为都统、萧恒德为监军，率军继续讨伐女真诸部。因为契丹军已经出动，征讨高丽不利，改为攻打女真诸部，也多少会有些收获。

不过，东征女真诸部也不是想象的那样容易。十几天后，东征契丹军都统耶律斜轸就奏称道路十分泥泞，不能进行东征。耶律隆绪只好命令耶律斜轸等人暂停东征，待到沼泽干燥后再征讨女真诸部。耶律斜轸接到命令，率契丹军就地驻扎。进入九月，通往女真诸部的路陆续封冻。耶律斜轸命令东征军各将领，要趁枯水季节东征，努力作战，一举击败不臣服的女真诸部。

经过契丹军几个月英勇作战，不臣服契丹的女真诸部相继被击败。到986年初，东征结束，契丹东征军取得巨大胜利。林牙耶律谋鲁姑和彰德军节度使萧挞凛获得不少俘虏及物资。他们全部如数献给耶律隆绪。耶律隆绪下诏表彰了他们。

过了几天，枢密使耶律斜轸和萧恒德又献上10多万名女真俘虏，20余万匹马和各种物品。耶律隆绪非常高兴，令东征女真的将领耶律斜轸、萧恒德、耶律谋鲁姑、萧挞凛等人率军班师回朝，派近侍泥里吉手持圣旨，带一些慰问品，前去迎接他们。

986年二月十五日，耶律斜轸、萧挞凛、耶律谋鲁姑等将领一起朝见耶律隆绪。耶律隆绪赐宴招待他们，对他们分别进行赏赐。

经过东征后，契丹东边安定了，消除了南征时的后顾之忧。此时，契丹能够集中兵力和财力与宋军决战。当然，东征还锻炼了契丹军将士，提升了士气，使得契丹军全力与宋军交战的时机和条件日趋成熟。

3. 迎难而上，耶律休哥挫败宋军北伐

986 年三月初，在契丹军东征刚结束时，宋军也做了精心准备，企图向北进攻，打败契丹，收复幽云十六州。自高梁河之战失败后，宋朝皇帝赵光义一直在积蓄势力，准备一雪前耻和收复长城内各州县，将契丹驱逐到长城外去。

负责契丹南面军事的于越耶律休哥向耶律隆绪报告，宋朝已经派曹彬、崔彦进、米信率领宋军从雄州起兵，田重进率领宋军从飞狐发起征战，潘美和杨继业率领宋军从雁门关发起进攻，岐沟关、涿州、固安、新城都已落入宋军手中，契丹已经遭到宋朝全面的战略进攻。

耶律隆绪派兵东征女真和高丽，目的就是想集中兵力与宋军决战，但没预料到宋军会如此急迫地主动发起战略进攻。面对不利的局势，耶律隆绪命令宣徽使耶律蒲宁赶赴南京，协助耶律休哥处理军务；同时分派使者去征发诸部兵马开赴幽州，增援耶律休哥所部抵御宋军；又派东京留守耶律抹只率东征的契丹军随后进发，还赐他尚方宝剑，在战场上拥有先斩后奏的权力。

986 年三月初七，耶律隆绪举行仪式，祭告陵庙和山川，宣告他将率军亲征。第二天，统军使耶律颇德率契丹军在固安打败宋军。耶律休哥率契丹军截断宋军粮饷供应，活捉数员宋军将领，俘获不少牛马和器械辎重。

不过，3 天后，契丹寰州刺史赵彦章举城反叛，降附宋朝。随后，宋军迅速进驻涿州城。契丹顺义军节度副使赵希赞也在朔州叛变，率部

降附宋朝。此时，耶律隆绪与萧太后率军驻扎在驼罗口，得知相关消息后，迅速下诏催促东征的契丹军赶往幽州，援助耶律休哥所部。

第二天，耶律隆绪诏令林牙萧恒德率契丹军防守平州海岸，防止宋军水师袭扰契丹军后方；又告知平州节度使迪里姑要派人到民间征马匹，然后征发百姓到显州甲坊去领取铠甲，迅速编组成军队，支援南征的契丹军。

986年三月十五日，契丹军与宋军大战失利。契丹冀州防御使大鹏翼、康州马军指挥使何万通被宋军俘虏。形势越来越紧急，耶律隆绪立即任命北院枢密使耶律斜轸为山西兵马都统，北院宣徽使耶律蒲宁为南征都统，协助于越耶律休哥率契丹军抗击前来进攻的宋军。

契丹军内投降宋朝的将士渐渐多了起来。彰国军节度使艾正和观察判官宋雄在应州叛变，举州归附宋朝。一周后，武定军马步军都指挥使、郧州防御使吕行德，副都指挥使张继从，马军都指挥使刘知进等人在飞狐叛变，归附宋朝。5天后，步军都指挥使穆超在灵丘叛变，归附宋朝。

面对契丹内部不断有人投降宋朝的现实，耶律隆绪赐给林牙耶律谋鲁姑四副旗鼓、一柄剑，诏令其率领禁军精锐南下，去帮助耶律休哥抗击宋军；诏令派使者赐给枢密使耶律斜轸密旨及彰国军节度使枸欒印，以督促各路契丹军奋力作战。

进入四月，耶律隆绪率部赶到南京时，潘美率领宋军攻陷了云州。耶律隆绪又派耶律抹只、耶律谋鲁姑、萧恒德等人率偏师迅速去增援耶律休哥，赐给旗鼓、枸欒印，以安抚和鼓励契丹将士们。随后，耶律休哥率契丹军打败了潘美所率的宋军，逼迫他们后退。吴王耶律筹宁、北院大王耶律蒲奴宁、统军使耶律颇德等人率契丹军追击潘美所率的宋军，都取得了较大胜利。

局势得到初步缓和后，耶律隆绪立即用酒脯祭祀天地，率群臣向萧太后祝贺胜利，同时派萧恒德等人持诏前去褒奖耶律休哥等有功将领，诏令侍中耶律抹只率诸军赶赴皇上行宫，以备调用。

契丹军挫败宋军进攻势头后，耶律隆绪又命令两支精骑兵赶赴蔚州援助萧挞凛；命令横帐郎君老君奴率各位郎君在居庸北面巡行视察；命令耶律化哥率平州兵马，横帐郎君奴哥为黄皮室都监，郎君谒里为北府都监，各自率步兵赶赴蔚州，援助耶律斜轸所部契丹军。

四月十二日，耶律隆绪任命耶律斜轸为诸路兵马都统，萧挞凛为兵马副部署，耶律迪子为都监，以代替耶律善补和韩德威。3天后，耶律隆绪下令没收叛变宋朝的艾正、赵希赞及应、朔州节度副使、奚军小校隃离辖和渤海小校贯海等人家产，分赐给南征有功的将校。

曹彬和米信率领宋军北渡拒马河，与于越耶律休哥所部契丹军对垒。宋军摆起六七里长的军营，准备向契丹军挑战。此时，耶律隆绪率契丹军驻扎在涿州以东50里处。得知消息后，他命令于越耶律休哥、奚王耶律筹宁、宣徽使耶律蒲宁等人派兵严密监视水道，防止宋军从水路悄悄攻打涿州。经过一番分析后，耶律休哥等人率契丹军主动出击，并击败了宋军。同一天，契丹蔚州左右都押衙李存璋和许彦钦杀死节度使萧啜里，扣留监城使和铜州节度使耿绍忠，率部投降宋朝。

耶律隆绪率军移驻沙姑河北后，召集林牙萧恒德等人商议军事。奚王耶律筹宁，南北二王率所部将校，耶律休哥、耶律蒲宁所部将校，都奉命集中在一起，共同讨论下一步军事防守问题，并提出给军队发战时夏季服装及布匹。随后，契丹军包围固安城。统军使耶律颇德亲自率军登城，一举攻破固安城。契丹军士气进一步振奋。

986年五月初三，契丹军与曹彬、米信所率宋军主力在岐沟关大战。宋军大败。契丹军追击宋军到拒马河。宋军一部分将士溺死在拒马河，一部分逃到高阳。随后，契丹军又趁机冲杀。这一战，宋军损失几万人，丢弃的戈甲堆积如山。

耶律隆绪班师回到新城。耶律休哥和耶律蒲宁奏称溃败逃生的宋军都已经被杀掉。因出师大捷，耶律隆绪派使者分头去诸路京镇，命令各位将领要论功行赏，不要虚报军功。

耶律隆绪下诏派遣详稳萧排亚率领弘义宫兵及南北皮室、郎君拽剌四支军队赴应州、朔州的边界，与惕隐瑶升、招讨韩德威等人一起，抵御在山西未退的宋军。第二天，他又命令惕隐瑶升率契丹军立即奔赴山西。

耶律隆绪回南京后，耶律休哥、耶律筹宁、耶律蒲奴宁等人进献俘虏及缴获物品。他和萧太后亲临元和殿，大宴随军将校，封耶律休哥为宋国王，加赏耶律蒲宁、耶律筹宁、耶律蒲奴宁及各位有功将士官爵或者财物。

一周后，耶律隆绪从南京出发，一路奔上京去，同时诏令耶律休哥准备器甲、储存粮米，以备秋季再大举南征。因为契丹人怕热，在夏季作战，非常不习惯，且容易感染上疾病。

不过，契丹军停止了进攻，宋军却趁机发起了反攻。耶律斜轸奏称宋军再次围攻蔚州，被击退。耶律隆绪命令耶律斜轸将军队交给瑶升、韩德威等人，让他们负责抵御宋军。因宋兵追到平州，瑶升、韩德威没尽力追杀，耶律隆绪派人去责问他们，又告诉他们，以后遇到宋军据城不降的，格杀勿论，不要让他们逃走一人。瑶升、韩德威等人不得不全力以赴，抵御宋军发起的反攻。

986年七月初九，枢密使耶律斜轸派侍御涅里底和干勤哥向耶律隆绪送契丹军攻克朔州的捷报。在朔州之战中，耶律斜轸率契丹军活捉宋军名将杨继业。杨继业骁勇善战，为人自负，号称杨无敌，率宋军向北攻占云州、朔州数州。当时，杨继业率宋军到朔州南边30里处的狼牙村。他觉得村名令人厌恶，便不肯再率军前进。在左右再三请求后，杨继业才继续率军前行。结果，他们遭到耶律斜轸所率契丹军伏击。契丹伏兵四起，杨继业身中流箭，坠马被俘。由于箭伤发作和绝食，他被契丹军抓获3天后死去。耶律斜轸有些遗憾，令人用木盒装上杨继业的头颅，进献给皇帝。耶律隆绪诏令详稳辖麦室将杨继业的头颅送去给于越耶律休哥看，然后挂在诸军前示众。宋朝留守云州、应州诸州的将领，在得知杨继业死讯后，都弃城逃走。契丹军一口气收复了云州、应州诸州。

耶律隆绪祭告天地，宣告进军胜利，同时下令将宋军降兵分赐给有功的将士。

进入八月，耶律隆绪听从韩德让的建议，免除山西诸州当年租赋。随后，他下诏品评山西诸将的功过定赏罚：乙室帐宰相耶律安宁功过相当，追回1份授官的文告；谛居部节度使佛奴被打50大板，以示惩罚；惕隐瑶升、拽剌焱欠烈、朔州节度使慎思、应州节度使骨只、云州节度使耶律化哥、军校李元迪、蔚州节度使佛留、都监崔其和刘继琛，都因听到敌军到来的消息而逃跑，被削夺官职。

经过一系列战争，契丹军打退宋军进犯，开始从战略防守转入战略进攻。

4. 南征宋朝，耶律隆绪准备横扫中原

挫败宋军攻势后，契丹军并没有就此宣布停战，而是积极准备南征，进行反攻，彻底打败宋军。耶律隆绪命令北院大王耶律蒲奴宁到行宫商议军机，同时任命乙室王帐郎君吴留为御史大夫。

986年九月二十一日，耶律隆绪率部到儒州，积极准备南征宋朝的事宜。他命令皮室详稳乞的、郎君拽剌先回到军中，负责督促士兵修缮器甲兵械，下令惩治侵扰民众的耶律蒲奴宁和曷葛只里。他认为，南征宋朝需要有个稳定的后方，就必须要严惩侵扰百姓的军官，以严肃军纪。

同年十月初九，耶律隆绪亲自率部翻越居庸关，下令暂停处理各种细琐事务，各京镇要相继出兵南征；派间谍到边境去侦探敌情；命令皇族庐帐设在东京延芳淀；写信给于越耶律休可，命令他率契丹军把宋军

阻挡在拒马河以南6州范围内，准备向宋军发起反攻。

耶律隆绪到南京后，又听从南院大王耶律留宁的建议，免除南院部民当年的租赋，同时将银鼠、青鼠和其他物品赐给京官、僧人、道士和老人，以争取契丹国内南部汉族人对南征宋朝的支持和谅解。为提高军队士气，耶律隆绪还亲自上场与大臣分组玩起鞠球这种在当时中原上层贵族中非常流行的游戏。

进入冬季，耶律隆绪任命政事令韩德让为守司徒，然后御临正殿，大宴即将参加南征的将领；他任命耶律休哥为先锋都统；令北院大王耶律蒲奴宁居住在奉圣州，与奉圣州节度使蒲打里共同处理山西5州的军政大事；令诸部将领统率他们的部下，各自管好自己的军队，不得互相混杂；令驸马都尉萧继远、林牙耶律谋鲁姑、太尉林八等人率契丹军固守边疆，不要让敌方间谍渗透进契丹内部；命令军中无故不得纵马飞奔和放纵诸军毁坏庄稼。

20多天后，耶律隆绪率部到唐兴县。此时，宋军屯驻在滹沱桥北边。耶律隆绪命令契丹军用乱箭射向宋军军营，迫使宋军放弃守桥，然后派人焚毁那座桥。第二天，耶律隆绪率部渡过沙河，命令于越耶律休哥前来商议军国大事。

这一天，楮特部节度使卢补古、都监耶律昐与宋军在泰州交战，结果卢补古等人败北。两天后，耶律隆绪下令在各军中张布卢补古等人的罪状，任命御盏郎君耶律化哥暂时代理楮特部节度使职位，横帐郎君耶律佛留任都监，以代替卢补古；命令彰德军节度使萧挞凛、将军耶律迪子率契丹军在东路讨伐宋军。

986年十二月初五，于越耶律休哥率契丹军在望都击败宋军。3天后，耶律隆绪率部在滹沱北面安营，命令于越耶律休哥率契丹骑兵隔断宋军，阻止宋军进入邢州；命令太师王六注意侦察宋军动向。第二天，小校耶律曷主率契丹军与宋军的辎重队相遇，杀死和俘虏许多宋兵，烧掉宋军粮草。随后，耶律隆绪命令南院大王耶律斜轸与耶律休哥联合出兵进攻宋军，宰相耶律安宁率契丹军殿后。耶律隆绪亲率契丹军与刘廷让、李敬源率的宋军在莫州大战。这一战，契丹军英勇异常，击败宋军，活捉宋将贺令图、杨重进等人。这是耶律隆绪少有的亲自指挥的战斗，契丹军的士气非常旺盛。

趁着这次机会，耶律隆绪诏令耶律休哥以及众将领到内殿，赐酒慰劳他们，下令用宋兵尸体筑成景观，鼓舞将士士气。接下来的几天内，契丹军接连攻下冯母镇、邢州、深州。就在这时，西夏首领李继迁派人前来巴结契丹，表示愿意与契丹结为姻亲，永远作为辅佐藩国。耶律隆绪下诏封王子帐节度使耶律襄的女儿耶律汀为义成公主，将她下嫁给李继迁，以稳住西夏。

987 年正月，契丹军攻破束城县，纵兵大肆抢掠；又攻破文安城，杀死所有成年男人，俘虏所有老人、妇女、小孩。3 个月后，获得胜利的耶律隆绪率部回南京，给皇太后上尊号，命令有司分条奏上各将领功劳表，论功加恩行赏；同时，命令契丹将领们准备继续攻击宋朝。

同年夏，耶律休哥奏上有关宋朝事务的安排和处理。耶律隆绪亲自批阅，认为议和时机尚未成熟，拒绝议和，命令军队继续准备南征。进入秋季后，耶律隆绪认为南征宋朝的时机成熟，用青牛白马祭祀天地，宣布南征。随后，契丹军进攻易州，斩杀宋朝易州指挥使。

一个月后，契丹军围攻涿州城时，驸马萧恒德、太师萧挞凛身中流箭受伤。萧恒德被放在皇帝的车驾上运回军营。得知宋军败退消息，耶律隆绪随即命令耶律斜轸、萧排亚等人率契丹军追击。宋军大败。接下来，契丹军又取得狼山大捷和益津关大捷，迫使宋军不得不大幅度后撤。

到冬季十一月，耶律隆绪诏令诸军准备攻城器具，准备进攻长城口。准备完毕后，他亲自来到长城口督战。在皇帝鼓舞下，契丹军越战越勇，迫使宋军丢下城池逃跑。耶律隆绪令韩德威率契丹军去阻击逃跑的宋军。结果，宋军有的被杀，有的被俘。驻守满城的宋军望风而降。祁州、新乐、狼山砦等宋军的据点，都被契丹军攻破。在这种局势下，有一支 1000 多人的宋军从益津关出发，主动前来反击契丹军。国舅郎君桃委和详稳十哥率契丹军击退宋军，杀死宋军副将。契丹军紧紧掌握着战场主导权。

989 年正月，契丹军班师回朝，以迷惑宋军。等了一段时间后，契丹军又迅速进攻易州。遂城的宋军赶来救援易州。耶律隆绪派出铁林军迎击。契丹军获得巨大胜利，活捉宋军 5 个指挥使。接下来，契丹军一齐进发，攻克易州城。宋朝易州刺史刘墀投降。守城宋军因不愿投降契丹而南逃。耶律隆绪亲率契丹军截击。

没多久，耶律隆绪回南京去了。在南京，他召见回鹘、于阗、师子等国使者，大举犒赏将士，封枢密使韩德让为楚国王，驸马都尉萧宁远为同政事门下平章事；赏赐随契丹军南征的女真部众，让他们回东土本部去安居乐业。

同年五月十三日，燕京奏报宋军已到边境。因天气炎热，契丹军不愿与宋军交战。有人建议，将契丹军暂时驻扎在易州，一旦宋军出动，就出动迎战，如果宋军没有行动，就班师回营。耶律隆绪采纳了这个建议。

此后，因宋夏战争爆发，宋军无法两线同时作战，而对西夏作战也失利。宋朝再次派使者向契丹求和。耶律隆绪没有同意，双方仍然处在战争状态。

就这样，契丹和宋朝处在连年战争中。没几年，契丹重要将领耶律休哥和耶律斜轸相继死去。契丹暂时没力量大举进攻宋朝。宋朝与西夏处在战争中，也无力进攻契丹。契丹与宋朝之间不战不和的状态持续了十几年。

5. "澶渊之盟"，萧太后实现名利双收

在这十几年期间，契丹蓄精养锐，实力不断增长。宋朝却与西夏处在不断战争中，国家实力受长期战争的影响，逐渐失去十几年前对契丹

的优势。

1004 年，契丹与宋朝之间再次爆发战争。这一年，宋朝皇太后死了，时任宋朝皇帝赵恒亲政。新官上任三把火，何况是面临邻国的进犯呢。在一帮大臣的支持下，赵恒大胆地筹划对契丹的作战战略，企图打败契丹军，收复幽云十六州。

此时，契丹的对手发生变化：宋朝皇帝是赵恒，宋朝宰相是主张对契丹强硬的、掌握着宋朝军权和财政权的寇准。而寇准在 1004 年才出任同中书门下平章事、集贤殿大学士，也是刚刚上任，迫切需要建立功勋。

寇准是宋朝的强硬派。他对契丹军的活动规律做过长期深入的研究。他发现：契丹军侵入宋朝境内后，往往会放纵骑兵到处掠夺财物，遇到抵抗后，契丹军稍有不利就迅速撤离，可见他们的目标是掠夺财物，而不是要占领领土，也不是要与宋军决战。他认为，宋军应该集中兵力与契丹军决战，一举消灭契丹某支军队，打击他们的威风，就可以迫使契丹军撤出中原，不再敢侵犯宋朝。

在得出这样的结论后，寇准请求赵恒下令训练军队，任命将领率精锐军队据守要害关隘，防备契丹军进攻，并提出要抓住有利时机，主动攻击契丹军。

得知契丹军南下攻克一个又一个城池，寇准并没命令宋军反击，而是饮酒谈笑自如——他在等待反击契丹军最佳的机会。

赵恒从其他大臣那里得知契丹军在宋朝境内长驱直入，十分惊骇，问寇准该怎么办。寇准说："您想了结这事，只有率军亲征，与契丹军决战，不超过 5 天，就可以扭转局势。"赵恒问他为什么会这样说。寇准便滔滔不绝地分析当前战争形势，然后请求赵恒率军亲征澶州，在那里鼓励宋军与契丹军决战，就可以一鼓作气打败契丹军。

听说要让皇帝亲征，宋朝一些大臣非常害怕，想趁机逃走。寇准制止他们，命令他们都要随皇帝起驾亲征。赵恒也害怕亲征，想回内宫休息躲避。寇准鼓励他说："您住进后宫的话，我不能随时见到您，国家大事也就无法处理了。请您不要回宫，亲征澶州，鼓舞士气，我军就能一举击败契丹军。"

赵恒没有办法，只好商议亲征的事，召集群臣询问制敌策略。就在这段时间内，契丹军如入无人之境，接连攻破了宋朝瀛州、贝州、魏州，先锋军直扑澶州。

宋朝朝廷内外震恐惊骇，没多少人想着如何抗击契丹军，而是都想着迁都避敌。参知政事王钦若请求赵恒迁都金陵；陈尧叟请求赵恒迁都成都。赵恒问寇准该不该迁都时，寇准装作不知道有人主张迁都的事，说："哪个替您出这种主意，他就犯了死罪。如今您英明神武，将领大臣团结协作，如果您亲征，我军士气高涨，自然会打跑敌人。我们出奇兵就会打乱敌人的战略部署，我们坚守抵抗就能消磨敌人的士气。敌疲我逸，我们将会取得胜利。您怎么要放弃汴京，跑到遥远的楚蜀呢？如果那样的话，会导致军心离散，敌人乘机长驱直入。到时，国家还能保存吗？"赵恒一听，也觉得有道理，不再考虑迁都。

在寇准的坚持下，赵恒亲征澶州，指挥宋军与契丹军决战。赵恒刚到澶州南城时，契丹军已经包围澶州北城，并在加强攻城。赵恒不想渡过黄河到澶州北城。寇准坚决请求，对他说："您不过黄河去北城，人心会更恐慌。王超率精兵在中山扼守咽喉之地，李继隆、石保吉分别设阵扼住敌人左右，四方前来救援的军队天天到达，您还有什么迟疑不前的呢？"

在寇准鼓励下，赵恒勉强渡过黄河，来到澶州北城门楼。宋军见到皇帝的黄龙旗，欢呼雀跃，士气大振。攻城的契丹军没想到会遇到宋朝皇帝亲征，没想到颓废的宋军会突然士气大振，一时面面相觑，惊惧不已，摆不成阵式。宋军趁机发起反攻。

赵恒在城墙上站了一会儿，把军务交给寇准，自己到安全区域休息去了。寇准调兵遣将，对澶州城防御一一做出安排。宋军将士见皇帝在跟前，人人都希望立功，让皇帝记住他们。

契丹军攻城时遭到挫折，不肯就此放弃，又派出 1000 多骑兵继续攻城。寇准指挥宋军主动出城反击，杀死和俘虏一大半攻城的契丹军。余下的契丹军暂时后退，远远地包围着澶州城。得知契丹军在澶州遇到宋军异常顽强的抵抗，得知宋朝皇帝亲征澶州，契丹军东路统帅萧挞凛迅速赶到澶州城下，亲自前来督战，同时将消息报告给耶律隆绪。

耶律隆绪和萧太后接到相关报告，也率军前来澶州城下，准备与宋朝皇帝对决。就这样，越来越多的契丹军集中到澶州城下。这正好符合想与契丹军决战的寇准的心意。

契丹军得知宋朝皇帝在澶州，也想趁机攻破澶州城，活捉宋朝皇帝，然后像当年的后晋一样，再立一个服从契丹的傀儡皇帝。萧挞凛赶到澶州城下后，指挥契丹军日夜攻城。他特别想抓住这个千载难逢的机会建立功勋。

在几天之内，契丹军在宋朝境内其他地方接连取得胜利——马军都指挥使耶律课里在洺州打败宋军；东京留守萧排押献上俘虏的宋朝官员田逢吉、郭守荣、常显、刘绰等人；契丹军打败宋朝德清军。唯独澶州城下战况不佳。萧挞凛非常有压力。

更让萧挞凛感到压力大的是，耶律隆绪和萧太后也率部到达澶州城下。契丹军势力大增，士气高涨。契丹与宋朝的战争演变成了两国皇帝亲征的对决。双方皇帝都到了前线。契丹军拼命进攻，宋军殊死抵抗。宋辽战争到了最激烈的时刻。契丹军前线最高统帅萧挞凛全力以赴，非常渴望赢得这次战争，不顾及危险亲临前线指挥。

此时，契丹军却出现了一些意外。在耶律隆绪和萧太后到达澶州城下的那天晚上，契丹军前线最高统帅萧挞凛亲自督军加紧攻城。没想到，亲临前线的萧挞凛中了宋军的埋伏，被宋军强弩射中，当场死去。契丹军阵前丧失统帅，溃不成军，损失非常大。

不过，契丹军与宋军一边作战，也一边议和。早在 5 天前，宋军就派人送给契丹军中的汉族将领王继忠弓箭，秘密请求讲和。耶律隆绪命令王继忠代表契丹与宋朝使者面谈，答应他们的议和请求。当然，为了获得更多的议和好处，耶律隆绪快马加鞭赶到澶州城下，与宋朝皇帝摆出针锋相对的架势，希望取得胜利后，再逼着宋朝皇帝签订和约。那天晚上，契丹军惨败后，耶律隆绪虽然觉得有些可惜，但并没下令契丹军撤退，也没命令契丹军再次发动进攻，而是在稳定契丹军后，开始真正考虑与宋朝议和的事，主动派出密使手持书信，去向赵恒请求结盟。

此时，宋朝为战胜一方，契丹提出议和结盟，以寇准为首的主战派坚决不答应议和，主张趁士气旺盛，反击契丹军。契丹使者强烈要求议和结盟。赵恒本来就不想打仗，决定见好就收，乘胜议和。寇准提出要契丹献出幽州，才答应议和。1004年十二月初四，赵恒派曹利用把议和条件告诉耶律隆绪。耶律隆绪见到议和条件后，也是坚决不答应，但也没发起军事行动，而是又派姚柬之带他的亲笔书信回访，与赵恒进一步商谈议和的条件。

赵恒担心战争继续下去，想通过笼络契丹的方法，实现宋朝与契丹之间的和平。有对寇准不满的人造谣说寇准想领兵自重，所以破坏与契丹结盟议和。迫于舆论压力，寇准只好同意按照契丹提出的条件议和结盟。

经过一番讨价还价，耶律隆绪考虑到一时难以对宋朝取得决定性胜利，便在当初提出的议和条件上做了让步，双方达成了议和条件：赵恒与耶律隆绪结拜为兄弟，赵恒为哥哥，耶律隆绪为弟弟，赵恒称契丹萧太后为婶婶，每年交纳10万两白银、20万匹绢孝敬萧太后。

1005年十月二十八日，宋朝缴纳的岁币送到契丹。契丹逼迫宋朝每年送岁币，基本上实现宋辽边境和平。至此，宋朝收复幽云十六州的计划彻底破产。通过数十年的战争，契丹打败中原新兴的宋朝，巩固了自己的强国地位，并在经济上给宋朝加了一把锁，为契丹繁荣昌盛提供了稳固的财源。

　　"澶渊之盟"的订立，保持了宋辽边境长期相对和平稳定的状态。双方边境大片地区得以发展生产，双方通过"榷场"进行经济交流和商业活动，发展和提高了南北经济文化交流水平。这对契丹来说，为耶律隆绪推行政治经济改革，打造全盛帝国提供了良好的外部环境。

6. 圣宗亲政，契丹成为全盛帝国

　　契丹是地处游牧世界和农耕世界交界地带的民族。在耶律阿保机、耶律德光、耶律阮时代，契丹对中原处于优势地位；到耶律璟时代，中原局势发生翻天覆地的变化，契丹却处在混乱和停滞之中；在耶律贤时代，中原的宋朝强大起来，已经基本实现中原统一。在宋军进攻北汉过程中，契丹军卷入，双方战斗有胜有负。

　　宋朝消灭北汉后，趁机发动对契丹的战争，并一度几乎占领幽云十六州。契丹举全国之力击败宋军的战略进攻，并转入反攻后，耶律贤死去，年仅 12 岁的耶律隆绪继位，皇太后萧绰垂帘听政。

　　在关键时刻，孤儿寡母执政，契丹又处在历史的十字路口。幸运的是，在耶律休哥、耶律斜轸、韩德让等大臣的鼎力支持下，契丹采取先弱后强的策略，逐渐稳定下来。正好遇上西夏与宋朝爆发战争，契丹采取联合西夏对抗宋朝的战略，但依然保持克制，没向宋朝发动大规模攻击。宋夏战争打了十几年后，宋朝与西夏实现和平，契丹的势力也在此期间发展起来了。

　　契丹发展壮大，除了正确的外交战略外，还与耶律隆绪积极推行社会改革有关。耶律隆绪受汉族文化影响的程度较深，在政治、经济制度上大量吸收汉族的先进经验。尤其是亲政后，他全力整顿纲纪，进行政治改革，打击贪赃枉法的官吏，为契丹进一步发展创造了良好的内部环境。

　　早在 988 年，耶律隆绪就下令仿汉制进行科举考试。这是契丹历史上具有深远影响的事情，它大大推动了契丹经济文化的发展。

参考宋朝制度，契丹正式确立官员的考核办法，奖励清勤自持官员，惩治贪酷和阿顺迎合行为。这样，耶律隆绪时代成为契丹朝野风气最好的时期。

当时，契丹朝廷赏罚严明，像张俭那样精明能干、俭朴清廉的人，像邢抱朴那样善于安抚百姓、断理事务的人，像马得臣那样直言敢谏的人，像耶律海里、耶律学古、萧排押、萧柳那样善于处理地方事务的人，像萧挞凛那样镇抚边陲、战功卓著的人，都获得了耶律隆绪的重用。

与此同时，像太师柘母一样专门迎合皇帝的人，像南院大王耶律勃古哲那些暴虐百姓的人，像耶律阿没里那种横征暴敛的人，都遭到了耶律隆绪的惩罚。

耶律隆绪刚登基时，萧太后垂帘听政。萧太后常常要求耶律隆绪留心听断，在执行法律时宜宽松。耶律隆绪听从萧太后教诲，定罪量刑多从宽简，逐步缩小契丹人和汉族人量刑上的差别，限制契丹贵族的某些特权，将汉法中维护封建统治的"十恶八议"等内容加进契丹法律。

在契丹，由于历史原因，契丹族人的地位要高于汉族人。例如，契丹族人与汉族人打架斗殴导致命案后，按照相关法律，处置的轻重大不一样。耶律隆绪认为，这种法律规定会造成人与人之间的不平等。他公开下令，无论是契丹族人，还是汉族人，犯了同等罪行，法律同等对待。

不仅如此，耶律隆绪还根据当时的社会情况，多次更改和制定法令，废除不利于统治的旧制，增加维护封建秩序的新规定。他下令：奴婢犯罪，由官府依照法律制度来治罪，禁止主人擅自刑罚或者杀死；族帐中有人犯罪，如果实施黥墨等刑罚，要依照诸部管理条例执行；契丹族人犯"十恶"的人，依汉律处理。同时，他还下令不断完善诉讼制度，健全司法和行政机构，给南京、奉圣州、平州、蔚州、云州、应州等州置转运使。

影响最为深远的是，1021年，耶律隆绪下令立长子耶律宗真为太子，确立长子继承制。从此，契丹的皇位继承顺序有了明确的制度规定。

契丹是多民族、多种文明状态并存的国家，内部各种矛盾比较复杂。耶律隆绪在改革政治制度时，学习汉族的先进制度，废除落后的阻碍经济发展的制度，率领契丹从游牧民族的野蛮向中原的文明靠齐，达到调和阶级矛盾和民族矛盾的目的。

989 年，耶律隆绪下诏，南征所俘那些人中有亲属分隶诸帐的，朝廷给钱替他们赎身，让他们亲人团聚。不久，他再次下令，诸道民户中，凡属于 951 年到 969 年被迫成为部曲的，恢复原来的州县籍。1011 年，耶律隆绪下令，诸道因水灾的饥民，被典当到人家当仆人的，主人要从他来的那年正月起，按照每天 10 文计算工资，当工资总额能抵过卖身钱时，就要放他们回家去，让他们成为自由身。耶律隆绪还特别强调禁止主人擅杀奴婢，对有违反的人，严惩不贷。1017 年，公主耶律赛哥擅自杀死奴婢。耶律隆绪大怒，毫不留情地处罚她：耶律赛哥被降为县主，驸马萧图玉被撤销平章事官职。这次事件后，契丹贵族才真正意识到，在契丹，奴隶的生存权利也有法律保障。

通过为宫分人和奴隶设置新部，契丹解放大批奴隶，调整阶级关系，宫分人和奴隶编为新部，摆脱被奴役的处境，成为与诸部属民一样的国家编户。在以编部方式解放大批奴隶的同时，耶律隆绪也不断下令解放俘奴和债务奴隶，采取措施不再使新俘汉民沦为奴隶。这些措施促使契丹社会发生了实质性变化，从而最终完成封建化进程，同时笼络了下层百姓，为经济发展提供了充足的劳动力。

耶律隆绪调整社会关系，是为发展经济，增强国家实力，巩固统治。他不但重视牧业生产的发展，而且十分重视发展农业，重视减轻百姓负担，制定和推行保护农田、奖励垦荒等发展生产的措施。

990 年，耶律隆绪下令检括民田，对农耕区进行整顿，完善制度法令。994 年，他决定定均税法，进一步推进封建化的改革。这次括田、定税执行中出现偏差，括田过严，定税过高，于是991年下令停止括田，995年又下诏减轻括田租赋。萧太后非常重视农业，多次督促耶律隆绪派出使者到诸道劝农，巡视各地庄稼长势，下令禁止诸军官在农耕时节打猎妨农，行军中禁止士兵出营劫掠百姓，禁止部众砍伐百姓的桑梓，禁止放牧的人去损伤百姓种植的庄稼，改变契丹军打草谷的旧制，重视发展农业生产和保护农田。

在与宋朝交界的州县，耶律隆绪尤其重视农业，采取灵活的政策。辽宋战争期间，边境州县百姓逃亡严重，庄稼不能按时收获。耶律隆绪采纳韩德让的建议，募民收割，只要愿意替契丹收割庄稼的百姓，就能获得所收割粮食的一半。无论是契丹境内逃亡的汉族人，还是宋朝境内逃亡的汉族人，都纷纷出来帮忙收割庄稼，都认为契丹皇帝仁义。

不仅如此，政事令耶律室防反映，山西诸州因战争，民力凋敝，田谷多遭践踏伤害。耶律隆绪下令，因战争被军队踩踏的庄稼地，当年免除租赋。

为防备水灾、旱灾等灾祸，耶律隆绪下令诸道设置义仓，丰收年份收购的粮食储存起来，在荒年用来赈济贫困缺乏粮食的人。虽然他在位期间不断有水灾、旱灾、蝗灾，但他都及时开仓赈济受灾百姓，免除灾民徭役赋税，因此，在遭到宋军攻击时，契丹社会秩序依然非常稳定。

当然，耶律隆绪优待汉族人，对契丹族人的待遇也不错。985年，枢密院反映契丹诸部的役户好多人陷入了贫困，请派富户替代他们的徭役。耶律隆绪亲自查阅诸部的户籍。他发现涅剌部、乌隗部人数少、徭役重，下令酌情减免他们的徭役。不久，他下令罢免不急的徭役，减少诸部岁贡，调整贡物种类，注意减轻部民负担。遇到灾荒之年，他下令免除灾民的租赋，也免除诸部岁输的羊和关征。

在外交和军事方面，耶律隆绪也多有建树。除扶夏制宋外，他还成功经略西北，向乌古派出由朝廷任命的节度使，在乌古、敌烈各部所在地置乌古敌烈统军司，设置甘州回鹘大王府、高昌国大王府和阿萨兰回鹘大王府等属国机构。

　　耶律隆绪的一系列改革是逐步进行的。这些措施最终促成契丹崛起，使他统治后期的契丹成为名副其实的强国，四方宾服，在契丹历史上写下最辉煌的一笔。

第六章 纵横捭阖，
帝国尽享四海宾服荣光

契丹进入鼎盛时期后，扶夏制宋成为基本国策。契丹还征服高丽、女真，平定辽东叛乱，适度打压野心膨胀的西夏，维持契丹在东北亚的主导权，维护契丹四海宾服的盛世局面。

1. 扶夏制宋，契丹掌握战略主导权

在契丹对宋朝战争取得初步胜利时，与宋朝有冲突的党项首领李继迁前来巴结契丹，主动提出与契丹结为姻亲，永远充当契丹的辅佐藩国。耶律隆绪下令将义成公主耶律汀下嫁给李继迁。这次联姻后，西夏成为契丹抗击宋朝的战略盟友。

990 年三月，李继迁派使者向契丹进贡，并向契丹皇帝汇报党项与宋朝战争的情况。萧太后、耶律隆绪下令召集契丹大臣，商议对宋朝的策略。商议的结果是，契丹军停止讨伐宋朝，与宋朝处在不战不和的状态，寻找更佳时机来获取利益。

同年十月，李继迁率西夏军大败宋军，再次派使者来契丹汇报。契丹军也没向宋朝发起进攻。萧太后、耶律隆绪只是充分肯定了西夏军的战果，为西夏军加油呐喊。接下来两个月，李继迁又率西夏军连续攻下

了宋朝几个州，然后派使者前来契丹汇报。耶律隆绪趁机派使者封李继迁为夏国王，以鼓励和拉拢西夏，形成战略联盟。此后几个月里，契丹皇太后和皇帝又忙于治理国内的事，没下令契丹军主动进攻宋朝，对西夏的支持，也仅仅限于精神鼓舞层面。

991 年二月，西夏又取得攻打宋朝的胜利。契丹继续执行扶夏制宋战略。耶律隆绪没派军配合西夏军进攻宋朝，但调动了兵力，做出相关姿态。他任命涿州刺史耶律王六为惕隐，督促军民修建威寇城、振化城、来远城，派兵驻扎在那里，防止宋军发起进攻。此时，宋军疲于应对西夏军的进攻，哪里有精力顾及契丹呢？契丹皇帝此举，显然是做样子给西夏看的。

同年四月，夏国王李继迁派杜白前来契丹感谢对他的册封。耶律隆绪趁机下令嘉奖李继迁，然后在契丹全国统计户口，命令诸道推荐有才德的人，察举贪婪残酷的官吏，安抚德高望重的人，禁止奢侈逾礼、不合法度的行为，给因征战而死者的子孙官职等。这些措施都是内政，跟配合西夏进攻宋朝没丝毫关系。不难看出，契丹联合西夏对抗宋朝，完全是口号，根本没采取实际军事行动，只等着坐收渔翁之利。

契丹的敷衍态度，引起李继迁的警觉。一番战争后，西夏主动与宋朝议和，当然，这是瞒着契丹悄悄进行的。不久，夏宋实现议和。李继迁接受宋朝册封，并每年接受宋朝提供的岁币。

夏宋和议签订后，李继迁才派人把宋朝授给他的册封文书送给契丹皇帝看。耶律隆绪等着做夏宋争端的仲裁者，但夏宋在跟契丹不打招呼的情况下就取得了议和成功。这让耶律隆绪非常生气，对李继迁极其不满，便接纳与李继迁不和的定难军节度使李继捧投降，授予李继捧忠效顺启圣定难功臣、开府仪同三司、检校太师兼侍中和西平王。简而言之，就是契丹皇帝承认李继捧是党项首领，与此前册封的夏国王平起平坐。

毫无疑问，李继迁也对此极度不满。西夏与契丹关系紧张起来。他担心契丹军来征战西夏，便暗中归附宋朝，实行联宋抗辽战略。李继迁的反应超出耶律隆绪的预料。耶律隆绪非常吃惊，派招讨使韩德威持诏去西夏晓以利害，规劝李继迁悬崖勒马。

韩德威到西夏后，李继迁找各种借口，拖延着不与他见面。韩德威非常生气，在没请示皇帝的情况下，私自率契丹军到西夏灵州大肆抢掠了一番。当时，李继迁不敢贸然率军抵抗，只是派使者快速赶到契丹，向耶律隆绪报告。耶律隆绪并没严惩韩德威，而是赐诏安抚西夏使者，尽量不进一步激化契丹与西夏的矛盾。

西夏使者回报后，李继迁考虑到实力有限，加上他也有做得不对之处，不敢激化与契丹的矛盾，便又派人到契丹进贡，以缓和两国关系。耶律隆绪借机给西夏一些赏赐，进行安抚，也努力缓和两国关系。

在 995 年三月和八月，李继迁又两次派人到契丹进贡。耶律隆绪一方面安抚西夏，另一方面整顿契丹的内部事务。虽然契丹与宋朝尚处在敌对状态，但是耶律隆绪依旧没派军去进攻宋朝，继续与宋朝保持着"不战不和"的状态。因为他知道，契丹需要抓住这个战略机遇发展自身实力，积蓄对宋朝的战略力量。

契丹一直不积极向宋朝进攻，导致部分西夏人非常不满。997 年正月，河西党项部落发动叛乱，讨伐契丹军。耶律隆绪得知消息，命令韩德威率契丹军前去镇压。

韩德威对党项人毫不留情。一个月后，韩德威取得胜利。李继迁只好又派使者来契丹进贡，重修旧好。因为西夏的主要对手是宋朝，如果长期与契丹为敌，李继迁担心契丹和宋朝结盟对付西夏。还有一点是，契丹军战斗力强，西夏军根本不是其对手。

同年三月，李继迁派人来契丹朝贡，报告西夏军击败宋军的情况。耶律隆绪册封李继迁为西平王，同时收纳河西党项部族的一些投靠者。李继迁害怕契丹联合宋朝对抗西夏，默认契丹收纳叛逃的党项人。

此后，西夏对契丹保持 1 年 3 次进贡的频率。契丹始终没像西夏所期盼的那样，大规模出兵攻打宋朝，而仅仅是派兵对宋朝保持有限的战略威胁，不时做出要全面征战宋朝的样子，让宋朝忙于守备。

999 年十月，耶律隆绪认为已经准备充分了，宋朝实力也已经削弱了，便命令契丹军向宋朝发起进攻。蓄势的契丹军势如猛虎，一口气攻破宋朝的瀛州、乐寿和遂城，活捉宋将康昭裔、宋顺，夺取无数兵器甲仗。这是契丹执行扶夏制宋战略后取得的一个巨大胜利。

尝到甜头的耶律隆绪继续执行扶植西夏的政策，在 1000 年任命李继迁的儿子李德昭为朔方军节度使，以示恩宠，拉拢西夏。1001 年，西夏向契丹朝贡，奏报攻下宋朝恒州、环州和庆州的消息。耶律隆绪又赐诏褒奖李继迁。

西夏和契丹战略联合，双双掌握了对宋朝战略的主动权。这一年十月，契丹趁宋朝被西夏打败的机会，向宋朝发起大规模进攻。不过，这年冬季雨雪比较多。契丹军到达满城时，由于道路泥泞，不便出征，就班师回朝了。契丹对宋朝的战争便不了了之。

1002 年，契丹军在梁门和泰州击败宋军。西夏军趁机攻下宋朝灵州。在契丹和西夏的夹攻之下，宋朝疲于应付，同时在两条战线上作战，都遭到失败。西夏又称臣于契丹。契丹在三足鼎立中牢牢掌握了主动权。唯有宋朝处于被群殴的地位。

1003 年，李继迁死去，他的儿子李德昭派人到契丹禀报。耶律隆绪下令追赠李继迁为尚书令，派丁振前往西夏吊唁慰问。随后，他又派使者到西夏封李德昭为西平王。西夏虽然有皇位更替，但契丹依然把握着三国之间的主导权。

契丹扶夏抗宋，西夏联辽抗宋，导致宋朝成为契丹和西夏联合宰割的对象。宋朝疲于战争，不得不多次向契丹求和。1004 年年底，契丹对宋朝作战失利。宋朝依然乘胜求和。宋辽达成协议，宋朝皇帝称契丹萧太后为叔母，并愿意每年交纳 10 万两白银、20 万匹绢。耶律隆绪称宋朝皇帝赵恒为哥哥。

事实上，宋辽多年战争，虽然契丹军在总体上占优势，但并未彻底打败宋军主力，更多时候是处于拉锯战状态。宋朝不惜以优厚的经济条件提出议和，并不完全是军事失利的结果，而是战略上处在劣势之中，不得已而为之。当时，契丹占领幽云十六州。宋军没有借助防守的天险，也无法阻止契丹骑兵纵横中原，处在一种被动的状态中。西夏对宋朝的战争，在地理上也处于居高临下的优势。更让宋朝忧虑的是，契丹实行扶植西夏打击宋朝的政策，与西夏军在军事上互为策应。宋军不得不忙于应对契丹军和西夏军的夹击。长期战争使得宋朝人疲于应付，无法安心生产，也使宋朝实力被严重削弱。因此，宋朝不惜惨重的经济代价提出议和。

毋庸置疑，从议和结果看，契丹是最大赢家。它不仅没交出幽云十六州，还基本实现了南边边境和平的目的，同时从宋朝那里获得了大量岁币，提升了财政收入。这是萧太后母子灵活执行扶夏制宋战略的结果。

2. 东征高丽，契丹成功树立霸主形象

契丹东征女真后，高丽虽然不时向契丹进贡，但还有一些反叛行为。当时，耶律隆绪也想趁东征女真的余威，命令契丹军进攻高丽，但宋朝主动发起了战争，契丹南部战火点燃起来。他不得不放下东征高丽的事，派出使者去抚慰高丽，集中精力对付宋朝。

在对宋朝的战争中，西夏、女真、高丽迫于契丹军威，都站到契丹一边，与契丹结成盟友。每逢契丹取得胜利，高丽都会派使者前来祝贺，并保持定期向契丹进贡。

宋辽议和后，契丹南部边境基本上安定下来。耶律隆绪可以抽出更多的时间处理国内政务。不过，好日子并不长久。一些随耶律隆绪南征的重要将领相继死去。对他打击尤其大的是，在 1009 年十二月，长期摄政的萧太后死去。在契丹，每逢遇到重要事情，耶律隆绪、大臣和将

领们都要请她决断。百姓和将领无不把她看作契丹的掌舵人，无不对她崇拜有加。岁月不饶人，萧太后死了，耶律隆绪必须要独立掌控一个庞大的帝国。他派人到宋朝、西夏、高丽等邻国报哀。对于慑于契丹军威的人来说，萧太后的死无疑是个好消息，甚至出乎意料地引爆了一场大规模的战争。

1010 年五月二十八日，高丽西京留守康肇等人不满高丽王王诵臣服契丹，在得知萧太后的死讯后，杀死王诵，另外拥立王诵的堂哥王询为新高丽王，并拒绝向契丹进贡称臣。

这件事看起来好像是高丽内部事务，却是对契丹莫大的侮辱。耶律隆绪得知消息，非常愤怒，下诏令契丹诸道修缮甲兵，准备东征高丽。

高丽率先反契丹，契丹必须给予适当教训，才能威慑其他国家，否则，就会引起雪崩效应，导致其他国家纷纷效仿。为确保远征高丽成功，耶律隆绪除下令做军事准备外，还采取了其他措施：他下令开仓赈济契丹贫民，争取百姓支持东征高丽；派使者将契丹远征高丽的消息告知宋朝，要求宋朝保持中立；派使者册封西平王李德昭为夏国王，争取西夏支持。不难看出，耶律隆绪将契丹的军事行动告诉宋朝和西夏，用意非常明显，即从外交上孤立高丽，同时避免宋朝和西夏趁机对契丹采取行动。

处理完这些事后，耶律隆绪才开始做军事部署。他任命楚国王耶律隆佑留守京师，北府宰相、驸马都尉萧排押为都统，北面林牙僧奴为都监，负责率军东征高丽。这一项部署完毕，预示着契丹与高丽的大战即将来临。

1010 年九月十六日，耶律隆绪派高正和韩杞先行到高丽，宣问高丽王王询，要求他惩罚犯上作乱的高丽西京留守康肇等人。王询派使者请求契丹撤回军队，表示愿意做出解释。箭在弦上，不得不发，耶律隆绪没答应王询的请求，坚决出兵攻打高丽，消灭康肇等反契丹的人。

在契丹军征战高丽前，女真诸部得知消息，主动请求派军队一起进攻高丽，并献上1万多匹良马作为军用物资。耶律隆绪考虑到女真诸部离高丽近，熟悉高丽的人情风俗，便同意他们派兵。

这年十一月初十，契丹军跨过鸭绿江，进入高丽境内。高丽西京留守康肇组织高丽军抵抗契丹军，结果失败，不得不退守铜州。契丹军取得出征高丽首场战争的胜利。

第二天，康肇整顿高丽军，再次亲自率军出战。一场激战后，契丹右皮室详稳耶律敌鲁率契丹军活捉康肇以及副将李正，追杀高丽军数十里，夺得大量粮饷、铠仗。契丹军进入高丽后，一开始就把高丽军打得落花流水，博得一个非常好的开局。

两天后，高丽铜州、霍州、贵州、宁州等地都开门投降契丹军。萧排押率契丹军主力到达奴古达岭时，遭遇高丽军。双方交战后，高丽军又被打得大败。整个战场形势对契丹军非常有利。

过了两天，高丽王王询上表请求朝见耶律隆绪。耶律隆绪答应王询的请求，下令禁止契丹军在高丽国内抢掠，任命马保佑为开京留守，王八为副留守，派耶律乙凛等人率1000名契丹骑兵护送马保佑到开京走马上任。

本来，高丽王朝见契丹皇帝，双方一番商谈，是可以解决争端的。但高丽将领缺乏足够的耐心，不服输，执意要与契丹军交战。第二天，高丽开京守将卓思正杀死先期到达的契丹使者韩喜孙等10人，率军出城抗击契丹军。开京留守马保佑无法到达开京任职，只好返回到契丹军营，寻求耶律乙凛等人保护，等待皇帝的命令，好做下一步安排。

耶律隆绪得知消息，马上派人传递命令给耶律乙凛，令他率契丹军征战开京，消灭抵抗的高丽将领卓思正等人。卓思正率高丽军死守开京城，但根本阻挡不住耶律乙凛所率的契丹军。卓思正被迫放弃开京，跑到高丽西京继续抗击契丹军。

耶律隆绪闻讯，亲自率契丹军去包围高丽西京。契丹军围攻高丽西京5天，但没有攻克。于是，耶律隆绪亲自骑马到高丽西京城西门，劝守军开门投降。结果，高丽礼部郎中渤海陀失开门投降契丹。

几天后，耶律隆绪派萧排押、耶律盆奴等人率契丹军加紧进攻开京城。在开京，契丹军打败高丽守城军。高丽王王询弃城逃跑。契丹军进入开京，纵火焚烧开京，然后追击王询。追到清江后，还是没追上，契丹军只好率军回师。

1011 年正月，契丹军大规模班师回朝。那些投降契丹的高丽各城又叛变了。契丹军只好一边防止高丽军突袭，一边减缓撤军速度。

契丹军撤到高丽国贵州南峻岭谷时，遇到连绵大雨。马匹和骆驼都十分疲乏，军队甲仗多被遗弃。过了几天，天晴朗了，契丹军方才继续撤退。到正月十五那天，契丹军才渡过鸭绿江，全部回到契丹境内，第一次东征高丽结束了。

耶律隆绪回国后，王询派田拱之出使契丹，上表说他因病不能来契丹朝见。耶律隆绪非常生气，又令契丹军进攻高丽北部的州县。这样，契丹与高丽又陷入战火之中。高丽不得不为其背叛举动付出代价。

1013 年，耶律隆绪到长泊，遇到一个通晓高丽国情况的女真人。那个女真人告诉耶律隆绪说："3 年前，我曾被高丽人抓去，在那里担任过郎官，比较了解高丽国的情况。从高丽开京往东，骑马走 7 天，有一个大块山沟间平地，像开京一样广阔。高丽各州进献给高丽王的珍宝异物，都藏在这个地方。在高丽胜州和罗州南边，也有两大块山沟间平地，也同样收藏着许多财物。如果契丹军从上次出师时的旧路走，然后在曷苏馆女真北边绕道而行，再直渡鸭绿江，沿着鸭绿江往前走，到郭州后，再走大路，就可以攻占高丽。"

这是一条出奇兵的行军路线。耶律隆绪一听，略略思考，便采纳了那个女真人的建议，任命他为向导，引导契丹军向高丽进攻。

1014 年，耶律隆绪令国舅详稳萧敌烈、东京留守耶律团石等人准备讨伐高丽，令他们率契丹军在鸭绿江造浮桥，在保州、宣州修筑城池，做好后勤准备。第二年五月，耶律隆绪任命北府宰相刘晟为都统，枢密使耶律世良为副都统，殿前都点检萧屈烈为都监，正式宣布契丹军东征高丽。

都统刘晟顾及安置家属，导致出师日期推迟。耶律隆绪一边派人去催促刘晟迅速回京，一边派萧屈烈统率契丹军先启程，同时任命耶律德政为辽兴军节度使，萧年骨烈为天城军节度使，率所部做好随时援助契丹远征军的准备。耶律隆绪深知，征服高丽并不容易，只有做好充分的准备，才能多一分胜算。

契丹军再次进攻高丽后，为加强后备动员，保证战争胜利，耶律隆绪又下令东京的僧人还俗参军入伍，命令上京、中京和诸道选拔 55000 名精兵，准备东征高丽。

1016 年正月，耶律世良和萧屈烈率契丹军与高丽军在郭州决战。契丹军打败高丽军，斩杀几万人，俘获很多高丽将士及辎重。契丹军占据有利地形，为进一步进军打好了基础。

为征服高丽，耶律隆绪又不断动员军队，让他们不断开赴高丽前线，并及时调整契丹军统帅。他令国舅详稳萧隗洼率契丹军东征高丽，萧隗洼所负责管理的政务暂交由都监代为处理。几个月后，耶律隆绪又任命枢密使萧合卓为都统，汉族人行宫都部署王继忠为副都统，殿前都点检萧屈烈为都监，让他们率契丹军开赴高丽。他还赐给萧合卓尚方宝剑，授予他在军中先斩后奏的权力。遗憾的是，这次契丹军出征高丽，依然没有获得决定性胜利。

1018 年九月，耶律隆绪又任命东平郡王萧排押为都统，殿前都点检萧屈烈为副都统，东京留守耶律八哥为都监，统率契丹军东征高丽。同时，他派人送信给高丽各城的守将："如果你们能率众归降契丹，必将得到丰厚赏赐；如果你们坚守壁垒抗拒契丹军，结果将追悔莫及。"各地高丽守将并未因此受到影响，继续率军坚守。

再次担任契丹军统帅的萧排押运气也并不好。出征后，他打的第一战就以战败告终。同年十一月，萧排押率契丹军与高丽军在茶河和沱河分别进行决战，均失利。尤其是后一次决战，契丹军败得空前悲惨：天云军和右皮室军大部分人淹死；遥辇帐详稳阿果达、客省使酌古、渤海详稳高清明、天云军详稳海里等人都战死沙场。耶律隆绪得知消息，非常震惊，意识到远征高丽并非易事，下令将远征军撤回来整顿，再寻机出征。第二年三月，萧韩宁、耶律八哥、萧排押等人率军回师。他们因军纪败坏获罪，在被数落罪状之后，又得到释放。处罚作战不利的将领后，耶律隆绪又给征伐高丽有功的渤海将领加官晋爵，任用在高丽战死将领的子弟为官。

整顿契丹军后，耶律隆绪又着手调整契丹国内的重要官职。他任命左夷离毕萧解里为西南面招讨使，御史大夫萧要只为夷离毕；任命惕隐耶律合葛为南府宰相，南面林牙耶律韩留为惕隐；任命东北路详稳耶律独迭为北院大王。

做好这些安排后，耶律隆绪决定再次东征高丽，为先烈报仇雪恨。他命令各路军队做好征战准备。同年八月，他命令郎君曷不吕等人率诸部兵马前来，与原东征高丽的契丹军会合，准备启程东征高丽。

此时，高丽王王询意识到契丹不会因上次的失败善罢甘休，肯定会派更大规模的军队再来进犯。想到高丽国势力弱小，不足以与契丹打长期消耗战争，王询决定以胜利者的身份主动进贡求和，给双方台阶下，以避免更大规模的战争爆发。在隋朝时，高丽与隋军作战，也是先击败隋军，后来当隋军派出更大规模的军队时，高丽派人主动进贡求和，避免了一场战争，维护了高丽的最大利益。王询想借鉴历史经验，为高丽人避免一场灾难。

1019 年年底，王询派使者到契丹，请求向契丹进贡高丽土产。耶律隆绪考虑利弊后，接受了高丽的贡物，并着手思考如何结束这场战争。长期作战，虽然契丹的经济实力支撑得住，但必然也会因此有所削弱。趁高丽王求和进贡的机会，契丹以体面的方式与高丽议和，符合契丹的最高利益。

1020年五月二十日，耶律隆绪派耶律资忠出使高丽，提出两国停战议和的条件。经过一番讨价还价，契丹与高丽达成和平协议：高丽国向契丹称藩纳贡，释放战争中活捉的契丹高级将领；契丹保证不再进攻高丽，不追究高丽国王王询和其他将士的罪过。

契丹与高丽之间十几年的战争结束了。高丽成为契丹的臣属，高丽王必须通过契丹皇帝册封才具有合法性。两年后，王询死去，他的儿子王钦派使者来契丹奏报，耶律隆绪派使者册封王钦为高丽王。从此，高丽王更替都会派使者到契丹请求册封。高丽和契丹实现了长期和平。

3. 辽东叛乱，耶律隆绪趁机巩固皇威

接连打败女真、宋朝和高丽等强大邻国后，契丹国势达到顶峰。契丹贵族的自豪感空前高涨。虽然周边还有一些小部族不时叛乱，但耶律隆绪不再兴兵征讨，而是通过皇帝的天威去安抚。契丹周边偶尔出现小动乱，也能很快平息。

不过，无论皇帝如何圣明，在国力达到顶峰时期，如果不加强管理，难免会出现一些贼臣乱党。在盛世掩盖下，一些契丹贵族迅速堕落腐化，借助天威向百姓或者周边部族耀武扬威，或者是敲诈勒索。他们的行为引起民怨，最终爆发地方叛乱。在耶律隆绪统治末期，契丹国内东部就因地方官员严重剥削百姓，引爆了一场叛乱。

1029年八月初三，东京舍利军详稳大延琳突然发动政变，囚禁东京留守、驸马都尉萧孝先和南阳公主，杀死户部使韩绍勋、户部副使王嘉、四捷军都指挥使萧颇得等契丹重臣。随后，大延琳登基自称皇帝，定国号兴辽，年号天庆。

契丹东京府统治范围是渤海国故地。926年，耶律阿保机率契丹军灭掉渤海国，在渤海故土建立东丹国，即东契丹国，封皇太子耶律倍为人皇王，出任东丹王，建都渤海故都忽汗城，改名为天福城，年号甘露。

耶律阿保机死后，东丹王耶律倍前往上京奔丧。遗憾的是，耶律倍没能继任皇帝，而耶律德光成为契丹第二任皇帝。

928年底，耶律德光下令升东丹东平郡为契丹南京（今辽宁辽阳北），强行从天福城迁徙百姓去充实东平郡。天福城从此衰落。930年，东丹王耶律倍因受耶律德光猜忌，逃奔后唐。东丹国名存实亡。同年，耶律德光任命耶律倍妻子萧氏代替管理东丹。第二年，耶律德光又下令，按照渤海国旧例，在南京设立中台省。到938年，耶律德光下令将南京改名为东京。两年后，耶律德光任命耶律阮为东丹王，但耶律阮没到东京去，而是依然留在耶律德光身边。于是东丹国处在无王状态中。

947年，耶律阮成为契丹皇帝后，封耶律安端为明王，派他管理东丹国。5年后，耶律安端死去。时任皇帝耶律璟没任命新东丹王，宣布东丹领地由朝廷直接管理，但保持名号。到982年，时任皇帝耶律贤宣布废除东丹国号，但作为东丹国行政机构的中台省一直存在。

中台省一直充当地方政府的职能。东丹中台省的管理相对比较宽松，没有对酒、盐等关系到民生的物资进行专卖，对市场税赋的征收也管得比较松。到耶律隆绪后期，冯延休和韩绍勋等人相继主政东丹中台省。他们此前在汉族人集聚地任过官职，熟悉汉族人地区征收赋税的法规，而且认为应该对酒、盐等关系到民生的物资进行专卖，以及加强赋税的征收管理，有利于增加朝廷收入。

游牧地区实现契丹传统的游牧政策，农耕地区实行中原的农耕政策。渤海人属于农耕民族，但与中原的汉族人，还是有一定差异的。冯延休和韩绍勋等人不顾当地的民俗传统，继续采用燕地一带的法规来管理当地百姓，导致百姓苦不堪言，怨声连天。

不久，燕地出现连年饥荒。户部副使王嘉献计造船，让辽东百姓中那些熟悉海上事务的人漕运粟米来赈济燕地灾民。水路艰险难行，许多船只在海中沉没。相关负责的官吏不管那些，无论参加漕运的百姓怎么解释，他们都不肯相信船只沉没的事，照样催促他们交出漕运的粟米，甚至动辄就鞭打拷掠参加漕运的百姓。粟米沉没到海里了，百姓能活命就很幸运，哪里还交得出粟米呢？

渤海人的习俗与契丹人的有所不同。他们长期接受的是比较宽松的统治。而统治者突然变残暴，蛮横不讲理，导致渤海人对契丹统治者非常怨恨。他们想制造叛乱，杀死欺压他们的契丹官吏，建立属于渤海人的政权。

大延琳是渤海皇族后裔，虽然在契丹担任高官，享受高待遇，但有复兴渤海的野心。他发现不少人有杀死契丹官吏，建立渤海人政权的想法，认为时机来临，想乘机杀掉韩绍勋、王嘉等人，以此笼络人心。他想在渤海人的拥护下称帝，与耶律隆绪分庭抗礼。

大延琳派人与副留守王道平商议此事。王道平是汉族人，没想到大延琳想复兴渤海，意识到他在叛逆抗上，就连夜弃家越城逃走。他带上大延琳派来与他商议起事的使者黄翮，快马加鞭，赶到皇帝行宫，汇报大延琳即将叛变的消息。耶律隆绪得知消息，相当震惊，当即征发各道兵马，要他们及时前去镇压大延琳叛乱。

当时，国舅详稳萧匹敌的治所黄龙府临近东京。萧匹敌接到命令后，立即率辖内契丹军据守各要地，封堵大延琳反军向西边进攻的道路。

大延琳叛乱时，曾暗里派人给渤海太保夏行美送信，要求他杀死保州契丹统帅耶律蒲古，然后率保州守军响应自己，一起复兴渤海。夏行美曾经统率过军队，深知战乱的结局，把这个消息报告给耶律蒲古。耶律蒲古得知后立即对保州守军进行肃整。他下令杀死800个有意向响应大延琳叛变的渤海兵，率契丹军迅速切断大延琳反军东下的道路。

大延琳得知黄龙府、保州都不响应自己造反，反而发兵防备自己，便派军向西讨伐沈州。沈州节度使萧王六刚刚到任，节度副使张杰声称要杀了萧王六，然后率契丹军投降大延琳。大延琳信以为真，没命令反军急攻沈州。沈州的危机暂时得到缓解。萧王六和张杰趁机率守军加强沈州的防御工事。等到大延琳得知张杰诈降时，沈州已经做好了防备。

大延琳率反军久攻沈州不下，只好率军撤回。

当时，南北女真都附和大延琳造反，都声援大延琳起兵叛乱。高丽国为报此前战争的仇恨，也拖延向契丹进贡。契丹各道兵马很快先后赶到东辽，将大延琳的反军紧紧包围起来。大延琳率反军环城固守，契丹军一时也难以攻下城来。东辽反军和契丹军在东辽城下形成对峙局面。

为了镇压叛乱，耶律隆绪任命南京留守燕王萧孝穆为都统，国舅详稳萧匹敌为副都统，奚六部大王萧蒲奴为都监，共同负责镇压大延琳反军事务。

不久，契丹军与反军在蒲水决战。在交战中，契丹中路军故意战败。大延琳所部反军见此，立即全力追击。契丹中路军边战边退，将反军往他们预定的地点引诱。反军不知道是计谋，紧追不舍。萧匹敌和萧蒲奴分别率契丹军从左右两翼夹击反军，打得反军大败。在这种状况下，萧孝穆命令一部分契丹军趁机追击反军，一部分契丹军据守高丽军和女真军来援道路上的要冲，切断反军的援助。不久，契丹军在于手山北部击溃反军。

大延琳反军战败后，残军逃入东京城中固守，挖掘深沟自卫。南京留守燕王萧孝穆率契丹军包围东京城，命令契丹军围绕东京城建起重城，修造楼橹，使大延琳反军在城内无法与外界取得联系，迫使反军只好拆掉房屋烧火做饭。

东京城内反军渐渐陷入物资断绝的困境中。不久，东京反军将领杨详世秘密归附契丹军。晚上，杨详世打开城门，放契丹军入城。大延琳被生擒，复兴渤海的造反彻底失败。

1029年十一月，南京留守燕王萧孝穆率东征契丹军凯旋，身着戎服觐见耶律隆绪。耶律隆绪对燕王萧孝穆大加宴赏犒劳。第二天，耶律隆绪任命萧孝穆为东平王、东京留守；国舅详稳、驸马都尉萧匹敌为兰陵郡王；奚王萧蒲奴升任侍中；任命燕京留守兼侍中萧惠为燕京统军使；前统军使委繧为大将军、节度使；宰相兼枢密使马保忠为权知燕京留守；

奚王府都监萧阿古轸为东京统军使；诏令起用渤海旧族中有功勋、有才干的人做官，命令剩余的渤海人分居来州、隰州、迁州、润州等州。这场爆发在契丹鼎盛时期的分裂战争在短短 3 个月内就结束了。

两年后，耶律隆绪在行宫死去，享年 61 岁，在位 49 年。耶律宗真继位，契丹盛世能否延续下去呢？

4. 夺回皇权，耶律宗真一举扭转乾坤

耶律宗真接手的是一个盛世，也是一个危机四伏的乱摊子。因为，耶律宗真的皇权之路并不顺利，妨碍他掌权的，不是权臣，而是他的亲妈。

原来，耶律隆绪的皇后是萧菩萨哥，元妃是萧耨斤。萧菩萨哥是韩德让的亲外甥女。当初，萧太后宠信韩德让，废黜耶律隆绪最初的皇后，借口是 15 年都没生下一个皇子，然后改立韩德让 12 岁的外甥女萧菩萨哥为皇后。萧菩萨哥才貌双全，跟耶律隆绪也是情投意合，互为知己，两人感情非常好。萧菩萨哥连生两个儿子，都夭折了，且因此失去生育能力。这让出身国舅少父房，因长得皮糙肉厚，入宫后只能做婢女的萧耨斤看到了希望。耶律隆绪 40 多岁了，仍然没一个儿子，心情十分郁闷。萧耨斤便设计接近皇帝，想方设法哄皇帝开心，以求赢得宠幸。结果，萧耨斤没多久就生下一个儿子，即耶律宗真。

耶律隆绪非常开心，迫不及待地要册立耶律宗真为太子。按照契丹当时的制度，只有皇后的儿子才有资格被立为太子，太子的母亲必须要册立为皇后。这样似乎意味着，萧菩萨哥的皇后之位将可能被废掉，萧耨斤将会被册立为皇后。不过，耶律隆绪跟皇后萧菩萨哥的感情太好了，不忍心废黜她，甚至离不开她。想来想去，他想到了中原过继的习俗，就下令将耶律宗真过继给萧菩萨哥做嗣子。这样，耶律宗真被册立为皇太子的障碍就解除了。作为补偿，萧耨斤从一名婢女一举晋升为顺

圣元妃。

萧菩萨哥非常开心，将耶律宗真当作亲生儿子，亲自负责抚养和照顾。萧耨斤虽然升为元妃，但亲生儿子被剥夺，皇后之位没有了，心里十分不爽。几年后，她又凭借优秀的生殖能力，生下小儿子耶律重元。她将自己所认为的痛苦，全部归结到皇后萧菩萨哥身上。

萧耨斤野心膨胀，有意识地拉拢各种势力。她想着等耶律隆绪死后，儿子耶律宗真登基，她就能一举扳倒萧菩萨哥，自己当皇太后，垂帘听政，掌控契丹的朝政大权。

耶律隆绪一如既往地深爱皇后萧菩萨哥，对萧耨斤的小动作洞若观火，因此对诬告萧菩萨哥的消息，从来不听信，当然对萧耨斤也比较放纵。在临死前，耶律隆绪千叮咛万嘱咐太子耶律宗真和元妃萧耨斤，一定要好好对待萧菩萨哥，并留下遗诏，册封萧菩萨哥为皇太后，萧耨斤为皇太妃。此举引起了萧耨斤的妒忌和愤怒。

耶律隆绪死后，萧耨斤不再顾忌，直接将遗诏烧掉，令人软禁萧菩萨哥，自称法天皇太后，直接掌管朝政大权。不久，她又诬陷萧菩萨哥的弟弟萧浞卜、萧匹敌谋反，将他们全部杀掉。

耶律宗真看到亲妈萧耨斤的一系列操作，不仅欲哭无泪，还感到阵阵凉意。他劝萧耨斤对萧菩萨哥不要太过分，要适度罢手，就算不册立她为皇太后，也不能将她关起来治罪。萧耨斤不仅不罢手，还下定决心要除掉萧菩萨哥。她绕过耶律宗真，私自令人将萧菩萨哥送到上京囚禁，然后计划派人在中途将其刺杀。结果，萧菩萨哥在刺杀者动手前抢先吊死。

萧耨斤独揽大权，大肆处置异己，安置亲信、家人甚至奴仆在朝中为官。耶律宗真曾表现出同情嫡母萧菩萨哥的倾向，很快变成法天皇太后的重点监控对象。有一次，耶律宗真没向法天皇太后告知情况，就赏给乐公一条银带。后来有一天，萧耨斤心情不好，便令人抓起乐公猛打。耶律宗真这才意识到，法天皇太后已经监控了他的一举一动。他决定除掉身边的间谍。他留心观察了好久,抓住一个形迹可疑的内侍,然后以迅雷不及掩耳之势将那个人杀掉了。

这件事后,萧耨斤暴怒,下令将杀那个内侍的人抓起来,严刑逼供,还让耶律宗真到现场对质——将他也当作犯人审问。耶律宗真忍耐到了极限,决定夺回皇权。

经过一番分析,耶律宗真决定在萧耨斤集团中挖核心人物做亲信。这一招,他将面临很大的风险,但实施成功的话,也将起到一招制胜的效果。他选来选去,选定萧耨斤的哥哥萧孝穆。萧孝穆一路做官到东京留守,都是靠自己的能力。萧耨斤摄政后,多次拉拢萧孝穆,萧孝穆嘴上表示支持,但从不接受她赠送的礼物。

萧孝穆不好利,耶律宗真便给出条件:如果萧孝穆支持他夺回大权,那么他保证改立萧挞里为皇后,提拔萧孝穆为北院枢密使。萧孝穆原本支持萧耨斤,但发现她执政后,非常任性妄为,骨子里认为她不应该执掌朝政,同时见自身利益不减反增,便转向支持耶律宗真收回朝政大权。

萧朴是萧耨斤的堂哥,原来也支持萧耨斤,但见她对萧菩萨哥过于狠毒,也心生不满。萧耨斤一生气,将萧朴打发到东京任职。耶律宗真趁机拉拢萧朴。本身就具有正义感的萧朴得知萧耨斤对皇帝也不讲情面,便决定支持皇帝夺回朝政大权。

萧耨斤的亲信耶律喜孙和赵安仁,在害死萧菩萨哥的事件中,都起过关键性作用。不过,他们看到萧耨斤毫无忌讳地打压耶律宗真,认为那种狂妄举动会带来灾祸,到时,他们将会成为最先被杀的对象,为了保命,都悄悄投靠耶律宗真。

暗中投向耶律宗真的人越来越多。萧耨斤虽然不知道他们私下形成了势力,但凭直觉,发现耶律宗真越来越胆大,越来越不听话。于是,她先下手为强,与弟弟萧孝先暗中商议,准备废黜耶律宗真,拥立13岁的耶律重元为皇帝。

当时，耶律重元也看不惯妈妈萧耨斥对哥哥耶律宗真的态度，便跑去告诉哥哥。耶律宗真决定动手，先将萧孝先召进宫里，同时将支持自己的萧孝穆、萧朴等人也召进宫里，然后对萧孝先说："你暗中策划谋反的事，我知道了，他们也知道了。他们都是支持我的。我希望你也能支持我！"萧朴等人朝萧孝先看，附近的卫士已经做好抽刀准备。萧孝先大吃一惊，只好跪向耶律宗真，表示愿意支持他。

耶律宗真随即派耶律喜孙和赵安仁去法天皇太后宫里，告诉她说庆陵发生了事情，请她前去处理。同时，他亲自率 500 名精兵在 1000 米外的山坡上观察局势。

庆陵是前任皇帝耶律隆绪的陵园。庆陵有事让法天皇太后去处理，这没错，但急促催她去便引起她的怀疑。她不愿意启程去庆陵，询问两人到底发生了什么事。耶律喜孙和赵安仁见诱骗不行，干脆一左一右强行将她夹着，送上早已经准备好的马车，然后送到庆陵关押起来。

耶律宗真见法天皇太后被成功抓获，命令 500 名精兵去抓获她的亲信党羽。坚定支持法天皇太后的大臣，或被抓，或被杀，或被流放。耶律宗真就这样迅速夺回了朝政大权。

5. 和亲西夏，契丹主动斡旋宋夏之争

契丹打败宋朝、东征女真、逼降高丽，成为东亚实力最强的国家。为对付宋朝，契丹采取扶植西夏打击宋朝的政策。西夏是契丹周边实力强大的、未遭过契丹军攻击的国家。在西夏与宋朝的战争中，由于契丹支持西夏，在战略上牵制宋朝，西夏也是胜多败少。西夏借助良好的外部环境，逐渐变得强大起来。

由于自身实力不足以与宋朝处在战争状态中，西夏不得不臣服契丹，年年定期向契丹朝贡。到耶律隆绪后期，西夏与宋朝议和，实现双方和平，每年获得大量岁币做财政补充，而契丹国内又出现过大规模动乱。

因此，相比之下，西夏实力更显得强大。

1031 年，法天皇太后下令，将兴平公主下嫁给夏国王李德昭的儿子李元昊，封李元昊为夏国公、驸马都尉。

第二年，李德昭死了，李元昊继任夏国王。这一年底，法天皇太后下令，禁止西夏使者在朝贡契丹时，沿路私自买卖金和铁等能用来制造兵器的物资。从契丹角度讲，这是维护国家安全的正当举措。李元昊却认为，这是契丹不友好的举动。

李元昊是党项英雄。经过南征北战，他逐渐统一党项诸部，势力变得逐渐强大起来。见契丹不似以前那样强大，李元昊有摆脱契丹臣属地位的想法。契丹法天皇太后下令禁止西夏人购买金属后，他将不满情绪发泄在兴平公主身上。他并不怎么尊重那位来自契丹的兴平公主，夫妻关系相当紧张。为维持契丹与西夏的关系，兴平公主忍辱负重地活着。

1038 年四月，兴平公主突然死了。这消息传到契丹后，全国上下都强烈不满。很多贵族怀疑兴平公主是被李元昊杀死的。耶律宗真派耶律庶成为使者，持诏书前去西夏责问李元昊，同时调查兴平公主的死因。

兴平公主死后，李元昊也料到契丹会兴师问罪，因而也做了应对预案。结果耶律庶成并没调查出兴平公主死亡的具体原因。这显然难以让契丹贵族信服。不过，没具体证据，契丹也不能将西夏怎么样。此后，西夏与契丹之间的同盟虽然还维持着，但隔阂越来越大。

1039 年七月，西夏与宋朝爆发战争。出于战争压力，李元昊派人到契丹求救。耶律宗真从大局出发，还是对西夏给予了支持。西夏又在战争中获得胜利。面对契丹和西夏联盟，宋朝处在被动挨打的局面，即使在西夏与契丹出现矛盾时，也没逃脱挨打的命运。

1041 年，宋朝在与契丹的边境修治壕沟，从而导致宋军与契丹军发生了边境冲突。耶律宗真准备趁机夺取瓦桥关南十县的土地。张俭建议他通过外交手段解决。第二年初，耶律宗真下令调集大量契丹军到辽宋边境驻防，同时派萧英和刘六符带着他的亲笔信出使宋朝，去与时任宋朝皇帝赵祯交涉。在信中，耶律宗真指责后周世宗不该夺取瓦桥关以南十县地，应该归还给契丹。宋太宗进攻燕蓟师出无名，西夏早已向契丹称臣，宋朝兴师伐西夏，不应不事先告知，宋朝不应在边界上增筑工事，添置边军。

宋朝早已知情，朝野均有准备。赵祯命令王洪辰起草复信，对契丹提出的指责一一驳斥。与此同时，赵祯派出富弼和张茂实出使契丹，与契丹议和。他们提出宋辽联姻，也可增加岁币。耶律宗真坚持割地，富弼不答应。富弼劝契丹与宋朝此后保持和好，迫使西夏对宋朝臣服，宋朝愿意给契丹增加 10 万岁币。

双方一番讨价还价后，辽宋达成协议，在"澶渊之盟"规定赠契丹岁币数量的基础上，宋朝再增加岁币 10 万两白银、10 万匹绢。条件是契丹必须说服西夏对宋朝称臣。

契丹和西夏是盟友。契丹与宋朝和议，按照常理是要告知西夏的，但耶律宗真全程瞒着西夏，甚至达成的和议是违背西夏意愿的。正因为如此，耶律宗真等到与宋朝和议的所有事项处理完毕后，才派人去告知李元昊。

1043 年正月，耶律宗真派耶律敌烈、王惟吉去西夏告知契丹与宋朝议和的事。李元昊认为，契丹悄悄单方面与宋朝讲和，以约束西夏为基础，还事隔那么久才告知，显然没将西夏当盟友，有一种被出卖的感觉。不过，李元昊已经改变不了现实，只好派使者到契丹祝贺，以维系与契丹的盟友关系。随后，他又派人向契丹进献马和骆驼。

同年七月，李元昊派人去见耶律宗真，请求契丹军配合他们一起讨伐宋朝。当时，耶律宗真考虑到与宋朝刚刚达成和议，便没答应李元昊的请求，还派人告诉李元昊不要派兵进攻宋朝。对此，李元昊非常气愤，擅自率西夏军攻打宋朝。作为契丹的臣属国，此举显然是对契丹的蔑视。

西夏军入侵宋朝，宋朝担心又遭到两面夹击，立即派人到契丹，争取契丹中立。在得知契丹立场后，宋朝兴兵与西夏军进行了生死搏斗，并派宋军征战西夏。宋军战败。宋朝再次派使者到契丹，请求契丹出面干预。耶律宗真便充当调解人，一边责备西夏不该擅自发动战争，一边责备宋朝不应该进攻西夏。在对宋朝和西夏分别进行指责后，耶律宗真又想主导宋朝和西夏和议。他派耶律敌烈、王惟吉去劝西夏与宋朝进行和议。

对契丹的做法，李元昊非常不满。在这次战争中，宋朝战败，契丹皇帝出面议和，对宋朝而言是求之不得的。而对战胜方李元昊来说，议和让他丧失了乘胜反击的机会，也让他想趁机从宋朝那里获得更多好处的打算化为泡影。

李元昊想起此前法天皇太后禁止西夏人购买铁等战略物资，想起耶律宗真下令禁止吐谷浑卖马给西夏，下令在契丹与西夏边境修筑屏障要塞……这些事情串联在一起，让他毫不怀疑地认为，在这次宋夏战争中，契丹偏向宋朝就是想抑制西夏的发展。新旧怨恨让李元昊无法承受。于是，他命令西夏军进攻臣属契丹的党项部落。他认为自己是西夏国王，讨伐那些党项部落，是党项族内的事，与契丹无关。

西夏军进攻党项部落，严重威胁到契丹利益。耶律宗真派韩高家奴前去西夏责备李元昊。限于自身实力，李元昊只好派人向契丹皇帝道歉，归还掠夺党项部落的东西和俘虏。

1044年四月，那些臣服契丹的党项部落叛变，前去投靠西夏国。见本族人放弃契丹回来投奔，李元昊不再顾忌与契丹的关系，毫不犹豫地全部接纳，还派兵帮助党项部落抵抗契丹军攻击。

就这样，契丹与西夏摩擦多年后，最终还是不可避免地发生了军事冲突。西夏主动挑起军事冲突。耶律宗真将会怎样处理呢？这影响着契丹政治走向和国家发展方向。

6. 西征西夏，耶律宗真维护霸权不惜代价

契丹与西夏是战略盟友，但矛盾和冲突一直存在，只不过因为实力差距太大，李元昊虽然对契丹并不恭敬，但也没主动攻击契丹。耶律宗真除偶尔敲打一下西夏外，也没下定决心武力教训西夏。没想到李元昊的胆子越来越大，竟然敢主动派兵与契丹军冲突。南院大王耶律高十和西南面招讨都监罗汉奴、详稳斡鲁母等人，把党项部落投奔西夏，得到西夏军援助以及西夏军攻击追击契丹军的消息，如实详细地上报给皇帝。耶律宗真意识到契丹和西夏之间的同盟关系已经不复存在，马上下令调集全国各地人马，在指定时间内在西南边境会师，准备西征西夏。

李元昊也知道与契丹的战争不可避免，派人到受到契丹压迫又多次反叛过的阻卜部求援。当时，阻卜部慑于契丹天威，不愿意为了西夏而得罪契丹。阻卜部酋长乌八派他儿子押送李元昊的使者到契丹，并请求出兵跟随契丹军进攻西夏。见阻卜部主动示好，耶律宗真非常高兴，同意了阻卜部的请求，让他们派兵跟随契丹军一起攻打西夏。

在西征西夏前，耶律宗真派人去把消息告知宋朝。宋朝对西夏这个"趁火打劫者"非常憎恨，也希望借助契丹军之手好好教训一下西夏，随即表示支持契丹，在与西夏的边境增兵，进行战略牵制。

西夏面临被群殴的危险。李元昊非常害怕契丹军真的进攻西夏，抢在契丹军正式西征前派人到契丹朝贡，争取缓解局势。耶律宗真派人审问西夏使者时，发现西夏使者回答的问题不属实，便下令将其扣押。李元昊又派使者到契丹进贡。同样，使者也面临耶律宗真的审问。但是，西夏使者也没实话实说。耶律宗真一气之下，下令鞭笞西夏使者，然后亲率契丹军攻打西夏。

契丹和西夏的战争，宋朝成为局外受益者。宋朝皇帝得知契丹皇帝

要率军亲征西夏，派余靖为使者，给契丹送来大量礼金，资助契丹军攻打西夏。

1044年九月十四日，契丹各路军队在九十九泉汇集。耶律宗真命令皇太弟耶律重元、韩国王萧惠率先锋军向西夏发起进攻。

面对来势汹涌的契丹军，李元昊自知打不过，便于十月初九派人上表谢罪，乞求停战。耶律宗真没答应。李元昊又迅速派人来告诉契丹，表示他愿意把那些反叛契丹的党项部落将领抓起来，交给契丹处理。耶律宗真考虑了一会儿，答应了。

十月二十三日，李元昊派使者前来契丹进贡土产。耶律宗真命令萧革去接待西夏进贡使者。第二天，他率军驻扎在河曲时，萧革报称李元昊将亲自带党项三部首领前来请罪。耶律宗真命令萧革去责问李元昊招纳叛降之徒、背弃盟誓的罪过。李元昊服罪。耶律宗真下令赐给李元昊酒，允许他改过自新，并将他放回西夏。

一场大战眼看就要烟消云散了。耶律宗真召集群臣商议下一步的行动。群臣认为，既然契丹军已经集结，已经开赴契丹与西夏的边境来了，就应该对西夏发起进攻，不能让李元昊略微送一点礼物就撤军了。如果那样的话，李元昊会轻视契丹，会一直像以前那样表面臣服内心不服。

耶律宗真一听，觉得有道理，意识到自己的决定有些草率。1044年十月二十五日晚，耶律宗真亲自督率数路契丹军袭击西夏。当时，李元昊虽然投降称臣，但内心根本就不相信求和能成功。在契丹军没撤走前，他依然命令西夏军严防契丹军。契丹军虽然是夜间发起突袭，但实际上西夏军早已经枕戈待旦，做好了迎战准备。这天晚上的袭击战，契丹军并没占到什么便宜，杀死西夏1000多人，但契丹驸马都尉萧胡睹却被俘虏。这严重打击了契丹军的士气。

见作战并不利，耶律宗真还是主张此前的议和政策。李元昊见达到目的了，也积极配合。3天后，李元昊派人送还以前被扣押的契丹人。

耶律宗真也命令将扣押的西夏使者送回去。双方都有议和意向和诚意，契丹与西夏之间的一场大战就这样消除了。

耶律宗真赏赐有功将士后，率契丹军班师回朝。不久，宋朝和高丽都派使者来契丹祝贺西征胜利。西夏也按照协议送回被俘虏的萧胡睹。不过，契丹与西夏之间的战争因素并未就此消除。西夏军并没遭到真正打击，而契丹军进攻西夏时，也以失败告终。在双方军队中，都有不少人对停战心怀不满——他们想在战场上见高低。

1048 年，西夏王李元昊死去，他的儿子李谅祚派使者来契丹告丧。契丹附属国铁不得（吐蕃的契丹语称呼）请求率军协助契丹军进攻西夏。这是一种趁火打劫的行为。耶律宗真认为，这不符合契丹天朝上国的身份，便没答应。

1049 年，契丹内部一些军事将领请求率契丹军进攻西夏。耶律宗真也觉得上次议和不光彩，命令将领们商讨进攻西夏的事，并趁机扣留西夏使者，派萧惟信把契丹军将征讨西夏的事告知宋朝。毫无悬念的是，宋朝积极支持契丹军征讨西夏，同时加强了在西夏边境的军事部署。

李谅祚继承西夏王位时才 1 岁。他母亲没藏太后垂帘听政。西夏军政大权由没藏讹庞、诺移赏都等人掌管。没藏讹庞在没藏族中为长，贵为国相，他认为西夏无力与契丹发生大规模的战争，便派使者前去契丹进贡，企图化解与契丹的战争。耶律宗真没搭理西夏求和，再次扣留西夏使者，并于当年七月亲征西夏。

八月，契丹军渡过黄河。没藏讹庞指挥西夏军全线收缩，寻找有利地形伏击契丹军。契丹军统帅萧惠低估了在对宋战争中成长起来的没藏讹庞，率军趁机攻入西夏境内。没藏讹庞实行诱敌深入策略，主动放弃很多地方。一个月后，萧惠率领的契丹军遭到西夏军袭击，大败。

耶律宗真不得不调整策略。他派耶律敌古率阻卜部军队攻击贺兰山一带。战争开始时，这支奇兵取得意想不到的战果。耶律敌古率契丹军俘获李元昊的妃子及手下很多官员。他还没来得及庆祝，当晚就有 3000

人马的西夏军前来报复。契丹军因没防备而损失惨重。耶律敌古中箭而死，详稳萧慈氏奴、南克耶律斡里在乱军中战死。

这一战对契丹军和西夏军影响都非常大。契丹军的进攻变得更小心翼翼。西夏军士气高涨，不再畏惧契丹军，敢于主动发起反攻。1050年正月，洼普等人率西夏军进攻被契丹军占领的金肃城。韩高家奴等人率契丹军打败了他们。洼普受伤逃走，西夏军损失惨重。

两个月后，殿前都点检萧迭里得率契丹军与西夏军在三角川交战，打败西夏军。同时，耶律宗真命令萧蒲奴、宜新统率进攻西夏的契丹军，任命别古得出任监军。萧蒲奴得到任命后，率契丹军攻入西夏境内。西夏军不敢迎战，纷纷躲避契丹军主力。萧蒲奴所部没遇到西夏军，纵兵掳掠，满载而归。西夏将领洼普因战败，害怕没藏讹庞追究责任，率残部投降契丹。耶律宗真不计前嫌，下令抚慰他。这消息传回西夏，对将士产生了重大影响。

战争归根结底拼的是经济实力。西夏军作战勇猛，战斗力不比契丹军差，但西夏的经济实力与契丹相差甚远。西夏经不住契丹军的长期进攻。同年十月，西夏垂帘听政的没藏太后派使者向契丹皇帝请求，双方停止战争，按照以前的条件，西夏向契丹称臣。耶律宗真见长期打下去，契丹也未必是最后赢家，便答应了和议。年底，西夏王李谅祚按照没藏太后的意思，上表契丹皇帝称臣纳贡。

1051年二月，耶律宗真派人索要西夏接纳的党项部落部民。五月，萧爻括出使西夏回来，呈进西夏没藏太后所上降表：请求暂且代替那些党项部落进献马驼牛羊等物品；又请求自行撤销所建城邑。耶律宗真答应了没藏太后的请求，把所俘的李元昊妃子以及其他西夏人放了回去，要求安置在肃州。

随后，没藏太后派使者请求契丹撤去边境驻扎的军队。耶律宗真派萧爻括去安慰没藏太后母子，并同意她的请求。从此，西夏成为契丹最忠实的属国，每年定期纳贡，甚至到天祚帝耶律延禧被女真人打败后，依然向契丹纳贡称臣。这些说明契丹对西夏的威慑力很强，也说明耶律宗真处理西夏问题是非常英明正确的。从某种意义上说，耶律宗真时期的契丹，基本维持了东亚的霸主地位。

第七章　伪装圣主，
　　　契丹迷失了半个世纪

他在位46年，处在契丹外部环境最好的时期，却为人昏庸，忠奸莫辨，没能有效解决内乱和腐化问题，导致契丹腐败空前，国力虚耗，各阶层矛盾进一步激化。耶律重元之乱、耶律乙辛专权、皇后萧观音之死、皇太子耶律浚之死等，让契丹由强盛转向衰落。

1. 伪装圣主，耶律洪基大肆收买人心

契丹盛世传到耶律洪基手中，是整个契丹帝国的不幸。这个有雄心做圣主的皇帝，最终却将一手好牌打得稀烂，将一个强大的契丹带到灭亡境地。他接手的是"四海宾服"的强大帝国，却因轻信奸臣，怨杀皇后，逼死太子，成为契丹走向衰亡的掘墓人。

耶律洪基立志做圣主，也有做圣主的资本。他沉稳闲静、严厉刚毅，是耶律宗真的长子，在1042年被封为燕国王，总领中丞司事务，第二年又总理北南院枢密使事，加封尚书令，进封燕赵国王；在1052年又出任天下兵马大元帅，知惕隐事，参与朝政。无论是性格，还是资历，都非常引人注目。从这些基础来看，他不是一个没能力的君王。

1055年，耶律宗真死后，耶律洪基在灵前继位。耶律洪基是个孝

子，当时哀伤悲恸，不听朝政。契丹百官上表，恳请他临朝听政，他想了很久才答应。临朝后，他做的第一件事情便是下一封诏书，说自己德行不够，怕继任皇帝后做得不好，要求群臣直言不足，能够实行的进言就采纳，不能实行的也不追究责任。

皇帝一上任就摆出广纳群臣建议、立志做一代明君的架势。这让群臣不敢轻视，让天下百姓对契丹未来充满了期望。不久，耶律洪基将耶律重元尊称为皇太叔，出任天下兵马大元帅，给他宗室最高优待和超越大臣的待遇，见皇帝可以不下跪行礼。

耶律重元是耶律隆绪的九儿子，1021年一出生就被封郑王，两年后改封为秦国王。耶律宗真当皇帝后，为进一步垄断大权，法天皇太后竟然密谋废黜皇帝耶律宗真，改立耶律重元当皇帝。耶律重元将法天皇太后的阴谋提前告知耶律宗真。耶律宗真将法天皇太后幽禁，收回太后符玺，夺回了朝政大权。

事后，耶律宗真感念兄弟情分，册封耶律重元为皇太弟，并在一次酒醉时口头答应日后传位给他。不过，先皇耶律隆绪制定了长子继承制。耶律宗真死后，还是将皇位传给了长子耶律洪基，也获得了众大臣的拥护。耶律重元内心有些失落。为稳定局势，新皇帝耶律洪基优待耶律重元，也是意料之中的。

耶律洪基派皇太叔耶律重元去南京，抚谕军民，并派人出使宋朝、西夏、高丽等国；任命西北路招讨使、西平郡王萧阿剌为北府宰相，仍领权知南院枢密使事，北府宰相萧虚烈为武定军节度使，改元清宁，大赦天下。

一朝天子一朝臣。在继任皇位后，耶律洪基重新做出重要的人事安排，显示了他治国安邦的才能。

不仅如此，耶律洪基还采取很多巩固统治的措施：他下令不要禁止百姓在皇帝经常巡幸的围场外打猎；下令除护卫之士外，其余人不得佩剑入宫；不是皇族、后族及夷离堇、副使、承应诸职的人，不得戴巾帻；

夷离堇及副使的族属也和百姓一样，不得服用驼尼、水獭裘，刀柄、腰带、鞍勒，不许用犀玉、骨突犀；赐内外臣僚财物官爵各有等差。

1055 年十月，耶律洪基任命吴王耶律仁先为同知南京留守事，陈王耶律涂孛出任南府宰相，任命顺义军节度使耶律十神奴为南院大王，任命原南院大王耶律侯古为中京留守，北府宰相西平郡王萧阿剌进封韩王。

为了避免执政出现失误，耶律洪基下诏给左夷离毕，说自己年轻，怕登上帝位后处理不好政事，希望各位大臣直言指出不足。但上任几个月来，没有一个大臣指出他的不足。他又命令百官在其任内必须上书言事一次，而且天下百姓不分贵贱，都可以给他上书言事。

不久，耶律洪基下令部署院，有机密大事应立即上奏，如果有人投递诽谤和攻讦他人的书信，如果有人接受谤书，传阅谤书，都要判处弃市的刑罚。这道命令一下，无论是大臣，还是百姓，都发现原来皇帝让上书言事，只愿意听好的，说了他不愿意听的，随时都会被判处严厉的酷刑。

同年十二月初五，太皇太后过生日。太皇太后就是被先帝耶律宗真幽禁的法天皇太后萧耨斤。耶律宗真一死，耶律洪基就将法天皇太后放了出来，还将她封为太皇太后。这在某种程度上否决了先皇耶律宗真幽禁法天皇太后的合法性。耶律洪基亲自去给太皇太后祝寿，还趁机宴请群臣及命妇。

趁这次机会，耶律洪基大力笼络契丹皇族。他册立萧观音为皇后，进封皇弟越王耶律和鲁斡为鲁国王，许王耶律阿琏为陈国王，楚王耶律涅鲁古改封吴王。他还任命枢密副使姚景行为参知政事，翰林学士吴湛为枢密副使，参知政事、同知枢密院事韩绍文为上京留守；下令设置学官养士，颁行《五经》传疏，设置博士、助教各一名；还任命知涿州杨绩为参知政事兼同知枢密院事；下令杀死皇族内不孝的成员；下令女真部以及世代任宰相、节度使等家族的人可以不到皮室军中服兵役；还赦免京城方圆百里内的囚犯……

1056 年四月十三日，为向百姓表明自己是一代圣主，耶律洪基下令，夏季是鸟兽生长、繁衍养育后代的时候，不准人在郊外纵火。一个连鸟兽都亲自去爱护的皇帝，可见他是多么仁慈，多么爱护他的臣民。

到这年冬季，耶律洪基再次下令调整契丹的一些重要职务。他任命知左夷离毕事耶律划里为夷离毕，北院大王耶律仙童为知黄龙府事；任命皇太叔耶律重元为天下兵马大元帅，改封赵国王耶律查葛为魏国王，鲁国王耶律和鲁斡为宋国王，陈国王耶律阿琏为秦国王，吴王耶律涅鲁古进封楚国王，百官也各有升迁。过了几天，他又以韩王萧阿剌为北院枢密使，东京留守宿国王耶律陈留为北府宰相，宋国王耶律和鲁斡为上京留守，秦国王耶律阿琏为知中丞司事。

耶律洪基利用手中的权力，不断给贵族封官晋爵，得到好处的人皆大欢喜，但契丹官位有限，不可能每个人都如愿得到升迁。他只能不断地调整高官的职位。到 1059 年，他又任命南院枢密使萧阿速为北府宰相，枢密副使耶律乙辛为南院枢密使，惕隐耶律查葛为辽兴军节度使，鲁王耶律谢家奴为武定军节度使，东京留守吴王耶律贴不为西京留守。

2. 镇压叛乱，奸佞借此获得了重用

耶律洪基通过各种手段收买人心，包装自己一代圣主的形象，并没真正收买到契丹贵族的心，反而助长了部分契丹贵族的野心——想推翻他，夺取契丹皇位。

1063 年七月十九日，皇太叔耶律重元、楚国王耶律涅鲁古、陈国王耶律陈六、同知北院枢密使萧胡睹、卫王耶律贴不、林牙耶律涅剌溥古、统军使萧迭里得等 400 多个契丹贵族，率弓弩手包围耶律洪基的行宫。他们目的只有一个，杀死耶律洪基，拥立耶律重元为皇帝。

耶律重元有才能，勇武过人，长得眉目秀美俊朗，平时很少谈笑，

令人对他望而生畏。他历任高官各岗位，当过北院枢密使、南京留守、知元帅府事、天下兵马大元帅。不仅如此，他担任军职后，一直在皇帝身边。

在出任高官过程中，耶律重元有意识地笼络人心，在契丹贵族中颇有威望。以前，契丹人犯法后，按照故例必须由汉族人按察审判。那些汉族人平时受契丹族人的统治和压迫，在审判犯罪的契丹族人时，往往会借机泄恨，不是判刑过重，就是造成很多冤案。那些平时作威作福的契丹贵族时刻担心"违反法律"，以遭到汉族人的报复。

面对这一现象，耶律重元不顾个人安危，挺身而出，为所有契丹族人，尤其是那些作威作福的契丹贵族撑腰。他出面奏请皇帝，在五京分别设契丹警巡使，职责就是监督那些掌管刑罚的汉族人，防止出现汉族人滥用职权，借机整治契丹族人的现象发生。这样，契丹族人犯罪后，被判刑过重的情况就会减少。耶律洪基无法拒绝，便同意了这个建议。

这个建议被通过后，契丹族人，尤其是那些骄横跋扈的契丹贵族，对耶律重元由衷的敬佩。耶律重元在契丹族里的威望空前提高，将耶律洪基给贵族们升官晋爵的好处一下子比了下去。所有契丹族人都惦念皇太叔的恩情。

耶律重元的声望一天比一天高。他的儿子楚国王耶律涅鲁古心里逐渐不平衡起来。他看不起耶律洪基只通过表面作秀来收买人心，而不能像祖先一样，通过战争建功立业，也不能像耶律重元一样为契丹族人谋福利。耶律涅鲁古认为，他父亲是众望所归，是最有资格做皇帝的人。于是，耶律涅鲁古便秘密谋划推翻耶律洪基，然后拥护父亲出任契丹皇帝。这样，他就可以做皇太子，将来就有机会当皇帝。他认为，借助于父亲的威望，推翻那个只会作秀的皇帝并不难。

当年，先皇耶律宗真承诺过传位给耶律重元的。在耶律涅鲁古的怂恿下，耶律重元也认为自己是最有资格做皇帝的人，便参与推翻耶律洪基的阴谋策划，利用自己的声望拉拢一些契丹贵族支持他们父子。

　　耶律重元拉拢了一个重要参与者——萧胡睹。萧胡睹口吃，斜视，卷发，身材魁梧，桀骜不驯，喜欢夸大他人的过错。很多契丹贵族都看不起他。萧胡睹郁郁不得志，想通过拥立新皇帝提高待遇和声望。

　　萧胡睹曾出任兴圣宫使，娶秦国长公主，授驸马都尉。他和秦国长公主不和，不得不离婚。离婚后，他又娶齐国公主，出任北面林牙。他历任北院、南院枢密副使，代替堂哥萧术哲出任西北路招讨使。当时，萧革与萧阿剌同为枢密使，二人关系不和。萧革因萧术哲与萧阿剌关系好，非常嫉恨萧阿剌。萧术哲赴京时，先前曾购买官府的粟米，为讨好萧革，萧胡睹告发这件事，导致萧术哲获罪。

　　萧胡睹想求取权位，逢年过节都给萧革送礼，对萧革的关爱胜过对任何一个兄弟。耶律乙辛当上北院枢密使后，萧胡睹见自己官职在他之下，心中愤愤不平。他又千方百计地寻找晋升途径，看到耶律重元为契丹族人谋利益，就去投靠他。

　　耶律重元原本看不起萧胡睹这类人，但因为儿子耶律涅鲁古想策划谋反，便接纳了他，让他一起筹划谋反。萧胡睹表现得非常积极。

　　在谋反那天，萧胡睹和耶律涅鲁古一起率弓弩手包围行宫，充当起反军先锋将领。当时，南院枢密使许王耶律仁先、知北枢密院事赵王耶律乙辛、南府宰相萧唐古、北院宣徽使萧韩家奴、北院枢密副使萧惟信、敦睦宫使耶律良等人，率数千宿卫军进行抗击。萧胡睹与他的死敌耶律乙辛正面交手。这次，耶律乙辛所在一方代表着正义，因此还没正式交战时，萧胡睹所率弓弩手中，就有很多人悔过而愿效顺皇上，各自奔逃溃散。

　　造反之战还没打响，反军就溃散逃跑。耶律涅鲁古按捺不住，跃马冲出，亲自率军进攻行宫。近侍详稳渤海阿厮、护卫苏见此，急忙拉弓射箭。耶律涅鲁古被射死。萧胡睹只好率残部撤退。

　　当时，萧胡睹同党耶律撒剌竹正好在围场打猎，听说发生叛乱后，立即率手下来增援。反军的实力有所增强。不过，反军统帅萧胡睹却犹豫不决。

一些参与叛乱的将士提出建议："我军人多势众,应趁对方没防备时在半夜进行决战,事情或许还有成功的希望;如果等到明天再战,有谁还敢跟随我们造反呢?"

萧胡睹却不这样认为,回答说:"在仓促之中决战,黑白敌我不辨,我们怎么取胜?如果对方内外军里应外合,那么我方就会大势已去。怎么就不能等到黎明再进攻?"

耶律重元听从萧胡睹的建议,令手下四面巡视警戒,等待天明后再发起进攻。在这天夜里,萧胡睹等一伙叛乱的贵族也没闲着,举行登基仪式,拥立耶律重元继位为皇帝。萧胡睹被任命为枢密使,继续统管反军。

他们谁都没想到,局势会在一晚上就变得不可收拾。一些反军将士见造反不能一鼓作气,信心发生了动摇。他们不是当晚逃走,就是第二天在战场上阵前倒戈。南院枢密使许王耶律仁先、知北枢密院事赵王耶律乙辛、南府宰相萧唐古、北院宣徽使萧韩家奴、北院枢密副使萧惟信、敦睦宫使耶律良等人率军平叛。他们原本以为要拼死一战才能实现目标,没想到反军居然是乌合之众,内部如此不和睦,便趁机率军一起冲杀,一举摧毁反军。

这一战下来,反军毫不意外地战败。萧胡睹身受创伤,独身一人骑马逃走,逃到十七泊时,他意识到自己已经无路可走,投水自杀。耶律重元逃到北方大漠,不久也自杀了。

支持耶律重元的贵族虽多,但真正有胆量参加造反并发起武力攻击的,没有几个。这次造反轰轰烈烈地开始,却草草收场。

镇压叛乱后,耶律洪基任命耶律仁先为南院枢密使,进封宋王,任命耶律乙辛为北院枢密使;任命萧韩家奴为殿前都点检,封荆王;任命萧惟信和耶律冯家奴为太子太傅;宿卫官萧乙辛、回鹘海邻、袅里、耶律挞不也、阿厮、宫人急里哥、霞抹、只鲁都被任命为上将军。诸位护卫及士卒、庖夫、弩手等 300 余人也各授官不等。

　　耶律良秘密向耶律洪基告知耶律重元之变，被任命为汉人行宫都部署。卫王耶律贴不没有申诉自己参与叛乱是受耶律重元等人胁迫。耶律洪基下令削去耶律贴不的官爵，降为庶民，将他流放到镇州。

　　一场突如其来的叛乱就这样结束了。耶律洪基一心做圣主的信心也因这次叛乱产生动摇。他逐渐变得多疑多虑，这正是后来奸人当道的重要诱因。这次叛乱打破了他的圣主梦，并把他逐步引向昏君之路。

3. 奸佞结党，耶律乙辛全面操弄权势

　　耶律重元叛乱后，耶律洪基越来越重用帮助他平定叛乱的那些大臣。耶律乙辛在平叛中立下大功，又贪图权势，善于揣摩人的心理、投其所好，逐渐成为耶律洪基最亲信的人。不过，他并非是忠心为主的大臣，而只是一个胆大包天的投机分子。他制造了契丹历史上第一冤案，给耶律洪基戴上了昏君的帽子。

　　耶律乙辛并非是皇室宗亲，而是契丹五院部人。他父亲耶律迭剌很穷，连吃穿都不能自给。不过，耶律乙辛机智灵巧。小时候，有一次，他放羊直到太阳落山还没回家，父亲去找他，发现他躺在地上睡着了。父亲叫醒他，他很不高兴地说："怎么吵醒我啊！我刚刚梦见神人手持太阳和月亮喂给我吃，我已吃完月亮，吃太阳刚刚吃了一半，就被你弄醒了！好可惜，那半个太阳没吃完。"很多父母听到孩子这样说，都会认为是胡说八道、说梦话。耶律迭剌非常相信神明，听了此话深感吃惊。从此，他再也不让耶律乙辛去牧羊了。

　　成年后，耶律乙辛容貌隽美，外表和顺，内心狡黠。在耶律宗真时期，耶律乙辛当上掌管太保印的小文官，后被提拔为笔砚吏。耶律宗真喜欢他的安详文雅，见他为人办事机灵，又破格将他升为护卫太保。这样，耶律乙辛就获得了经常见皇帝的机会。

耶律洪基即位后，耶律乙辛出任同知点检司事。耶律洪基常常召见他，让他处理疑难议案。他趁机表现自己，很快获得赏识，被提拔为北院同知，后来改任枢密副使，成为皇帝身边的重要人物。

1063年，耶律仁先出任南院枢密使，耶律乙辛出任北院枢密使。当时，驸马都尉萧胡睹与耶律重元结党，企图谋反，非常忌恨耶律仁先在朝中执政。他们想调虎离山，把耶律仁先赶出京城。萧胡睹向耶律洪基上奏说："耶律仁先是西北路招讨使的最好人选，皇上可任命他担任西北路招讨使。"

耶律洪基准备采纳这个建议。与萧胡睹关系不好的耶律乙辛，不愿意萧胡睹的图谋得逞，跑出来唱反调。他劝皇帝说："我参与国政时间不久，许多治国方法还不熟悉。耶律仁先是先帝旧臣，您不能这么快就让他离开京城啊！"

耶律乙辛的话说得谦虚又不离事实，听起来还忠心。耶律洪基仔细一想，也是这个道理，便没让耶律仁先出任西北路招讨使，将他继续留在朝中当南院枢密使。这件事后，萧胡睹内心充满怨恨，以致最终做出错误决定，参与了耶律涅鲁古的谋反。

这次叛乱，耶律重元是输家，萧胡睹是输家，耶律隆绪也是输家，而耶律乙辛却成为最终赢家——耶律洪基最信任的大臣。

耶律洪基似乎感觉到耶律乙辛对他有"再造之恩"，不仅对他的话深信不疑，还不断给他特别待遇。1069年，耶律洪基下令给耶律乙辛加太师头衔，并下令如果四方有军事，那么耶律乙辛有权随即处理。这一道命令事实上是让他对军事有了先斩后奏的处理特权。有了这一特权，耶律乙辛便党同伐异，提拔和荐举阿附他的人，贬斥和放逐忠直不阿的人。没多久，他的威势震慑朝廷内外，到他家送礼和行贿的官员接连不断。他的党羽很快遍布契丹京城。

耶律洪基将朝政大权放心地交给亲信大臣后，便沉溺于喝酒、打猎、演奏、画画、作诗等兴趣爱好中。尤其是他读了从中原传来的唐诗后，深受那种讲究韵致诗歌的影响。他积极推动契丹贵族崇尚唐文学，带头学习吸收汉文化。

当时，契丹南京有个人叫李俨，善于写诗，当官也勤敏廉洁。耶律洪基特意赐他姓耶律，提拔他做枢密院事，充当自己的"诗友"，以便陪伴在身边，一起学习唐诗和讨论写诗。耶律俨并不攀附耶律乙辛，但与耶律洪基兴趣相投，也乐得在朝为官。

有一次，耶律俨写了一首诗《黄菊赋》，自认为诗的水平很高，便献给耶律洪基。耶律洪基非常欣赏《黄菊赋》，也写了一首诗《题李俨黄菊赋》："昨日得卿黄菊赋，碎剪金英填作句。袖中犹觉有余香，冷落西风吹不去。"随后，他将此诗送给耶律俨。这首诗是皇帝对耶律俨《黄菊赋》的点评，尔雅有致，特具韵味。耶律俨将这首诗当作至宝，时不时向同僚文友炫耀，惹得契丹全国文人官僚都羡慕不已。

这件事一时传为佳话。后世人记不起耶律俨的《黄菊赋》，却广为流传耶律洪基的《题李俨黄菊赋》。它是契丹诗词中的名诗精品。元朝人张肯化用此诗，作《蝶恋花》词上半阕："昨日得卿《黄菊赋》，细剪金英，题作多情句。冷落西风吹不去，袖中犹有余香度。"一首诗，稍作改动，就能变成一首不错的词。这也从侧面说明耶律洪基的诗词水平颇有造诣了。

耶律乙辛乐得皇帝跟其他大臣一起喝酒吟诗。他看不惯耶律俨，却经常在皇帝面前吹捧耶律俨的诗词水平高，以间接促使皇帝更进一步地沉迷于诗词创作之中。不过，好景不长，1075 年，耶律洪基命令皇太子耶律浚兼任北、南枢密院事，参与朝政。耶律乙辛一手遮天的局面被打破。

耶律浚从小就能言善辩，好学习，通书文。耶律洪基非常欣赏他，不仅情不自禁地夸他聪明，还经常将他带在身边。1063 年，耶律浚 7 岁，随耶律洪基打猎时，连射 3 箭，都射中猎物。耶律洪基当众夸他骑射术精湛。第二年，耶律浚就被册立为皇太子。

耶律浚的职位是太子兼任北、南枢密院事，权职叠加起来，可以处理很多耶律乙辛无法干涉的事。耶律浚上任后，契丹吏治很快得到整饬，官场风气大大改观。

耶律乙辛操弄权势的空间没有了，郁郁不得志，决心推倒耶律浚这个障碍。耶律浚是皇后所生，皇后又深得耶律洪基的宠爱。有皇后和皇帝支持，想扳倒耶律浚就非常困难。耶律乙辛召集同伙商议，最后想出一个歹毒的策略，决定先找个借口诬告皇后，等除掉皇后，再寻机除掉太子。

这个计划能成功实施吗？耶律浚母子的命运又如何呢？

4. 桃色绯闻，萧皇后遭诬陷丢了性命

耶律洪基的皇后叫萧观音。萧观音长得姿容冠绝，颖慧秀逸，娇艳动人，个性内向纤柔，很有才华，善于写诗做文章，是契丹历史上少有的才女。不仅如此，她弹得一手好琵琶，经常自己写一些歌词，然后配成曲子演奏。

相传，萧观音母亲临产时，梦见月亮掉进怀里然后上升，光辉照得人不能抬头看，渐渐升到天空中，忽然被天狗吃掉。惊醒后，她便生下一个女孩。这个女孩自幼能诵诗、熟读经史子集，长大后姿容端丽，被认为有几分像观音菩萨，因而取名叫萧观音。

1043 年，耶律洪基总管北、南院枢密使事，加尚书令，进封燕赵国王，兼天下兵马大元帅，参与朝政。因爱慕萧观音贤淑，耶律洪基娶她为太子妃。1055 年，耶律洪基继位，萧观音被册封为皇后。第二年秋，耶律洪基带她去秋山打猎，到伏虎林时，兴致大发，让她作诗。萧观音当场作诗《伏虎林应制》："威风万里压南邦，东去能翻鸭绿江。灵怪大千俱破胆，哪教猛虎不投降？"在场的人读这首诗，无不拍手称好。

1058 年，皇后萧观音生下皇子耶律浚。耶律重元的妃子来祝贺时，

表现得高傲冷艳。萧观音告诫她说："皇室家族的妇女，为什么一定要这样呢？"这话让皇太叔的妃子觉得伤自尊，丢面子。事后，她积极煽动皇太叔造反。耶律重元父子造反被镇压后，耶律乙辛等人功勋卓著，获得提拔，很快便权倾朝野。萧观音当时受耶律洪基专宠，不与耶律乙辛一党同流合污。耶律乙辛等人感到十分郁闷，逐渐对她产生了敌意。

1065 年，梁王耶律浚被册立为皇太子后，耶律乙辛对萧观音的敌意更浓。耶律洪基喜欢打猎喝酒，耶律乙辛经常有意无意地鼓励他那样做。萧观音见皇帝完全荒废了朝政，常常劝谏他。耶律洪基非常生气，逐渐疏远了皇后。

受冷落后，文艺范十足的萧观音便沉溺于诗歌写作之中。她创作了10 首词《回心院》，抒发幽怨怅惘的情思。《回心院》："扫深殿，闭久金铺暗。游丝络网尘作堆，积岁青苔厚阶面。扫深殿，待君宴。""拂象床，凭梦借高唐。敲坏半边知妾卧，恰当天处少辉光。拂象床，待君王。""换香枕，一半无云锦。为是秋来展转多，更有双双泪痕渗。换香枕，待君寝。"等，这 10 首词的词意鲜明，情感动人，从宴寝欢娱多方面联章铺叙，反复咏叹，表达了被爱所困的缠绵悱恻的感情。

萧观音不仅喜欢写词，还喜欢谱曲，更喜欢亲自唱词唱曲。她叫宫廷乐师赵惟一谱上曲，并经常召见他，孤男寡女，一个人弹琴，一个人唱词，或者一个人弹琴，一个人跳舞唱词。这种小范围内的娱乐就给人留下太多的想象空间。

耶律乙辛想除掉萧观音，派人到处刺探消息。得知皇后经常单独召见赵惟一一起切磋音乐，他就有意识地收买妒忌赵惟一的人朱顶鹤，收买被皇后惩罚过的婢女单登。朱顶鹤与单登是相好，他们偷情被萧观音撞见过。

萧观音发现朱顶鹤与单登偷情后，没把他们交给宫廷监处理，也并未按照相关规定将朱顶鹤和单登判死罪，而是宽大为怀，抽了单登几鞭子后把她放了，而对朱顶鹤一番严厉斥责警告后，也没有进一步追究他的责任。

朱顶鹤和单登有个共同的敌人，那就是他们极其妒忌的赵惟一。尤其是单登，她将赵惟一当作实现人生上升道路上的绊脚石。原来，她本是耶律重元家的婢女，也会弹筝。耶律重元叛乱被镇压后，单登被赏给萧观音做婢女。她见赵惟一受宠，也想通过音乐获得皇后重视，主动请求弹筝。皇后非常高兴，召见单登对弹了 4 天二十八调，发现她的音乐水平连自己都不如，更比不上赵惟一。于是，皇后不再召见单登，只单独召见赵惟一切磋音乐。

单登不服气，认为没有赵惟一的话，陪皇后切磋音乐的人将会是她。于是，她经常向妹妹清子发牢骚，诅咒赵惟一。清子是耶律乙辛的情妇。在一次闲聊中，清子将单登对皇后和赵惟一不满的事告诉了耶律乙辛。耶律乙辛得知此消息大喜，秘密会见单登，全面了解她与皇后的关系。

单登告诉耶律乙辛，说皇帝（耶律洪基）曾经想召单登弹奏，可能也想宠幸她，皇后却劝阻皇帝："她是叛臣婢女，难保她不会像古时豫让那样为主报仇。"皇帝听了那话，就没单独召她弹奏，后来对她也不感兴趣了。

耶律乙辛趁机煽风点火，说不仅赵惟一阻扰了她的前程，皇后也阻扰了她的前程。等单登的情绪被调动起来后，耶律乙辛便指示单登和朱顶鹤配合他行动，诬陷赵惟一与皇后偷情，一举将这两个阻碍除掉。就这样，单登和朱顶鹤成为耶律乙辛陷害萧观音的帮凶。

耶律乙辛找人写成《十香词》。《十香词》是 10 首五言绝句的统称，每首绝句描写身体的一个部位，分别为发、乳、颊、颈、舌、口、手、足、阴部及肌肤。其中，有些诗句，例如"红绡一幅强，轻阑白玉光；试开胸探取，尤比颤酥香""解带色已颤，触手心愈忙；哪识罗裙内，销魂别有香"，时隔千年，我们品读其意境，发现它依然难以逃脱香艳的嫌疑，难以登大雅之堂。

耶律乙辛将《十香词》交给单登，让她寻机请求皇后抄写一次。单登告诉耶律乙辛，她曾经见过皇后写了一首七言绝句《怀古》："宫中只数赵家妆，败雨残云误汉王。唯有知情一片月，曾窥飞燕入昭阳。"这首诗是写宫女思春的。耶律乙辛见此，喜出望外，叮嘱要单登引诱皇后将《十香词》和《怀古》都写一遍。

有一天，单登拿着《十香词》对皇后说："奴婢得到宋国皇后写的词，请皇后品鉴！"

皇后非常崇尚汉文化，听说是宋朝皇后写的词，兴趣大增，就拿过去仔细看了看，然后对单登说："词写得挺好的，只不过内容有点俗。"

单登趁机说："宋国皇后写的词，奴婢没资格评论。在奴婢心里，您写的诗词才是最好的！"

皇后见单登那样说，便问她："那你觉得我哪首诗词写得好？"

"哪首诗词都写得好！别的不说，相比《十香词》，您那首《怀古》更胜一筹。"单登装作突然发现什么的样子，"对了，两国皇后诗词对比的话，您 1 首诗要赛过宋朝皇后的 10 首诗了……"

"哪里有那么夸张？"皇后有些不好意思。她对自己的才华非常自信，没想到宋朝皇后也会写诗词，且看起来水平不低，便有了比试比试的念头。

"真的。娘娘，如果您能将《十香词》和《怀古》写在一起，奴婢相信，稍有文化水平的人，都会认为您的水平高过宋朝皇后的。还有，您的书法，写下两国皇后的诗词，这是一段千古佳话啊……"单登观察到了皇后的神情变化，进一步引诱她。

皇后听了那些话，不再扭捏，便提笔将《十香词》抄写了一遍，然后写下《怀古》，还特意在后面签名了。写完，她拿起来反复比较，反复揣摩，似乎要比较出来"究竟是哪个皇后写的诗词更好"。

等皇后揣摩很久后，单登趁机请求瞻仰一下两国皇后的诗词。皇后没任何戒备，将写好的诗词交给了她。随后，单登将那些交给了耶律乙辛。耶律乙辛借题发挥，曲意解读，命令单登根据这些证据指控赵惟一与皇后私通。

耶律洪基得知皇后"红杏出墙"的消息，非常愤怒，决定给予严厉惩罚。于是，他命令最信任的枢密使耶律乙辛和宰相张孝杰负责调查这件事情。耶律乙辛唯恐皇后罪不至死。张孝杰也是一个大奸臣，对耶律乙辛百般讨好。他们在调查这件事情时根本不秉公处理，而是尽量收集一些对皇后不利的证据。

耶律乙辛通过收买和威逼手段，让单登和朱顶鹤分别做证，又捕风捉影地把教坊艺人高长命抓来，严刑拷打，屈打成招，逼他们把某年某月某日某时萧观音与赵惟一在何处苟且的事情编排得清清楚楚。

根据那些编造的证词，耶律乙辛在《奏懿德皇后私伶官疏》中将皇后与赵惟一偷情的过程描述得非常细致。"到了晚上，令人点亮烛火，传令赵惟一脱掉官服，身着绿巾、金抹额、窄袖紫罗衫、珠带乌靴。皇后穿着紫金百凤衫、杏黄金缕裙，头戴百宝花簪，脚穿红凤花靴，令赵惟一重新搁置内帐……""当时是单登值帐，没有听到帐内弹琴饮酒声，反而听见有笑声。于是，单登从帐外偷听。听见皇后说：'可以封你做郎君。'赵惟一低声说：'奴才虽然健硕，但只不过是小蛇，自然敌不过可汗的真龙。'皇后说：'虽为小猛蛇却赛过真懒龙。'……"

除这些不堪的情节，单登还做证："皇后赐给金帛一篓，赵惟一谢恩而出，其后虽然皇后随时召见，但赵惟一不敢入帐。皇后非常想念他，所以作《十香词》赐给他。赵惟一在朱顶鹤面前炫耀《十香词》，朱顶鹤夺过《十香词》，后来与单登惧怕连坐，找到耶律乙辛，乞求耶律乙辛代为转奏。"

耶律洪基看了供词，一下子受不了。他当即下令诛灭赵惟一九族，赐皇后自尽，把她的尸体全裸后用草包起来，送回她的娘家。

作为一国皇帝来说，皇后与人私通，当然不是什么光荣的事，但遇到这样的事时不能太冲动，应该冷静下来，寻找最佳处理方式，积极去调查事情的真相。耶律洪基自比圣主，摆出圣主的模样，被奸臣耶律乙辛掌握了心思，利用他的冲动，诬陷并处死皇后，让他这个圣主变成糊涂虫。

耶律洪基在位时间较长，虽然他在位期间契丹外部比较稳定，但契丹内部政治制度已经非常黑暗，已经不可避免地走向衰落了。

5. 皇储之争，奸佞终于露出"狐狸尾巴"

轻信奸臣谗言，处死皇后，昏庸至极，但契丹"圣主"耶律洪基并没有吸取经验教训，而是继续听信奸臣的话，又让太子蒙冤至死。丧妻又丧子，连环遭同一个奸臣陷害，这在历史上实在是少有的。

萧观音死后，耶律乙辛心中不安，又与宰相张孝杰一起加紧谋害太子。他们知道，要想谋害太子，必先加强对皇帝心理的掌控。于是，他想通过立新皇后，来讨好和掌控耶律洪基。

有一天，耶律乙辛对耶律洪基说："皇帝与皇后如同天地并立，中宫怎能长期空置呢？"

耶律洪基一听，觉得有道理，便问他认为册立谁为皇后合适。耶律乙辛趁机称赞同党驸马都尉萧霞抹的妹妹如何美丽贤惠。耶律洪基深信不疑，不久就册立萧霞抹的妹妹为皇后。

林牙萧岩寿上奏耶律洪基，说："耶律乙辛从太子参与政事起就心怀疑惧，现在又与宰相张孝杰互相勾结。恐怕他有反叛图谋。皇上，您不能让他身居要职啊！"耶律洪基想了想，也认为有一定的道理，调耶律乙辛去做中京留守。这属于平调，但需要离开皇帝一段时间，耶律乙辛心里非常不高兴。

在赴中京任职时，耶律乙辛哭着对送行的人说："我耶律乙辛没犯什么过错，是因为有人向皇上进谗言，才被贬出京城的。"

萧霞抹送完耶律乙辛后，将他的话说给皇帝听。耶律洪基有些后悔将耶律乙辛赶出京城，便将账算在萧岩寿身上。不久，他派萧岩寿出任顺义军节度使，把萧岩寿赶出京城，并下令近臣讨论召回耶律乙辛的事。大臣们都不敢说什么。耶律撒剌说："当初，因为萧岩寿上奏而贬出耶律乙辛。如果萧岩寿上奏不对，就该将他治罪；如果萧岩寿上奏的对，就不该再召回耶律乙辛。"

耶律洪基也知道萧岩寿上奏的有一定道理，不忍心将他治罪，但又特别想召回耶律乙辛。于是，他没听耶律撒剌的劝谏，直接召回耶律乙辛，让他再次出任北院枢密使。这样，耶律乙辛又回到京城，又有了陷害太子的机会。

当时，太子耶律浚因为母亲被陷害致死，脸上常常挂着忧郁的神色。耶律乙辛看到这一幕，幸灾乐祸，还决定落井下石。他没有直接找太子耶律浚的不是，而是经常向皇帝进谗言，诽谤太子身边那些忠直善良的人。耶律洪基对耶律乙辛的话深信不疑。太子身边那些忠直善良的人不是被赶出京城，就是被撤职赋闲，而换上来的很多是耶律乙辛的党羽，或者是见风使舵的人。

萧十三建议耶律乙辛派亲信去诬告太子，就说有人策划拥立太子为皇帝。耶律乙辛觉得此计可行，在半夜召见亲信萧得里特，让他出主意设计陷害太子。萧得里特让护卫太保耶律查剌诬告耶律撒剌等人一起商议扶立太子为皇帝。

耶律洪基得知太子想夺位，非常生气，下令进行深入调查。因为没充分的证据，这件事情不了了之。于是，耶律乙辛又让亲信萧讹都斡到皇帝那里自首。萧讹都斡装作非常惊恐的样子，对皇帝说："耶律查剌上次告发耶律撒剌等人谋划拥立太子登基那事，的确是存在的事实。我也参与了那件事的谋划。当时，我们都想杀耶律乙辛等人，拥护太子登基称帝。事后，我觉得那事大逆不道，内心惶恐得很。我想了很久，还是来跟皇上说清楚那件事，乞求皇上宽恕，以免那件事败露受到株连。"

见萧讹都斡如此说，耶律洪基便深信有耶律撒剌等人谋划拥立太子登基之事，又下令审查。耶律乙辛让萧讹都斡揭发几个与他不和的人，然后又想办法威逼那些人"承认"参加谋反。这样，耶律乙辛就制造了一些"太子想篡位"的证据。

耶律洪基看到那些"证据"后大怒，令人诛杀耶律撒剌等"参与谋反的人"。耶律乙辛怕引起皇帝怀疑，便带几个人去盘问"参与谋反的人"。在盘问前，他先买通狱卒，给"参与谋反的人"戴上沉重的枷具，用绳索缠缚他们的脖子，使他们不能出气。那些人无法忍受酷刑，只求早点死去，便在供词上按下了手印。

耶律乙辛上奏皇帝说："我审核了他们的供词。他们所说的与萧讹都斡所说的完全一致，也都在供词上画押了。"耶律洪基下令将"参与谋反的人"全部杀死。

在处理这批"反党"后，耶律洪基下令将太子耶律浚囚禁在上京。耶律乙辛并没有就此罢休，继续落井下石，买通看守的人，让他们折磨太子。太子虽然被囚禁，但耶律乙辛还是不放心，彻夜难眠——万一哪天皇帝将太子放出来了，自己还是免不了要遭报复的。

斩草不除根，春风吹又生。耶律乙辛决定消除后患。他秘密派人到上京去，半夜潜入太子的住处，用毒药毒死了他。得知消息后，耶律乙辛和同党欢饮数天。他们从此再也不担心在朝廷中受到威胁了。

上京留守萧挞得知太子已死，唯恐惹怒皇帝，只好向皇帝报告说太子畏罪服毒自杀。

太子耶律浚是耶律洪基唯一的儿子。耶律洪基把太子关起来，只是想让他好好反省自己谋反的行为，没有处死他的打算。得知唯一的儿子死了，耶律洪基非常哀痛伤心，便想免除太子妃的罪，将她召回京城。

对耶律乙辛来说，太子妃回到皇帝身边，这也是一颗定时炸弹。耶律乙辛便派人日夜兼程赶到上京，抢先将太子妃杀死。耶律洪基派人去接太子妃时，得到的却是太子妃已经自尽的消息。皇后死了，太子死了，太子妃死了，耶律洪基居然一点也不知道都是耶律乙辛一伙人所为，只是感到上天对他不公平。

耶律洪基是皇帝，可以随便续娶妻子，但无法逃脱丧妻丧子的痛苦。耶律浚死后，耶律洪基没其他儿子继承皇位，皇储空位了。耶律洪基已经当了多年皇帝，成为垂垂老矣的人。他担心自己死后，契丹贵族会为争夺下一任皇帝而发动内战，导致亡国灭族，所以立皇储是国家大事，不得不提前进行。不过，是册封耶律浚唯一的儿子耶律延禧为皇储，还是册封皇族的侄子为皇储，耶律洪基犹疑不定。

耶律乙辛等人对契丹皇储的人选也非常关注。他们害怕一旦立耶律延禧做皇储，将来他们会遭报复，就主动提出请立耶律淳为皇太子。耶律淳是耶律洪基的弟弟耶律和鲁斡的儿子，从小由皇太后养大。耶律淳聪明伶俐，十分爱好文学，在契丹贵族中有非常高的声望。

耶律洪基想了想，便想同意立侄子耶律淳为皇储。萧兀纳和萧陶隗提出反对意见。萧兀纳说："您放弃自己的嫡孙不立，是把国家给予别人啊！要立皇储，当然应立嫡皇孙耶律延禧！"

耶律洪基一听，也觉得有道理。此外，他还觉得有些愧对耶律浚，便同意立耶律延禧为皇储，称为皇太孙。耶律延禧成为皇位继承人，这又让耶律乙辛一伙人感受到威胁。耶律乙辛越发觉得可能遭到皇太孙报复，又想找机会谋杀皇太孙。

耶律洪基对皇太孙很宠爱，放在自己身边抚养，时刻都带在身边。耶律乙辛要想害死皇太孙，也并非像前两次害死萧观音和耶律浚那样容易。不过，皇太孙也并非从此就会安全。

1079年，耶律洪基要外出狩猎，照例带上皇太孙。耶律乙辛想趁机谋害皇太孙，奏请留下皇太孙留守京城。耶律洪基对耶律乙辛的话深信不疑，准备将皇太孙留下，自己单独出去打猎。同知点检萧兀纳立即劝阻。耶律洪基才意识到把皇太孙留下来是将唯一的皇孙置于危险境地，才没同意耶律乙辛的请求，坚决要带皇太孙一起出行打猎。

皇太孙耶律延禧是耶律洪基唯一的继承人。经过萧兀纳暗示，耶律洪基也好像醒悟了什么，便开始怀疑耶律乙辛，不再对他言听计从，且开始有意识地察觉他的忠奸。

有一天，耶律洪基外出时，偶尔回头一看，发现随从的众官大多跟在耶律乙辛身后，对他毕恭毕敬。耶律洪基这才发觉自己这个皇帝在众官眼里早变成了"多余人"。因为这件事，耶律洪基心里非常厌恨耶律乙辛，决定把他赶出朝廷。他寻找了一个借口，削除耶律乙辛的一字王爵，改为混同王，派他担任南院大王。

在耶律乙辛即将离京上任时，耶律洪基又改变主意，改任他为知兴中府事。耶律乙辛遭到耶律洪基厌恨后，并不知道收敛，继续为非作歹。1081年，他因犯将违禁物品卖到外国的罪行，被捉拿入狱。耶律洪基命令有司议罪，依法当处死他。同党耶律燕哥向皇帝求情。耶律乙辛得以免死罪，被幽禁在来州。后来，他密谋逃往宋朝，又私藏兵器准备谋反，被杀死。

此时，已经迈入老年的耶律洪基，把希望寄托在皇太孙身上。他一生期望做圣主，结果叔叔谋反，又听信奸臣的话害死老婆孩子，不能不说是失败的。幸好，他最终识破耶律乙辛的真面目，处死了耶律乙辛，才保住唯一的孙子，为契丹国祚传承留下了一丝希望。

6. 助夏除逆，昏君也有人生风光时刻

在接下来的岁月里，耶律洪基无意间体验了一下霸主的感觉，但因其昏庸，失去了振兴契丹的机会。

在契丹走向衰落时，西夏也发生了巨大变化。西夏王李秉常死后，仅3岁的李乾顺继承王位，王太后梁氏和权臣梁乙逋掌握朝政大权。他们兄妹凭借强大的权力，不断扩充梁氏家族的势力。梁氏兄妹专权，西夏内部矛盾丛生，满朝文武大臣表面对他们恭恭敬敬，小心翼翼，尽职尽责，内心却十分不满，时刻期待有机会杀死他们。西夏陷入危机，内

战已是箭在弦上。

梁太后和梁乙逋也知道很多人对他们面服心不服。不过，西夏王才几岁，他们不专权，同样会出现其他大臣专权。为了巩固统治，他们剑走偏锋，先激化矛盾，再转移矛盾，通过对外战争，转移国内对他们的不满。

对外战争，拿谁开刀呢？在李乾顺登基第二年，宋朝就派使者册封他为夏国王；契丹也派人来册封他为夏国王。宋朝和契丹都对西夏推行和平友好的政策，跟谁挑起战争，都要好好考虑一番。梁氏兄妹左思右想，最终选择战斗力偏弱的宋朝作为攻打对象。

西夏军打着入主中原的旗号，对宋朝发起猛烈进攻。战争开始后，西夏军频频得手。梁氏兄妹兴奋不已，根本就不停手，大战不断，小战连连，一口气跟宋军打了五六十场战争。他们又以打听中原虚实以求得更多岁币为借口，始终与宋朝保持臣属关系，不断派使者访问宋朝。宋朝被西夏折腾得非常头痛，不得不改变策略，准备打一场大战争。

不久，为争权夺利，梁氏兄妹反目为仇。梁太后诛杀哥哥梁乙逋，独揽朝政。为提升声望，梁太后将穷兵黩武的政策发挥到了极致。她经常带着小西夏王，倾举国之兵，向宋朝发起进攻，挥军在宋朝境内烧杀抢掠。

平夏城是宋朝经营多年的抗击西夏军事防线的节点城池。梁太后率40万西夏军攻打平夏城。宋军凭借平夏城坚固的城墙和易守难攻的地理位置，与西夏军展开旷日持久的消耗战争。梁太后见平夏城久攻不下，心急如焚。下属告诉她军队的粮草快耗光了。她不但没有下令撤军，反而下令加紧围攻平夏城。

就在这时，天气发生巨变，大风骤起，西夏军的马车都被大风掀翻。西夏军虽然习惯了风沙天气，但没见过如此诡异的天气，吓得胆战心惊，军阵大乱。宋军守将看到这一幕，抓住机会，趁机反攻。宋军一阵猛冲，西夏军惨败。梁太后和西夏王李乾顺在部下的拼死保护下才侥幸逃走。

梁太后见西夏军如此惨败，又羞又怒，决定向契丹寻求帮助，想重整旗鼓，报仇雪恨，狠狠地打击一下宋朝。契丹是西夏战略盟友。契丹执行扶夏制宋战略。梁太后向契丹寻求帮助，再正常不过。但耶律洪基听说梁太后在西夏的专权非常不得人心，从内心看不起她。梁太后三番五次派人来求援，耶律洪基一概不搭理。梁太后心里恼火，亲自写信给契丹皇帝，指责他不履行盟友义务。耶律洪基遭到梁太后指责，内心更不爽，决定寻机除掉她。

当时，李乾顺已经 16 岁。按照西夏法规，他可以亲政了，垂帘听政的梁太后该交权力了。可梁太后根本不想交出权力，想继续独断专行。耶律洪基得知此消息，认为机会来临，派人到西夏用毒酒杀死梁太后，扶植李乾顺亲政。李乾顺亲政后，在耶律洪基的劝说下，与宋朝和解。但是，时任宋朝皇帝赵煦好不容易大胜一次，扬眉吐气了，恨不得直接率军踏平西夏，不同意和解。李乾顺无奈，再次求助于契丹皇帝。

耶律洪基正为自己扶植了李乾顺而得意，想都没想就答应李乾顺的请求，充当调解人。在耶律洪基的指导下，李乾顺先杀了梁太后的军师、帮助梁太后策划发动侵宋战争的嵬保没等人，然后向宋朝上表谢罪。

赵煦见耶律洪基从中斡旋，又见李乾顺确实有诚意与宋朝修复关系，就充分发扬大国风度，答应与西夏议和，并恢复岁赐。这是耶律洪基在外交领域最风光的一次。

李乾顺见契丹一次次帮他，西夏获得不少好处。没多久，他派人到契丹求亲，希望能与契丹结秦晋之好，消除契丹皇帝杀死梁太后引起的两国之间的隔阂，同时巩固两国关系，增进双方友谊。

耶律洪基当然明白李乾顺的用意，但他根本不觉得契丹与西夏结秦晋之好有什么益处，想都没想就拒绝了。李乾顺并不死心，没多久又派人前来求亲。后来耶律洪基死了，耶律延禧登基继位后，同样拒绝了李乾顺的请求。

不过，李乾顺对契丹皇帝帮他解决两件头痛的大事心存感激，非要结亲不可，再一次派使者来求亲。刚继位的耶律延禧见西夏王那么有诚意，就爽快答应求亲。他册封宗室女耶律南仙为成安公主，下嫁给西夏王。

成安公主嫁到西夏后，心里惦记着契丹。后来，得知耶律延禧被金军追得到处躲藏，她督促西夏王派人迎接契丹皇帝去西夏避难。当得知西夏王迫于压力向金国称臣，同意抓到契丹皇帝后将其送到金国时，她悲痛欲绝，绝食而死。

这是耶律延禧答应李乾顺求亲的一份恩情所致。耶律洪基两次帮助李乾顺，又坚决拒绝同李乾顺结亲，实在匪夷所思。在 46 年的皇帝生涯中，耶律洪基直到死都没做件英明事，实在有些遗憾。

第八章　宠信奸佞，
　　　　耶律延禧领导帝国走向雪崩

耶律延禧从小目睹宫廷的权力斗争，看破世态炎凉，却未从中吸取教训。登基后，他凭喜好任用大臣，重用一味讨好他谋私利的萧奉先父子，导致契丹贵族内部离心离德，还无端挑起与女真人的矛盾。十几年时间，契丹被女真人消灭，他也从帝国皇帝变成阶下囚。

1. 不分忠奸，契丹的腐败加速恶化

耶律延禧虽然被立为皇太孙，被封梁王，被作为皇帝接班人来培养，但没父母的他，在祖父面前，也根本没幸福可言。他极度缺乏安全感，不轻易相信任何人，也不敢流露真实想法，只想通过各种方式保全自身，对不喜欢的人默默记在心里，寻机报复。

1101 年正月十三，耶律延禧奉遗诏继皇帝位。不过，他一继位就显得昏庸无能。他下诏，恢复被耶律乙辛诬陷官员的官职和爵位，任命南府宰相耶律斡特剌兼任南院枢密使，任命宋魏国王耶律和鲁斡为天下兵马大元帅，晋封北平郡王耶律淳为郑王，加北院枢密使耶律阿思于越的封号；下令严惩奸相张孝杰，下令给北府宰相萧兀纳加守太傅的称号，让他出任辽兴军节度使。

乍一看，这些调任并没什么不妥之处。萧兀纳是耶律延禧能活命和继承皇位的关键人物。耶律延禧继位第一件事，就将萧兀纳赶出朝廷，以明升暗降的方式派到地方任职，着实令那些想干实事的官员感到心寒。

萧兀纳是耶律延禧的恩人不假，但一直是耶律延禧最想躲避的人也是真的。耶律延禧尚未继位时，萧兀纳多次直言劝谏，拂逆耶律延禧的心意，让他感到极其不舒服。

耶律洪基贬走耶律乙辛和耶律淳等人后，嘉许萧兀纳忠心，封他兰陵郡王。后来，舆论说萧兀纳很像古时扶持社稷的重臣。耶律洪基还任命他出任殿前都点检，还对王师儒、耶律固等人说："萧兀纳忠诚纯正，即使是狄仁杰辅佐唐室，耶律屋质扶立穆宗（耶律璟），都没法超过他。我的看法，你们要转达给燕王（耶律延禧）知道啊！"

从这以后，耶律洪基任命萧兀纳出任燕王耶律延禧的老师。1095年，他又任命萧兀纳为北府宰相。

佛殿小底王华诬陷萧兀纳借用内府的犀角。耶律延禧虽然了解萧兀纳的为人，但还是趁机派人审问他。萧兀纳气愤地说："我在先朝时，皇帝诏令准予每天取用10万钱作为日常开销，我都不曾胡乱取用一文钱，难道现在我会借用犀角吗？难道现在我就突然变得贪钱了吗？"

见萧兀纳辩解，耶律延禧更加恼怒，罢免他宰相之职，将他降为宁边州刺史。不久，他又改任萧兀纳为临海军节度使。后来，萧兀纳又出任黄龙府知府，改任东北路统军使。总之，耶律延禧要将萧兀纳发配到偏远地方，越偏远越好，眼不见，心不烦。

此后，萧兀纳一直在地方任职，但对朝廷一直忠心耿耿。出任东北路统军使后，他上书给耶律延禧，说："我的治所与女真诸部接壤。我一直在观察女真人的行为，发现他们的志向不小。我们应当在他们发动反叛之前，派兵去消灭他们。"耶律延禧对此置之不理。

见该重用的人不重用，契丹一些皇族和贵族并不把耶律延禧放在眼里。耶律延禧继位不到两年，即 1102 年十月，萧海里就发动叛乱，劫掠乾州武库的兵器甲胄。耶律延禧命令北面林牙郝家奴率契丹军去镇压。萧海里率反军逃到女真阿典部。

萧海里派萧斡达刺去和女真诸部讲和，说："我们愿意和你们做朋友，一同前去攻打契丹。"

女真人逮捕了萧斡达刺。正好耶律延禧传令女真人讨伐和缉捕萧海里所部反军。女真人将萧海里的使者萧斡达刺押送到契丹。耶律延禧非常高兴，不顾大臣反对，一口气奖赏女真人 1000 多件铠甲。

萧海里再派人到女真议和时，又被女真人抓捕。不久，女真部落首领完颜盈歌率女真军与萧海里所率反军相遇。萧海里在远处问完颜盈歌："我派的人在什么地方？"

完颜盈歌回答说："和后面的人一同来了。"萧海里不相信。

当时，契丹几千士兵赶来追击萧海里所率的反军，却不能战胜反军。完颜盈歌对契丹将领说："让你的军队退下去休息，让女真猛士来单独擒拿萧海里吧！"契丹将领答应了完颜盈歌的请求，率军撤退到旁边观望。

随后，完颜盈歌命令完颜阿骨打出战。完颜阿骨打策马冲锋，一箭就射中萧海里的头部。萧海里随即落在马下。接下来，女真军发起冲锋，只花了片刻时间就把萧海里所部反军打得大败。这一战，女真军的强大战斗力彰显出来了。尤其是在战场上做了完美表演的完颜阿骨打，对契丹军逐渐产生了怠慢。

1103 年正月，耶律延禧到混同江时，女真人用盒子装着萧海里的头送了过来。契丹借助女真人的力量成功镇压萧海里造反，并未巩固政权，反而成为亡国的开始。因为女真人从此有轻视契丹人的意识，逐渐不服契丹。耶律延禧却进一步重用对他有威胁的人。

这年十一月，耶律延禧册封宋魏国王耶律和鲁斡为皇太叔，晋封梁王耶律挞鲁为燕国王，任命郑王耶律淳为东京留守，晋封越国王，百官分别晋升一级官阶。

　　耶律延禧从他昏庸的祖父那里继承皇位，但比祖父更昏庸。他任用大臣时，凭自己喜好，恩将仇报，把对他最忠心的萧兀纳打入奸臣之列，把与他曾有皇位继承人之争的耶律淳父子当作亲信，一而再再而三地提拔他们。这种做法使契丹贵族内部离心离德，也让逐渐强大起来的女真人轻视。这些避免不了使契丹走向衰落，也避免不了女真人率军反契丹。

2. 女真反辽，帝国东部战火燃起

　　耶律延禧并没从萧海里反叛事件中吸取教训，更没意识到如今女真诸部对契丹的看法不一样了。1112 年二月，耶律延禧到春州，依旧例召集周围千里以内的女真部落首领前来朝见，设宴招待他们，跟他们一起尽情共饮。

　　喝酒喝得高兴时，耶律延禧从座位上站起来，凭临殿前栏杆，命诸位女真部落首领一个个地跳舞给他看。在那个时代，演员的社会地位比较低。契丹皇帝要求女真诸部首领一个个地跳舞给他看，有悖礼制，且带有戏弄女真部落首领的意味。迫于契丹的实力，女真诸部首领一个个地跳舞了，唯有完颜阿骨打坚决推辞说不会跳舞。随从人员再三劝他，他始终不肯跳舞。最后，大家不欢而散。

　　过了两天，耶律延禧私下对枢密使萧奉先说："前天宴会上，完颜阿骨打意气豪迈，举手投足不同于平常人，你可以借口边境事务杀了他。否则，必定会留下后患！"从后来的历史发展看，他的看法是有见地的，但遗憾的是，他太相信萧奉先了，最终没能坚持自己正确的意见。

　　萧奉先回答说："完颜阿骨打就是个粗人，不懂礼义。他没有大的过错，您诛杀他，恐怕会伤害那些向慕归化人的心。退一万步讲，他即使有叛离的想法，又能有什么作为呢？"耶律延禧一听，也觉得有道理，没必要去杀一个无足轻重的人。

完颜阿骨打的弟弟完颜吴乞买、侄子完颜粘罕、完颜胡舍等人曾伴随耶律延禧狩猎。他们能射鹿，刺杀虎，搏击熊，表现得非常英勇。耶律延禧赏识他们，给他们一一封官。耶律延禧想到这些，就没坚持要杀掉完颜阿骨打。

完颜阿骨打得知耶律延禧怀疑他有二心。回到女真后，他便举兵兼并附近的女真部落，积极扩展实力。女真族的赵三和阿鹘产率军对抗完颜阿骨打所部。完颜阿骨打一战下来，掳获他们的家属。赵三和阿鹘产赶赴契丹咸州申诉后，详稳司把这件事送到北枢密院处理。枢密使萧奉先将此事当作平常事上奏皇帝。耶律延禧根本不想搭理这种"小事"，令人送交咸州，让咸州地方官去责问完颜阿骨打，责成他悔过自新。这件事令完颜阿骨打看到了耶律延禧的昏庸。

在咸州地方官处理这件事的前一天，完颜阿骨打率500名女真骑兵冲到咸州城示威。第二天，完颜阿骨打到详稳司，要求与赵三等人当面对质。一番对质后，详稳司依照耶律延禧的指示做了相关判决。完颜阿骨打不服判决。详稳司便把完颜阿骨打送交朝廷的相关部门审讯。一天晚上，完颜阿骨打悄悄逃走，然后派人送信给契丹皇帝，辩诉说咸州详稳司想杀他，他不敢留下，不得不悄悄地走了。对这件事，耶律延禧也没上心，不了了之。

一晃两年过去了。1114年正月，女真完颜部派使者前来契丹上京，索要女真纥石烈部首领阿疏。耶律延禧没答应。因为女真完颜部攻打女真纥石烈部时，耶律延禧曾下诏让他们停止战争，完颜部不听，纥石烈部首领阿疏走投无路，才率部跑到契丹避难的。完颜阿骨打不想让这件事不了了之。半年后，他再次派使者来契丹索要阿疏。耶律延禧依旧不肯放人。这样，契丹与女真完颜部便僵持起来。

这件事彻底激怒了完颜阿骨打。他令人在女真和契丹边境修建城堡，准备抗击契丹军。耶律延禧得知消息，派人去责问缘故。完颜阿骨打以傲慢的语气说："如果契丹归还阿疏，完颜部就像以前一样朝贡；否则，完颜部就修筑城堡，不会停止。"

耶律延禧见完颜阿骨打这样回复，非常生气，下令征发浑河以北诸军，增补搭配东北路统军司，命令他们做好准备进攻女真完颜部。

完颜阿骨打和完颜粘罕、完颜胡舍等人商议后，派完颜银术割、完颜移烈、完颜娄室等人担任统帅，汇集女真诸部兵马，主动攻击契丹境内，并很快攻下宁江州。

得知宁江州失守的消息时，耶律延禧正在庆州射鹿。他并不认为这有多大的事，毫不放在心上，仅仅派海州刺史高仙寿率渤海兵赶赴宁江州救援。不久，静江军节度使萧挞不也所部也遭到女真军攻击，并被女真军打败。耶律延禧这才意识到女真军并非好对付。同年十月初一，他任命守司空萧嗣先为东北路都统，静江军节度使萧挞不也为副统，征发3000名奚兵，2000名中京禁兵和土豪，此外还有从诸路选派的2000多名武勇者组成的敢死队，任命虞候崔公义为都押官，控鹤指挥邢颖为副押官，分别率军向女真完颜部发起征战。

在出河店，契丹军和女真军遭遇，展开决战。女真军一部暗渡混同江，突然袭击契丹军。萧嗣先所部契丹军被击溃，崔公义、邢颖、耶律佛留、萧葛十等契丹将领战死。出河店之战，整支契丹军只有17人活着逃回去。女真军取得了空前胜利。

萧奉先担心他弟弟萧嗣先因战败获罪，向耶律延禧奏称："东征溃败的军队沿路抢劫，如果不赦免他们的罪行，恐怕他们会聚众成为祸患。"耶律延禧对萧奉先的建议言听计从，下令赦免众人。最终，作为主帅的萧嗣先也只是被免官处罚而已。

耶律延禧糊里糊涂地听从萧奉先的意见，对战败的将士不追究，给契丹军带来灾难性的恶劣影响。这件事后，契丹军内互相传言说："拼命作战的人，会死去，且没有功劳，逃跑退却的人，会获得生路，又没有罪责。"从此，契丹军的战斗意志完全瓦解，遇到女真军，稍微作战不利，便奔逃溃散。

一个月后，萧嗣先率部在斡邻泊以东安营时，又遭到女真军袭击。契丹军将士大量死亡。萧敌里因兵败免官，但并没受任何实质性惩罚。耶律延禧如此优待败将，各地将领作战更加消极，遇到战争时，首先想到的就是逃命。契丹的咸州、宾州、祥州及铁骊部、兀惹部都投降女真。萧乙薛率契丹军前往增援宾州，耶律实娄、耶律特烈等人率契丹军增援咸州，都被女真军打败。

1115 年正月，见形势越来越恶化，耶律延禧下诏亲征，派耶律张家奴带着他的书信去女真完颜部，要求订立和约。耶律延禧在信中直呼完颜阿骨打的姓名。完颜阿骨打看完信件，非常生气，就派完颜赛剌回信，声称："如果契丹归还女真叛徒阿疏，将黄龙府迁到外地，才有资格跟女真商谈和议。"当时，契丹都统耶律斡里朵等人率军与女真军在达鲁古城交战，也以失败告终。耶律延禧面临的形势越来越窘迫。

进入二月，饶州渤海人古欲起兵反契丹，自称大王。过了一个月，耶律延禧才派萧谢佛留等人率契丹军去镇压古欲所部叛军，派耶律张家奴等 6 人携带书信出使女真完颜部。耶律延禧在信中继续直呼完颜阿骨打的姓名，叫他们赶紧放下武器，投降契丹。

契丹军此时已经完全没有战斗意志。萧谢佛留率领的契丹军很快被古欲所率的反军打败。又过了一个月，耶律延禧任命南面副部署萧陶苏斡为都统，率契丹军再次去镇压古欲所部反军。萧陶苏斡率契丹军与古欲所部叛军交战，又遭惨败。

耶律张家奴等人从女真完颜部回契丹，带回了完颜阿骨打的回信。完颜阿骨打也直呼耶律延禧的名字，叫他快快向女真投降。耶律延禧非常气愤，准备亲征女真，命令诸道准备征兵，同时派萧陶苏斡前去招抚古欲所部反军，派萧辞剌出使女真完颜部，告诉完颜阿骨打契丹皇帝要亲征，叫他赶快跪迎。

1115 年七月，在白马泊，耶律斡里朵等人率契丹军与女真军大战，再次失败。耶律延禧下令免去耶律斡里朵官职，在八月再亲自率契丹军进攻女真完颜部。他任命围场使阿不为中军都统，任命耶律张家奴为都监，率领 10 万名番汉兵；任命萧奉先为御营都统，诸行营都部署耶律章奴为副都统，率 2 万名精锐契丹军担任先锋。其余分五部，作为正军，还有 1000 名贵族子弟作为硬军，扈从百司作为护卫军，从北出骆驼口，向女真完颜部进攻；任命都点检萧胡笃为都统、枢密直学士柴谊为副都统，率 3 万马步汉军，从南出宁江州，向女真完颜部进攻。契丹军从长春州分路进发，准备了几个月的军粮，相约要在规定时间内剿灭女真完颜部。

契丹与女真之间一场大战即将爆发。耶律延禧能如期实现目标吗？

3. 贵族政变，女真人顺势实现崛起

1115 年九月初一，女真军攻陷契丹黄龙府。两天后，耶律延禧将北院枢密使萧得里底降职为西南面招讨使。萧辞剌出使女真完颜部回来，完颜阿骨打派赛剌带着书信前来契丹，再次告知耶律延禧：如果契丹能立即送还女真叛徒阿疏等人，女真军便可以班师回朝，不用打仗了。

耶律延禧震怒，给诸军下达诏书，命令他们努力作战，将女真完颜部彻底消灭。完颜阿骨打得知契丹皇帝给契丹军下达命令的消息，召集所有部众，演起苦情戏，当众用刀子划破自己的脸，仰天痛哭，说："当初，我率你们起兵反契丹，是因为契丹人太残忍、压榨我们，我们想自己立国，获得自由。现在，契丹皇帝亲征，你们说，该怎么办呢？除非人人拼死作战，否则，我们无法阻挡，全族将被消灭。这样吧，为了全族人的生存，你们不如杀死我以及我的家族，去契丹皇帝那里投降，转祸为福。"

这场苦情戏调动了女真诸将的情绪。他们大声说："事已至此，唯有战斗求生存！只要您下命令，我们唯命是从！"

完颜阿骨打见目的已经达到，大手一挥："勇士们，拼吧！"女真人团结一心，全力跟契丹人拼命，契丹贵族之间却矛盾重重，离心离德，军队没丝毫战斗意志，还有人在外患来临时，趁势叛乱自立为王。

1115年十月，完颜阿骨打正式宣布起兵反叛契丹。几天后，契丹贵族耶律章奴率军反叛，直奔上京，图谋迎立魏国王耶律淳做皇帝。这一事件彻底打乱了耶律延禧的部署，甚至在某种意义上彻底搞垮了契丹。

耶律章奴聪明机敏，善于谈论，在1115年时任同知咸州路兵马事。这年九月，女真完颜阿骨打派兵攻击契丹。耶律延禧决定亲征女真完颜部，任命萧胡笃担任先锋都统，耶律章奴为都监。耶律章奴肩负着镇压女真完颜部反叛的重任。

契丹军渡过鸭子河后，耶律章奴便与萧敌里、萧延留等人秘密谋划，准备扶立魏国王耶律淳为皇帝，率300多人突然逃回上京。耶律延禧得知消息，派驸马萧昱率契丹军前往广平淀保护后妃，派行宫小底乙信带着书信，飞驰去告知魏国王耶律淳。

不久，耶律延禧所率的契丹军被女真军击败。耶律章奴派萧敌里、萧延留把废黜皇帝耶律延禧、拥立耶律淳为皇帝的想法，飞速报告给耶律淳。当时，耶律淳对萧敌里、萧延留等人说："这不是小事，皇上自有诸王可以立为继承人，北面、南面大臣不来，你们突然提起这件事，到底是怎么想的？"随后，耶律淳暗中令人拘留萧敌里和萧延留。他担心这消息泄露后，出现不可控的事情。

不久，小底乙信等人带着耶律延禧的亲笔信来上京，详细告知耶律章奴等人想要废皇帝的事。魏国王耶律淳将萧敌里、萧延留等人杀死，割下他们的头，令人骑马抄小路送到广平淀，向皇帝请罪。

耶律章奴见魏国王耶律淳不愿意配合他，就率领部下，勾引数路土匪，一起袭击和抢夺上京，夺取府库中的财物。到祖州后，耶律章奴率手下官员祭祀太祖陵庙。他装模作样地宣告："我们契丹基业，是太祖经千百次征战而创立的。如今，天下土崩瓦解，我私下发现魏国王耶律淳的德行深厚，是治理国家安定百姓的理想君王。我们想扶立他主持社稷大业。不凑巧，耶律淳到好草甸去了，导致大事未成。近来，耶律延禧只知道游玩享乐，不理朝政大事；强敌肆意侮辱我们的国家，军队前去镇压一败再败，加上各地盗贼纷纷涌现，国家处于危机之中。我们都是皇族的人，世代蒙受皇家的恩泽，上想安宁祖先九庙的在天之灵，下想救济苦难中百姓的性命，实在不得已，才有废黜皇帝，另外册立新皇帝的想法。我们实在出于一片赤诚之心，敬请历代先皇赐予福佑，保佑我们获得成功。"

耶律章奴祭祀完太祖耶律阿保机后，率军向西到庆州，又祭祀诸庙，再次陈述举兵废黜皇帝的意图，然后将那些写成文告，派人送到各州县和诸陵官僚。由于不少人对耶律延禧不满，耶律章奴获得一些契丹官僚和百姓的支持，很快汇集了数万人的军队。

耶律章奴见有那么多人支持他，信心一下子又高涨起来。他率军直接进攻耶律延禧的临时驻地广平淀，企图用武力夺取皇位。不过，在行军途中，耶律章奴的同党耶律女古等人横行不守法纪，抢掠妇女、财产和牲畜，搞得契丹百姓对他们充满憎恨。耶律章奴的目的是夺取契丹皇位，对耶律女古等人的行为非常不满，导致反军内部矛盾重重。

就在这时，顺国女真阿鹘产率 300 名骑兵追上来。一场大战后，女真骑兵打败耶律章奴所部反军，杀死反军将领耶律弥里直，活捉随耶律章奴叛乱的 200 多名贵族，然后将他们全部杀死示众。随后，阿鹘产将耶律章奴的妻子儿女或者发配到绣院服劳役，或者赐给诸近侍做奴婢。

遗憾的是，耶律章奴侥幸逃脱了。他假称是契丹使者，想去投奔女真完颜部，被契丹巡逻兵抓获后送到行宫。耶律延禧下令杀死耶律章奴。此时，契丹的局势已经非常严峻了，完颜阿骨打率女真军接连攻下了契丹很多州县。耶律章奴叛乱被阿鹘产镇压后，契丹其他贵族又接连发动叛乱。耶律延禧无法集中精力亲征，将亲征兵力耗在内乱上，眼睁睁地看着失去镇压女真叛乱的最好机会。

这年年底，多次充当出使女真信使的耶律张家奴也举兵反叛。耶律延禧亲自率兵镇压。双方在护步答冈决战。耶律延禧所部契丹军失败，丧失全部辎重。到此时，耶律延禧准备用来攻打女真完颜部的军事力量全部被消耗干净。锦州刺史耶律术者叛乱，响应耶律张家奴叛乱。北面林牙耶律马哥率契丹军攻讨耶律张家奴，将其打败。耶律张家奴率残部逃走。

1116 年正月，东京城夜里有十多个恶少年，乘着酒兴手执利刃，翻越围墙进入东京留守府，问留守萧保先的住处。其中，一个人高声喊："外面发生了兵变，请留守赶紧做好防备。"东京留守萧保先闻声，慌忙穿衣，持剑出门。那些恶少年一哄而上，刺杀了萧保先。

户部使大公鼎得知发生叛乱，当即接手处理留守事务，与副留守高清明一起集中 1000 名奚汉兵，尽数捕获作乱的人，将他们斩首，同时安抚稳定百姓。

这次叛乱后，萧保先裨将渤海人高永昌称帝，改元隆基。耶律延禧派萧乙薛、高兴顺前去招抚高永昌。高永昌不从。耶律延禧没办法，只好派萧韩家奴、张琳率契丹军去镇压高永昌所部叛军。

同年四月初五，耶律延禧率契丹军亲自去镇压耶律张家奴反军。5 天后，耶律延禧获胜。随后，他下令诛杀所有叛党，宣布平定叛乱，赏赐平叛有功的将士。此时，契丹看似走出了困境，实际上已经走上亡国之路。

就在这一年，女真军攻下沈州，又攻陷契丹东京，活捉叛军首领高永昌。东京州县皇族成员耶律痕孛、耶律铎剌、耶律吴十、耶律挞不也、耶律道剌、耶律酬斡等 13 人，直接率部投降女真。而女真军进攻春州时，契丹东北面诸军不战自溃。女古、皮室四部及渤海人都投降女真。女真军顺势又攻下泰州。

早在 1115 年正月元旦，完颜阿骨打继皇帝位，建国号大金，立年号收国。攻下东京后，完颜阿骨打采纳杨朴的建议，加号大圣皇帝，改第二年年号为天辅。杨朴对完颜阿骨打说："自古以来英雄开国或者受禅继位，都要求得大国封册。如果能得到契丹册封，那么就能名正言顺地做皇帝了。"完颜阿骨打派使者到契丹议和，条件是耶律延禧要正式承认完颜阿骨打的皇帝地位。

耶律延禧非常生气，但形势如此，不得不就此事与完颜阿骨打谈判。天辅二年，即1118年正月，耶律延禧派耶律奴哥等人出使金国议和。

一个月后，耶律奴哥从金国回契丹。完颜阿骨打给耶律延禧的回信说："如果契丹皇帝能以对待哥哥的礼节侍奉我，每年给我贡献土特产，将上京、中京、兴中府3路的州县交给我；派出亲王、公主、驸马、大臣的子孙来女真做人质；送回女真的使者及信符原件，以及宋朝、西夏、高丽与女真往来的书信诏书、表牒，我就可以同意与契丹议和停战。"

完颜阿骨打提出的条件，简直就是让契丹直接投降。耶律延禧无法接受，便在几天后再次派耶律奴哥出使金国。一个月后，耶律奴哥又带着完颜阿骨打的书信回契丹。完颜阿骨打要求耶律延禧必须在当月内做出答复。耶律延禧只好立即再派耶律奴哥出使金国，希望能订立折中议案。完颜阿骨打派完颜胡突衮随耶律奴哥一同带书信回契丹，回复说按照先前所订和约不变。

面对金国强硬的态度，耶律延禧想不出更好的应对办法，便在六月十六日派耶律奴哥等人携带宋朝、西夏、高丽给女真的书信、诏令、表牒到金国。

这年七月，完颜阿骨打再度派完颜胡突衮前往契丹，同意免了索取人质及上京、兴中府所属州县，裁减岁币数量，声称："如果契丹皇帝能以对待哥哥的礼节侍奉我，册封采用汉族人的礼仪，就可以实现议和。"耶律延禧没办法，只好派耶律奴哥、耶律突迭出使金国，商议册封礼仪。

完颜阿骨打将耶律突迭扣留，打发耶律奴哥回去转达他的话："大金皇帝所要求的，如果契丹皇帝不能听从，就不要再派使者来了。"

面对完颜阿骨打的强势，耶律延禧没有丝毫办法，只好议定册封礼仪后，再派耶律奴哥出使金国。完颜阿骨打要求契丹皇帝册封他为东怀国皇帝。

1119 年三月，耶律延禧派萧习泥烈等人去册立完颜阿骨打为东怀国皇帝。几个月后，完颜阿骨打再次派乌林答赞谟到契丹，指责册文不达标，如果不按照金国皇帝的要求册封，那么将无法实现和平。耶律延禧不得不在九月再次派萧习泥烈、杨立忠带册文草稿出使金国，以便完全按照金国皇帝的意图进行修改。

1120 年正月，完颜阿骨打修改册文后，派乌林答赞谟带着书信及册文副本去契丹，给耶律延禧看。完颜阿骨打所定册文中有"大圣"二字，与契丹先世帝王称号相同。耶律延禧不答应，再派萧习泥烈前往女真商议。完颜阿骨打生气了，宣布拒绝议和，将战争进行到底。

就这样，双方和谈之门彻底关闭，契丹面临的局势更加危险。

4. 皇储之争，契丹各阶层人心涣散

1121 年正月，在内忧外患的情况下，耶律延禧无力回天，宣布改元保大，赦免契丹国内的一些犯人，希望通过此举来挽回人心，改变国家日益败落的命运。不过，此举并没有起到预期效果，反而导致内部的争斗更加激烈。因为他错信萧奉先的话导致皇族发生内讧，父子相互残杀。

此时，金军已经占领契丹近一大半领土。契丹正面临存亡抉择，几个皇子却在奸臣操纵下争起了皇位继承权。在他们眼里，皇位继承权比契丹的存亡都重要。

耶律延禧有 4 个皇子，大儿子赵王，生母是昭容；二儿子晋王，生母是文妃；三儿子秦王、四儿子许王，生母都是元妃。在 4 个儿子中，

二儿子晋王贤明,在契丹贵族中比较有声望。不过,按照长子继承制,赵王是皇位继承者;按照母亲身份的高低排序,秦王是皇位继承者;只有按照才华和声望挑选,晋王才是皇位继承者。4个皇子,有3个有理由成为皇位继承者,竞争着实激烈。

在契丹对金国作战连连失败时,元妃的哥哥枢密使萧奉先不忧虑国家即将灭亡,却担心外甥秦王不能立为太子、不能在将来登上皇位。他暗地里谋害诸皇子中才华最突出的晋王。

晋王的母亲文妃也非常有背景。文妃的姐姐嫁给耶律挞葛里,文妃的妹妹嫁给耶律余睹。耶律挞葛里和耶律余睹都是当时的实力派人物。枢密使萧奉先十分忌恨耶律余睹,准备暗中害他。正好耶律挞葛里的妻子在军中遇到耶律余睹的妻子。姐妹相见,多聊一会儿本是正常事。萧奉先却唆使他人诬陷耶律余睹勾结萧昱、耶律挞葛里等人,图谋扶立晋王为皇帝,准备尊耶律延禧为太上皇。

当时,耶律延禧接连被女真人打败,国内叛乱此起彼伏,他已经不相信任何人。得到这消息,他也不细想,下令杀死文妃、萧昱、耶律挞葛里夫妻。不过,他疼爱晋王,没忍心给晋王加罪名。

耶律余睹在军中得知这些消息,害怕自己无法辩白而被杀,便率1000多人归附金国。当时,遇到连绵大雨,路途阻断,耶律余睹投奔金国的队伍逗留不前,无法及时赶到金国。耶律延禧派奚王萧遐买、北府宰相萧德恭、大常衮耶律谛里姑、归州观察使萧和尚奴、四军太师萧干等人,率契丹军紧急追赶耶律余睹所部反军,企图将他们消灭。

到闾山时,契丹军追上耶律余睹所部反军。耶律余睹在契丹贵族中素有威望,那些追赶耶律余睹的契丹将领也对枢密使萧奉先大为不满。他们商量说:"萧奉先倚恃宠幸,蔑视和残害官兵,对我们这些人也非常忌恨。耶律余睹是皇族宗室中有雄才大略的人,向来不肯屈从于萧奉先,是一条汉子。如果我们擒获耶律余睹,那么将来我们可能会沦为下一个耶律余睹。我们不如放他走。"

在快要追上耶律余睹时，他们停下来扎营，然后派人回去报告皇帝，说："追击不及，耶律余睹早已经率军跑到了金国！"

耶律延禧无法判断消息的真假，也没有别的办法，只好不再去追究耶律余睹反叛的事。枢密使萧奉先见耶律余睹已经跑了，担心以后还有契丹将领反叛契丹投靠金国，便劝皇帝给追赶耶律余睹的各位将领赏赐爵位，笼络他们。耶律延禧认为萧奉先的话有道理，便下令给萧遐买、萧德恭、耶律谛里姑、萧和尚奴、萧干等人升官。

1122年正月十五，金军攻克契丹中京，进而攻下泽州。耶律延禧跑到鸳鸯泊时，得知耶律余睹与金将娄室字董率金军已经追上来了，非常害怕。枢密使萧奉先不担心皇帝的安危，却一心想着害死晋王，帮助外甥秦王争得皇位继承权。他趁机劝耶律延禧，说："耶律余睹是王子耶律班的后代。这次，他引导女真军前来，只不过是想立他外甥晋王为皇帝罢了。如果您为社稷着想，就不要吝惜一个儿子。现在，您公开宣布晋王谋反的罪行，杀死他，我们不必与他们交战，就能让耶律余睹自行撤军。"

耶律延禧被金军紧紧逼近，毫无退敌的信心和勇气，也一直把枢密使萧奉先当作肱股之臣，居然想都没想便同意了，天真地认为处死了晋王就能转危为安。他下令赐死晋王，令全国素服三天。

随后，与晋王有关的契丹官员耶律撒八等人也被诛杀。晋王一向得人心，契丹将士听说晋王被赐死，没有一个人不潸然泪下。从此，契丹军人心彻底涣散，耶律延禧彻底失去了契丹民心。

耶律余睹听说晋王被赐死，断肠欲绝。他立即率金军向契丹皇帝行宫发起猛烈进攻，发誓要杀死昏君，为贤明的晋王报仇。在金军的强攻下，耶律延禧身边的护卫军阻挡不住。他只好率5000名卫兵骑马跑到云中。在渡桑干河时，他在慌忙间将传国玺掉到了桑干河中。这件事更增加了契丹军民的惊慌。

1123年三月初二，耶律延禧得知金军将出击岭西，便准备逃往白水泊避难。枢密使萧奉先趁机宽慰他说："女真人尽管能进攻我国上京，但不能远离他们的巢穴。我们现在离女真人那么遥远，他们一时半会儿怎么可能追到这里呢？"耶律延禧对萧奉先的话深信不疑，内心稍微安定下来。

几天后，耶律延禧得到消息：金军长途奔袭3000里，直捣云中！他向枢密使萧奉先问退敌之计。萧奉先无计可施，只好劝皇帝乘轻骑逃入夹山躲避。此时，耶律延禧才醒悟，才明白萧奉先对他不忠，恼怒地说："你们父子误我到今天这一步，如今就是杀你，又于事何补？恐怕军士愤怒于你避敌苟安，造出祸事来连累我。你就不要跟随我入山了。你走吧！我不杀你们！"萧奉先父子痛哭着离去。没多久，手下绑了他们，送给金军，作为投名状。

金军将领也看不起萧奉先父子的为人。他们杀死萧奉先大儿子萧昂，将萧奉先和他二儿子萧昱戴上刑具，押送回金国，交给完颜阿骨打处理。

在回金国途中，这一行人遇到契丹军。契丹军夺回萧奉先父子。耶律延禧下令赐死萧奉先父子，贬斥枢密使萧得里底，召回耶律挞不也掌管禁卫军。

不过，耶律延禧虽醒悟，得知自己用人不当，但军心民心已经完全丧失，不断出现投降金国的事件。契丹江山破落不堪，他已无力回天，只好到处躲避，企图出现新的奇迹能挽救灭亡的命运。

5. 称帝南京，耶律淳孤注一掷自救失败

契丹外被金军攻击，内部叛乱不断，耶律延禧终日惶恐不安，四处寻找安全的地方躲避。由于他丧失军心民心，一些契丹贵族不仅不帮他解忧排难，还趁机想另立皇帝。在这些人的策划下，当年与耶律延禧争过皇位继承人的耶律淳又被推上历史舞台。

　　耶律淳是契丹南京留守、宋魏国王耶律和鲁斡的儿子，从小被皇太后收养。在昭怀太子耶律浚被害后，耶律乙辛曾提议册立耶律淳为皇储。由于萧兀纳劝阻，耶律洪基最终还是册立皇孙耶律延禧为皇储。

　　耶律延禧继位后，严惩耶律乙辛同党，迁怒与耶律淳关系亲密的耶律白斯不，却并没责怪耶律淳，还晋封他为郑王。1102 年，耶律淳升为越王。1106 年，耶律淳出任南院宰相，升为魏王。耶律和鲁斡死后，耶律淳继任南京留守。在皇帝面前，耶律淳受的宠爱超过诸王。

　　1115 年，耶律延禧亲征女真时，都监耶律章奴率契丹军渡过鸭子河，与耶律淳的儿子耶律阿撒等 300 多人逃回，先派萧敌里等人把改立耶律淳为皇帝的谋划报告给耶律淳。耶律淳斩下萧敌里的头，进献给皇帝。因为这事，耶律延禧进封耶律淳为秦晋国王，赐给金券，免除三跪九叩首拜礼；批准他有权在燕云一带自行招募军队。这待遇在契丹历史上绝无仅有。

　　耶律延禧率部到锦州时，武朝彦率部叛乱，想劫持秦晋国王耶律淳，拥立他为皇帝。耶律淳得知消息，躲藏起来，并派人捕杀武朝彦。在女真军进攻契丹时，耶律淳率契丹军在阿里轸斗与女真军作战，遭到惨败。耶律延禧赦免了他战败之罪，诏令他在南京刻石纪功。从这两件事看，耶律延禧是非常信任耶律淳的。

　　在四处躲避金军攻击的途中，耶律延禧命令宰相张琳、李处温与耶律淳一起加强守卫燕京。随着时局发展，这次任命导致他们之间出现矛盾。

　　李处温得知皇帝逃入夹山，却一连几天消息不畅通，便与弟弟李处能商议，外借对皇帝不满的契丹军将领，对内联合都统萧干等人，趁机拥立耶律淳为契丹皇帝，率领大家一起挽救时局。

　　李处温与耶律大石、左企弓、虞仲文、曹勇义、康公弼等大臣会集蕃汉百官、诸军首领商议立耶律淳为皇帝的事。经过商议后，大家决定派耶律大石等人，援引唐朝安史之乱时唐肃宗在灵武继位的故事，劝说耶律淳继位称帝。

李处温又邀请张琳前来,商议立耶律淳为皇帝的事。张琳想了想,说:"立秦晋国王为摄政就可以了!"李处温不愿意听不同的意见,对张琳说:"天意人心已定!您站到朝班中去吧!"张琳畏惧李处温,见大局已定,不再坚持自己的意见。

耶律大石等人来到秦晋国王府。耶律淳并不听从他的建议,准备出逃,回避这件事。耶律大石劝耶律淳,说:"皇上逃难到外面了,朝政没人主持,中原也混乱不堪,如果不扶立您,百姓到哪里找主心骨呢?您要好好考虑一下啊!"正在耶律淳犹疑时,李处温的儿子手持皇袍给他强行穿上,让在场官员跪拜祝贺。耶律淳便不再推辞。

耶律淳继位,自称天锡皇帝。天锡皇帝任命李处温为守太尉,左企弓为守司徒,曹勇义为知枢密院事,虞仲文为参知政事,张琳为守太师,李处能为代理枢密使,李爽、陈秘10余人参与拥立,被赐予进士及第,担任不同官职;任命萧干为北枢密使,驸马都尉萧旦为知枢密院事;改怨军为常胜军;降封耶律延禧为湘阴王。

此时,天锡皇帝统治范围有南京、云州、平州、上京、中京、辽西六路;沙漠以北、南北路两都招讨府、诸蕃部族等,仍隶属耶律延禧管辖,其余领土已被金国攻占。在濒临灭亡时,契丹一分为二,实力更加弱小,抵抗金军进攻时更无法集中力量。

耶律淳晋封妻子普贤女为德妃,任命回离保为知北院枢密事,任命耶律大石全权管理军事作战事务。他派使者出使宋朝,主动提出免除宋朝应缴岁币,与宋朝缔结友好关系。遗憾的是,宋朝此时已和金国结盟,还派兵进攻燕京。不过,在耶律大石指挥下,契丹军打败了宋军。

得知耶律淳自称天锡皇帝,还将自己降封为湘阴王,耶律延禧非常愤怒,传檄到天德州、云内州、朔州、武州、应州、蔚州等地方,命令那些地方不要听耶律淳的命令,还集合5万名精锐骑兵,准备在八月进攻南京。没多久,天锡皇帝卧病不起。得知耶律延禧准备进攻南京的消息，他十分惊慌，召集南北面大臣商议。

李处温、萧干等人有迎立秦王抵抗湘阴王的想法。在召集蕃汉百官商议时，他们提出此想法，然后让听从他们意见的人都面向东边站着。结果，只有南面行营都部署耶律宁面向西边站着。不难看出，大部分臣僚不愿意耶律延禧再次执掌契丹。

李处温等人问缘故时，耶律宁说："湘阴王如果能率诸蕃兵马夺取南京，说明他的天数未尽，我们怎么能抗拒得住呢？否则，秦王和湘阴王是父子，我们要抵制就同时抵制。自古以来，哪有迎接儿子抵制父亲的道理呢？"

李处温等人相视微笑，想以耶律宁惑乱军心的罪名杀掉他。天锡皇帝靠在枕上说："耶律宁是忠臣啊！怎么能杀他呢？湘阴王要是真的率军攻破南京，我只有死而已，哪里还有脸与他相见呢？"李处温只好作罢。

天锡皇帝自知将一病不起，秘密授李处温为蕃汉马步军都元帅，想将后事托付于他。到天锡皇帝病危时，萧干等人矫诏令南面宰执入宫议事。李处温称病不肯前来，暗中集聚勇士，做好有人不服立秦王的防备，声称奉密旨防止发生变故。

天锡皇帝死了。萧干掌握契丹兵权，立德妃萧氏为皇太后，临时主持军国大事，称奉天锡皇帝的遗命，迎立秦王为帝，众人无人敢异议。萧干借皇太后之命，召李处温前来商议，正值国家多难，不想杀他，只是要追回并销毁授予蕃汉马步军都元帅的信执。显然，萧干在跟李处温争夺兵权。

李处温父子害怕被定罪，便与宋朝权臣童贯相勾结，想挟持皇太后向宋朝纳地称臣，再与金国勾结，做金国内应，对外自称有扶立帝后的大功。皇太后得知李处温的想法，大声痛骂他："迷惑并贻害天锡皇帝，都是你们父子一手造成的！"她一一列数李处温父子的数十条罪过，下令将他们判处剐刑，没收他们的家产。经过调查，李处温的家产有7万缗钱及价值相当的金玉宝器——这些都是他在担任宰相的几个月内搜刮来的。

皇太后 5 次上表金国，请求册立秦王为契丹皇帝，契丹臣服金国。完颜阿骨打不同意。皇太后只好派精兵把守居庸关，防止金军攻入南京。

等到金军逼近居庸关时，居庸关的崖石自行崩塌，压死了许多契丹守军。深信神灵的契丹军不战而溃。皇太后只好率军逃出古北口，前往天德军，跑到耶律延禧那里。耶律延禧大怒，惩罚了一部分册立天锡皇帝的将领，还下令杀死"伪皇太后"。

契丹贵族册立耶律淳为天锡皇帝的闹剧上演几个月后就草草结束。契丹局势没有丝毫好转的迹象，相反因为耶律延禧处置部分将领，导致契丹仅有的力量进一步分裂。

6. 海上之盟，宋金联合加速契丹灭亡

契丹先于宋朝立国，且强大时数度南下中原，曾给中原带来巨大压力。宋朝统一中原后，试着收复当年石敬瑭赠送给契丹的幽云十六州，但功败垂成。此后，宋朝与契丹进入战争状态，西夏也趁机独立。宋朝两线作战，疲于应付，不得不防御西夏和契丹同时侵宋。

1004 年，宋军与契丹军在澶州城下决战，取得局部胜利。随后，宋朝与契丹签署"澶渊之盟"，两国维持了一段 100 多年的和平——双方都没完全消灭对方的能力，都愿意和平相处。

1115 年，在完颜阿骨打的率领下，女真完颜部起兵反辽。女真军屡败契丹军，并建立金国。契丹实力迅速下滑，国土面积迅速缩小，且内乱不断发生。当时，宋朝君臣一直在密切关注契丹局势。时任宋朝皇帝赵佶与蔡京、童贯等人分析契丹局势，认为契丹亡国在即，金国取而代之是大势所趋，决定联合金国进攻契丹，收复幽云十六州，同时与金

国和好。

宋朝君臣之所以得出如此结论，跟童贯有莫大的关系。童贯曾出使契丹，探听契丹内部虚实。童贯到卢沟桥时，有一个叫马植的契丹读书人求见他。马植是燕京人，能言善辩，认为契丹气数已尽，他想投靠宋朝，特意来结识童贯。童贯趁机收买马植，让他帮忙探听契丹内部消息。金国成立后，马植秘密写信给宋朝的雄州知州，表达自己想投靠宋朝的意思。赵佶得知消息后，令马植秘密入境，亲自召见他。

马植善辩，抓住见宋朝皇帝的机会，极力鼓吹："契丹必亡无疑。大宋应迅速派人过海与女真人结盟，一起进攻契丹。万一女真人攻占契丹，他们先发制人做成这件事，大宋就会变得非常被动，到时想收复燕京的难度将更大。"

赵佶一直想收复幽云十六州。童贯投其所好，极力说马植的建议对宋朝有利。

1118 年秋，受到辽金战争动乱波及，契丹蓟州汉族人高药师、僧郎荣等人乘船到山东文登县。也许从逃亡者那里得知契丹和金国的虚实，又受到他们逃亡方式的启发，赵佶想通过海运方式，突破契丹人的封锁，和金国人联系。在高药师的引导下，登州守将王师中带着几个人乘船出使金国，不料失败。赵佶又派马政、呼延庆等人从山东登州乘船渡海，同高药师等人到金国。他们以买马为名义，与金国皇帝商谈一起进攻契丹的事。

马政、呼延庆等人到金国后，被金兵所俘获，被绑着去见完颜阿骨打。马政口若悬河，追溯金宋之间买马的传统友谊，夸赞完颜阿骨打的功绩，最后提议联合起来攻打契丹人。完颜阿骨打采纳他的建议，但提出谁攻占了就归谁，与宋朝的目标"攻辽还地"相差甚远。

完颜阿骨打扣留部分宋使，然后派人出使宋朝。联金抗辽策略才曝光。宋朝君臣骄傲自大，让金国使者的印象很差。恰好，耶律延禧册封完颜阿骨打为东怀皇帝的消息传到宋朝。宋朝疑心大起，对联金之事大为怀疑，中断议和，送回金国使者。完颜阿骨打非常生气，认为金军已攻占契丹许多土地，根本不需要宋朝人帮助，也中断结盟。

1120 年，金国灭掉契丹已经成为定势。赵佶派赵良嗣以买马的名义再次出使金国，缔结联金攻辽盟约。赵佶不再坚决要求收回幽云十六州故地，只求燕京所管州城。他写下亲笔信："契丹人占据的燕京和所管州城，原是中原领土，如果金国答应将这里重新回归中原，可以将给予契丹的银绢转交给金国……"在谈判中，赵良嗣尽量扩大燕京辖区，要求恢复长城以南的一切汉地，却被金国人以不属于燕京管辖为由断然驳回。

通过激烈交锋，金国和宋朝各自说服内部的反对派，最终达成协议：宋金各自出兵攻打契丹，金军负责攻取契丹上京与中京大定府，宋军负责攻取契丹西京大同府和南京析津府。宋朝答应消灭契丹后，将"澶渊之盟"约定的给契丹的岁币转给金国。金国答应将幽云十六州还给宋朝。

1122 年，金国人邀约宋军进攻契丹。当时，在金军追击下，耶律延禧逃入夹山，耶律淳被拥立为天锡皇帝，努力支撑残局。童贯踌躇满志，认为只要宋军北伐，天锡皇帝就会望风迎降，幽燕故地就可收复。

童贯和蔡攸率宋军向北进攻契丹。他派人前去说降，被契丹天锡皇帝杀死。契丹人大骂宋朝人背弃盟誓。童贯令人张贴黄榜，宣传吊民伐罪，却不见契丹南京的汉族人箪食壶浆出迎王师。当地汉族人已经习惯了契丹对他们的汉化统治。童贯认为，宋军进攻契丹是顺天而为，契丹军必会倒戈卸甲，望风而降，命令种师道在进军途中不许侵扰百姓，不许对契丹军主动挑起战事。

种师道率宋军进攻白沟时，耶律大石和萧干率契丹军迎战。宋军先锋杨可世所部，先在兰甸沟战败，再在白沟战败。另一路宋军辛兴宗所部也在范村溃败，撤军到雄州。耶律大石等人率契丹军趁势追杀，杀死不少宋军。宋军北伐全面失败。

　　天锡皇帝死后，宋朝宰相王黼鼓动皇帝让童贯、蔡攸再次率军攻打契丹，派刘延庆率军为先锋。金国人唯恐宋军靠一己之力攻取燕京，得不到宋朝的岁币，找借口说耶律延禧仍在大漠中，派人来约战期。宋朝派赵良嗣再使金朝，讨论双方履约事宜。

　　因有前车之鉴，刘延庆率军畏缩不前。契丹涿州守将郭药师见契丹朝不保夕，率8000人以涿州、易州投降宋朝。不费一兵一卒得到两座城池，赵佶有点忘乎所以，赏赐郭药师的同时，改燕京为燕山府。

　　童贯派刘延庆、郭药师率10万名宋军渡过白沟，进攻燕京。宋军到良乡时，被萧干所率的契丹军击败，然后屯兵在卢沟以南，闭垒不出。郭药师自愿率6000名奇兵，乘敌后空虚，夜袭燕京，要求刘延庆派人接应。郭药师率军攻入燕京后，兵士烧杀抢劫，没做好防备，更没料到契丹军会反扑。结果，郭药师所部死伤过半，不得不弃城而逃，仅数百骑逃回。刘延庆错失大好战机。萧干率契丹军截断宋军的粮道，扬言要聚歼宋军。刘延庆闻风丧胆，自焚大营，自弃辎重，仓皇南逃。宋军士兵自相践踏百余里，粮草辎重尽弃于道路。安营后，刘延庆安抚将士，将士因前军失败而大为惶恐，入夜后一溃千里。在白沟，宋军被契丹追兵再次打败，退保雄州。

　　宋军与契丹军作战数次大败。但是，金军与契丹军作战依然所向披靡。在此期间，金军攻下了契丹中京与西京。年底时，金军又攻克契丹南京。赵良嗣奉命与金朝谈判履约割交的相关事宜。完颜阿骨打见宋军一再失利，对赵良嗣的态度十分倨傲和强硬。赵良嗣没办法，只能和金国使节一同回国商量。

　　经过几次使节往来和讨价还价，完颜阿骨打下了最后通牒：金国只将燕京（契丹南京）6州24县交给宋朝；宋朝每年除向金国移交原来给契丹的50万岁币，还须补交100万作为燕京的代税钱；倘半月内不予答复，金国将采取进一步行动。

宋朝没办法，只好派赵良嗣反复去请求。1123年初夏，双方交割燕京。此时金军入城近半年，知道城池将归宋朝，大肆抢掠。居民逃匿，十室九空，整座城池几如废墟。金军临走时，又将富民、金帛、子女抢掠带走。童贯、蔡攸接收的只是燕京空城和蓟州、景州、檀州、顺州、涿州、易州。其中，涿州和易州还是主动归降宋朝的。

宋朝所得的并不是全部燕云故地。当时守平州的张瑴原是契丹兴军节度副使。金军攻下燕京，改平州为南京。为稳住他，完颜阿骨打任命张瑴为同平章门下事，判留守事，想找寻机会消灭他。

1123年秋，完颜阿骨打死后，他的弟弟完颜吴乞买继位。完颜吴乞买下令将契丹降臣和燕京居民迁徙到东北。燕京居民不愿背井离乡，过平州时私下鼓动张瑴叛金投宋。张瑴与翰林学士李石计议后，与金国公开决裂，派人迎奉耶律延禧的儿子，企图恢复契丹。同时，他还派李石向宋朝表示归降意愿。赵佶心动，想借此机会收回平州。张瑴以平州、营州、滦州降宋。

正当张瑴出城迎接宋朝的诏书时，完颜宗望率金军来了。张瑴仓皇逃入燕山郭药师军中，他的母亲、妻子被金军抓走了。张瑴的弟弟见母亲被金军俘获，转而降金，交出赵佶赐给他哥哥的手诏。金朝掌握了宋朝招降纳叛的证据，派人向宋朝索要张瑴。赵佶令人杀死张瑴，将他的头颅交给金国人。

郭药师对宋朝出尔反尔、薄情寡恩的做法十分寒心，愤愤地说："如果金国人索要我的脑袋，难道也交出去吗？"从此，郭药师所部的人心瓦解，不愿再为宋朝效力。几年后，宋金战争爆发。

宋金接触与海上之盟订立，增强了反契丹的实力，改变了对契丹政治、军事实力对比，也对西夏和高丽造成一定影响。这次金宋同盟，除契丹亡国外，宋朝是另一个受害者——1127年，在契丹亡国两年后，金军攻克宋朝首都汴京，占领中原，北宋灭亡。因此，宋朝倡导的海上之盟损人不利己，虽然毁灭了契丹，也坑害了自己。契丹和宋朝都是牺牲品。

7．充作俘虏，耶律延禧最无奈的归宿

在金军攻击下，契丹贵族不团结一心对抗金军，而是忙于争权夺利，或者见风使舵投降女真。耶律延禧穷于应付国内的一切变化，指挥契丹军对金军作战屡战屡败，不得不东逃西躲，而契丹近臣误导他，贵族出卖他，使他对契丹的前途越来越没信心。

1123 年四月，金军攻破居庸关，逼迫皇太后（德妃）迅速逃跑。皇太后、耶律大石等人率军投奔耶律延禧。耶律延禧非常生气，下令杀死皇太后，却设宴招待耶律大石等人。耶律大石等人当时手下有 7000 多名精兵，笼络他们，等于给耶律延禧增加了一层安全保障。

耶律延禧没安稳几天，完颜宗望就率金军攻过来了。他惊慌失措，命令耶律大石率所部前往阻击。耶律大石手下那点契丹军，根本阻挡不了金军的攻势。他们败得一塌糊涂。耶律大石被金军俘虏。

完颜宗望强迫耶律大石做向导，率金军继续追击耶律延禧。金军以迅雷不及掩耳之势包围耶律延禧的辎重和家小。一场激战后，除梁王耶律雅里被太保特母哥带着逃走外，秦王、许王、众王妃、公主和随从大臣被金军抓获。当时，耶律延禧并不在那里，得知相关消息，气得暴跳如雷，亲自率 5000 名契丹军杀过来。毫无意外的是，他所率的契丹军被金军打败。

耶律延禧见势头不对，冷静思考一番后，率残部逃跑。金军紧追不舍。同月十九日，金国派人前来招降，耶律延禧没办法，只好答应求和。趁派牌印郎君送兔纽金印到金营伪降的机会，他率手下西逃到云内。金军见契丹皇帝逃走，改变策略，一边继续追击，一边想办法去招降契丹军。

没多久，太保特母哥带着梁王耶律雅里前来投靠。这本来对耶律延禧来说是一件好事。不过，他处理此事的态度令人惊讶，不仅不表彰特

母哥的功劳，还恼恨他不能将各位皇子全部救出，派人责问特母哥。随特母哥一起保护梁王耶律雅里的人都非常寒心。

耶律延禧没心情理会那些，见身边的人马所剩无几，见金军派人来招降，束手无措。他不甘心当亡国奴，但一直躲避下去，迟早会被金军抓住或者杀掉的。他不得不思考自己的归宿问题。

这年五月，在耶律延禧绝望时刻，一直关注契丹局势的夏国王李乾顺伸出援手。他认为，如果坐视契丹被金国灭掉不管，那么契丹灭亡后，金国下一步就要进攻西夏。他派人到契丹，找到耶律延禧，邀请他前往西夏避难。西夏是契丹属国。正不知道何去何从的耶律延禧顾不了太多，不由得大喜，马上答应去西夏避难。

契丹虽然是西夏的宗主国，但契丹皇帝在危难时刻去西夏避难，可不一定是什么好事。耶律延禧身边的大臣一致反对他去西夏。他想不到其他的出路，固执己见。耶律敌烈见他顽固不化，就率领自己部下，带着梁王耶律雅里向西北逃走。

耶律延禧不管这些，率身边的人渡过黄河，朝着西夏走去。在到达金肃军（今内蒙古准噶尔旗西北）北面时，他得到一个晴天霹雳的消息——西夏已经归顺金国。

原来，金国得知夏国王李乾顺派人去迎接契丹皇帝，立即派人游说西夏。金国使者告诉李乾顺：如果契丹皇帝到了西夏，要立即将他绑送到金国，否则金军将踏平西夏。

李乾顺一直在关注契丹和金国的战争，深知金军战斗力强，西夏军跟金军打仗，没有取胜把握。于是，他召集群臣商议后，派使者跟金国谈判。为消灭契丹，同时为进一步进攻富裕的宋朝，金国对西夏采取联合政策。议和结果是，西夏按照向契丹称臣的条件向金国称臣，西夏抓到契丹皇帝后，要交给金国。为笼络西夏，金国决定将契丹靠近西夏的几个州给西夏。就这样，西夏成为金国的臣属国，契丹皇帝去西夏避难的路被堵死。

耶律延禧没办法，只好原地停留，同时派人四处招兵买马，想收集残兵，保护自身安全。没过多久，完颜阿骨打死了。被金军抓起来的耶律大石也趁机逃了回来。阴山室韦部首领谟葛失也率军前来救驾。面对一个接一个的好消息，耶律延禧欣喜若狂，自认为得到天助，想率契丹军与金军决一死战，收复燕云一带领土。

耶律大石不赞同耶律延禧的做法，认为契丹此时已经元气大伤，当务之急是养精蓄锐，而不是急着与金军决战。他全力谏阻耶律延禧，说："自从金军攻陷长春、辽阳以来，您便无法前往广平淀，只能建都中京；等到金军攻陷上京，您就建都燕山；待到金军攻陷中京，您就来到云中，又从云中流离到夹山。从前，您有全国之兵而不肯谋划攻战守备，导致全国的汉地都被金国人占有了。国家形势到如今这一步，您才求战，这不是明智的办法。我认为，您应息养兵力，等待时机发动，不可轻举妄动，不应急于与金军决战。"

耶律延禧不听，坚决要率契丹军与金军决战。耶律大石杀死支持耶律延禧率契丹军与金军决战的萧乙薛及坡里括，设置北南面官属，自立为王，率所部向西而去，正式与耶律延禧分道扬镳。

耶律延禧不为所动，率领诸军出夹山，向金军发起反攻。金军没想到契丹皇帝敢率军反攻，根本没做准备。结果，耶律延禧率契丹军一路攻城略地，攻下渔阳岭，夺取天德、东胜、宁边、云内等州。

耶律延禧突然取得如此巨大的胜利，成就感大增，有些飘飘然了。他又率契丹军南下武州。就在这时，金军主力横空杀来。他们找契丹皇帝好久了，没想到他竟然躲在这里，还坐大了，怎么能放过呢？金军向契丹军发起凶猛进攻，击败了契丹军。耶律延禧再次成功逃走，带少数部下逃回夹山。

这时，赵佶派一个和尚找到耶律延禧，想将他接到宋朝。原来，赵佶想将耶律延禧作为筹码，跟金国谈收回幽云十六州的事。耶律延禧有了西夏王李乾顺的前车之鉴，虽然不知道赵佶的意图，但也不相信他。

不过，他觉得有个地方可以避难，也比等死强，假装答应，让和尚回宋朝去传递信息。

宋朝皇帝赵佶知道耶律延禧有疑虑，就派人拿着册封耶律延禧为皇弟的诏书，拿着赐给他1000间房子作为王府的诏书，前去迎接他。刚开始，耶律延禧听了喜滋滋的，收拾东西，准备前往宋朝。但冷静后，他认为宋朝的态度有些不合常理，决定再往后拖一拖。几天后，他派出侦察的人回来报告，说夹山外埋伏了大量金军，在那里等了好几天才撤退。耶律延禧吓出一身冷汗，庆幸自己没有去宋朝。

耶律延禧真的走投无路了。1125年正月，他前往天德军避难。经过沙漠时，得知消息的金军追上来，将他们打败。他徒步出逃后，乘坐张仁贵的马才得以逃脱，到达天德军。

党项部落首领派人邀请契丹皇帝去他们部落避难。耶律延禧见他们诚心诚意地邀请，加上实在无处躲藏，就答应去党项部落。还没到达党项部落，耶律延禧一行走到应州新城以东60里处时，被金将完颜娄室率军俘获。这年八月，耶律延禧被送到金国，被降封海滨王，后因病去世。

得知耶律延禧被金军俘虏的消息，耶律敌烈和契丹贵族拥立梁王耶律雅里为皇帝。耶律雅里性情温和，宽容仁慈，讨厌杀人，即使反叛的人被抓住，也不会给予惩罚。前来归附的人，他也常常给予升官。很多不愿意投奔金国的契丹贵族和将士都来归附。不过，耶律雅里并没有重振契丹的雄心壮志，荒废政事，沉迷于蹴鞠和打猎。他当了半年皇帝后，在一次打猎中劳累而死。

耶律雅里死后，耶律术烈继任契丹皇帝。耶律术烈当皇帝才一个月，就被部下杀死。此时，除了西去的耶律大石外，契丹已经不存在。曾经在东亚称雄百余年的契丹寿终正寝。

第九章　西征自救，
契丹余晖闪耀中亚百年

　　契丹帝国短暂十几年就被女真消灭。这并不是契丹人无能，也不是女真人太厉害，而是耶律延禧太无能。耶律大石对耶律延禧感到绝望后，率领 200 名精兵西征。凭着能征善战和先祖树立的声望，他们在西域成功重建契丹，还称霸中亚百余年。后来，耶律直鲁古沉迷享乐，导致西辽迅速衰败和灭亡。从此，契丹帝国退出历史舞台。

1. 率军西征，耶律大石另寻救亡之路

　　从完颜阿骨打起兵到契丹灭亡，只有短短的十年时间。在金军面前，契丹军几乎不堪一击，屡战屡败。契丹军的战斗力非常弱。事实上，契丹军之所以表现得弱，不是因为本身真的弱，而是因为契丹统治者丧失军心民心，内乱不断，加上采取错误的应对策略导致的。

　　为什么这样说呢？因为，在契丹灭亡之际，在耶律延禧被金军打得惨不忍睹时，耶律大石率 200 名契丹兵西征，远离契丹原有的政治军事环境，如猛虎归林，势力迅速壮大，在西域建立新契丹，并称霸中亚一百多年。

　　耶律大石是耶律阿保机的第八代孙。到耶律延禧时代，他成为标准

的皇族远支。他没有近支皇族宗室那样的骄横跋扈，但接受过良好的贵族教育。他通晓契丹文、汉文，擅长骑射，还在 1115 年考中进士，成为契丹皇族宗室中最有才华的人。契丹人称翰林为林牙。耶律大石因而被皇族宗室亲切地称为大石林牙。

1116 年是完颜阿骨打起兵造反后的第二年，耶律大石入朝为官，并从应奉翰林一路做到泰州刺史、祥州刺史、辽兴军节度使，成为契丹军中重要的一员。李处温等人拥立耶律淳登基为皇帝时，耶律大石也参与了，负责军务。宋军趁机进攻时，耶律大石率契丹军击败宋军，成功保卫南京。

耶律淳死后，耶律大石等人被迫投降于躲在夹山的耶律延禧。耶律延禧见他手中掌握 7000 多名骑兵，对他既往不咎。在接下来的战争中，耶律大石不幸被金军俘虏。不过，他忠于自己的皇帝，拒绝金军威逼利诱和高官厚禄，寻机逃了回来。

耶律延禧多次成功逃脱金军追击后，认为自己命不该绝，加上耶律大石等人又逃回来归顺他，阴山室韦也派兵来救援，心花怒放，准备率契丹军跟金军决战。耶律大石认为当前金军强大，契丹剩余那点军队与金军决战，无异于以卵击石。他毫不犹豫地否定皇帝的想法，指出金军刚起兵势力弱小时，契丹军尚且打不过，如今金军士气正旺，契丹军只剩下不足万人，此时主动出击，那就是自寻死路。

耶律延禧豪气冲天，见耶律大石那样说，心里不爽，坚持己见，不搭理他，率契丹军与金军决战。耶律大石对皇帝失望透顶，同时心中不安，害怕皇帝哪一天突然杀了他。于是他便杀死了皇帝派来监视他的萧乙薛、坡里括，自立为王，率 200 名骑兵趁夜逃离，向西去寻找生存之地。

为躲避皇帝派来的追兵，耶律大石率部众日夜兼程，丝毫不敢停留，越过苍茫的大雪山。他们一口气向北走了 3 天，渡过黑水河（今爱必哈河），到达白达达部首领详稳床古儿辖区内。床古儿热情地接待和帮助了他们，给了他们 400 匹马、20 只骆驼以及大量的羊。耶律大石等人获得补给，并没留下来，而是率部继续一路向西，到达可敦城。

可敦城是契丹在西北的军事重镇。契丹开国皇帝耶律阿保机曾多次率兵征讨西北诸部。耶律隆绪时期，契丹军曾平定西北部叛乱，在可敦城设置建安军节度使司，调派 2 万名各族将士驻守。可敦城远离契丹统治中心五京区域。金军在契丹攻城略地时，契丹贵族内乱时，可敦城如同世外桃源一样，没受到任何影响。耶律大石率部一路向西，来到可敦城，目的就是想调动这里的军队，为扭转契丹的局势而奋斗。

耶律大石率部驻扎下来后，令人去召集威武州、崇德州、会蕃州、新州、大林州、紫河州、驼州 7 州的军事将领和行政长官，以及大黄室韦、敌剌、王纪剌、茶赤剌、也喜、鼻古德、尼剌、达剌乖、达密里、密儿纪、合主、乌古里、阻卜、普速完、唐古、忽母思、奚的、纠而毕 18 部部落首领举行会议。

在这次空前的会议上，耶律大石的号召力一下显现出来。他对参会者说："我的祖宗历经艰难，创下大业，经历 9 代 200 年。女真人作为我国臣属，逼迫我的国家，残杀我国黎民，屠杀毁灭我国城邑，使我国皇帝逃难于外。想到这些，我日夜都痛心疾首。现在，我仗义西行，想借助大家的力量，消灭我国仇敌，恢复我国疆域。在你们之中，有顾念痛惜我们的国家，忧虑我们的社稷，想共同努力救援君王，解救百姓于苦难之中的人吗？"

耶律大石慷慨激昂、言简意赅的话，忧国忧民、以天下为己任的情绪，深深感染了与会将领和部落首领。他们忍不住潸然泪下，也一心想拯救契丹，挥臂高呼支持。

大家有了共同的奋斗目标后，耶律大石立即将其付诸行动。他从各州、各部落抽出精壮士兵，编组成 1 万人的军队。同时，他设置官吏，编列排甲，准备仪仗器具，操练军队。没多久，耶律大石就拥有了一支战斗力较强的军事力量。

怎么实现复兴契丹的目标呢？耶律大石和手下进行详细策划。他们知道，这点军队是不足以跟金军抗衡的。休养生息，发展自身实力是当务之急。可敦城位于西北边陲，金军一时半会儿还没精力打到这里。耶律大石非常重视发展畜牧业，鼓励统治范围内的臣民大力养马。他知道，马是最重要的战争资源，只有准备足够多的战马，才有复兴的资本。

抓住战马这项关键性资源后，耶律大石认为，不仅自身要多养战马，还要尽可能阻止敌人获得战马。他积极拓展外交关系，派人争取西北各部落的支持和配合。经过一番努力，耶律大石与各部落达成共识：禁止任何人卖马给金国。

当时，金国皇帝完颜吴乞买正在整顿兵马，准备南下消灭宋朝，根本没精力顾及契丹军残部。完颜吴乞买得知耶律大石在可敦城的势力得到恢复和发展，虽然没精力去消灭，但是不敢松懈，命令镇守西北的将领严加防守契丹军残部。

耶律大石的势力恢复后，便进行了一系列试探性扩张。在行动前，他召集大臣一起分析形势，讨论下一步的发展方向。综合各方面的信息和情报，耶律大石郁闷地发现，他们复兴契丹、光复旧疆的梦想，在当时根本没有实现的条件。金国国力处在直线上升时期，耶律大石当前的实力，无论是从经济政治方面看，还是从军事方面看，与金国直接对抗，都是鸡蛋碰石头。

如果在可敦城再等几年，他们发展的潜力有限，就会让人丧失信心。就在这时，有人提出应该向西发展，先壮大自己的实力，然后寻找合适时机杀回故地。耶律大石意识到这是一条出路。西域高昌回鹘、喀喇汗国，虽然兴旺了几个世纪，但此时早已经衰落。如果能征服他们，那么将可以壮大自身实力。

一番商议后，耶律大石决定暂时放弃东征，优先向西发展。耶律大石做梦也没想到，他这一决定竟然改变了西域历史，也改变了契丹历史，也让他作为契丹不可忽略的英雄载入史册。

2. 沙海迷路，契丹东返复国梦破灭

确定向西发展的战略后，1131 年二月初十，耶律大石按照传统用青牛白马祭祀天地和祖宗，然后亲自率契丹军向西进发。

此时，西域分别由高昌回鹘和喀喇汗国统治。高昌回鹘是佛教国家，喀喇汗国是伊斯兰国家。契丹起初信奉原始萨满教，后来学习汉族制度时，佛教兴旺起来，逐步成为契丹贵族信仰的宗教。耶律大石是科举出身，信仰佛教，受主张包容的儒家思想影响很深。深入分析西域文化特征后，他决定采取开放的宗教政策，充分尊重各地宗教信仰，求同存异，以赢得各族人的支持。

不仅如此，耶律大石还做出不在西域停留的决定，借道继续西行到大食。他派人送信给高昌回鹘毕勒哥可汗，说："从前，我国太祖皇帝率军北征，经过卜古罕城时，就曾派人到甘州，下诏给你们祖先乌母主说：'你思念故国吗？我马上就可以帮你恢复，你担心不能回去吗？我已经拥有这片土地了。我拥有，也就是你拥有了。'你的祖先当即上表致谢，认为国家迁来此地，已有十几代人，军民都留恋现在的国王，不愿迁居异地。这表明我国与你们国家的交好已有多年历史。我也就不能重返故国了。现在，我准备向西前往大食，向你们国家借道，你们切不可生疑。"

毕勒哥可汗原以为契丹军是针对他们去的，心里忐忑不安，等看到信后，才知道并不是冲着他们去的，亲自迎接耶律大石等人。毕勒哥可汗把耶律大石请到皇宫中，为他接风洗尘，举行了三天三夜的欢庆宴会。

耶律大石临走前，毕勒哥可汗又送给他 600 匹马、100 只骆驼、3000 只羊，并愿意以子孙为人质，做契丹臣属，然后把契丹军送到境外，才依依不舍地挥泪道别。

耶律大石率契丹军向西进发，遇到一个小部落。当地人对耶律大石等人充满敌意，双方就借道的事谈判得很不顺利。见那些人不愿意借道，耶律大石下令摆出武力进攻的架势。当地部落见此，评估实力后，选择臣服契丹，让耶律大石率契丹军过去。

没过多久，耶律大石率契丹军来到东喀喇汗国。东喀喇汗国试图用武力抵抗耶律大石一行，但根本不是契丹军的对手。耶律大石击败东喀喇汗国的抵抗武装后，赦免他们，率契丹军继续西行，继续寻找适合发展壮大的地方。

在额敏河流域，耶律大石发现一块风水宝地，非常高兴，在那里修建叶密立城，作为根据地，然后派人去招抚附近部落。一时间，这些部落有的慑于契丹军的强大军事力量，有的对耶律大石和契丹心服臣服，纷纷前来投靠。叶密立城的人口迅速增多。此时，耶律大石的统治范围是东到土拉河、西到额敏河一带的广大地区。

耶律大石的实力迅速壮大起来了。他此时已是事实上的皇帝，但名义上仍然只是一个契丹将领。名不正，言不顺。在处理政务时，耶律大石遇到一定的困扰，而治下百姓也心里不踏实，觉得他们臣服的不过是临时政权而已。

为了巩固统治，耶律大石召集大臣商议对策。商议的结果是，大臣们要给耶律大石正名，拥立他为皇帝。因为此时耶律延禧早已经被金军抓住，耶律大石率领的是最后一支契丹残余力量。为安抚人心，为继承契丹帝王的绪统，耶律大石称帝成为民心所向。

1132 年二月初五，在文武百官的拥护下，耶律大石在叶密立城登基称帝，号称天佑皇帝，国号为辽，建年号延庆。为团结当地百姓，他又按照突厥习俗，号称菊儿汗，意思是"汗中之汗"。不难看出，耶律大石建立的辽国，一开始就带有多民族的包容性。

天佑皇帝耶律大石对文武百官说："我与大家一起行程 3 万里，跋山涉水，穿越沙漠，日夜艰辛前行。如今，仰赖祖宗的福佑和大家鼎力相助，我冒昧地登上大位。你们的祖父、父亲都应该加以存恤善后，共享荣耀。"于是，有49人的祖父和父亲，获得了天佑皇帝给予的封号爵赏。

在契丹灭亡7年后，一个契丹人建立的新国家诞生，史称西辽或西契丹、后契丹。

耶律大石在西域重新建立辽国，给契丹复兴带来了新希望，继续延续契丹国祚，使汉族、契丹族的政治经济制度及灿烂文化传统，在西域得到进一步发扬。

西辽的建立是一部分有理想的契丹贵族振兴契丹的结果。这些贵族的理想并不仅仅是生存，而是要恢复契丹的辉煌，重建强大帝国。建国开始，耶律大石就在考虑进一步扩大西辽的疆域和影响力，在广大西域树立声望。

没过多久，东喀喇汗国新可汗伊卜拉欣派人送来求救信。东喀喇汗国葛逻禄、康里等突厥部落，趁着伊卜拉欣刚继任可汗的机会，大张旗鼓地发动叛乱。面对此起彼伏的叛乱，伊卜拉欣可汗束手无策，欲哭无泪。东喀喇汗国东边是宿敌高昌回鹘，宗教矛盾和领土矛盾交织，根本没有和解的可能；南部是实力强盛的吐蕃，吐蕃时刻想吞并东喀喇汗国，将势力延伸到西域西部，东喀喇汗国对其极度警惕；北部是荒无人烟的草原和荒漠，东喀喇汗国想求救也找不到对象；西面是与之争夺正统的西喀喇汗国以及突厥人建立的塞尔柱帝国，即使重新归顺塞尔柱帝国，即使塞尔柱帝国不计前嫌，愿意提供援助，也是来不及的。因为塞尔柱帝国的苏丹桑贾尔此时远在呼罗珊，等他率军赶到时，东喀喇汗国可能已经亡国。

在走投无路时，伊卜拉欣可汗想到曾经路过东喀喇汗国的契丹人，那是一支有数万人战斗力的强大军队，听说在叶密立城驻扎了下来。伊卜拉欣可汗派人赶往叶密立城表示愿意臣服，高呼"皇上万岁，万岁，万万岁"。耶律大石此前跟东喀喇汗人打过交道，知道他们突然来称臣，必然遇到困境。不过，他心里高兴，认为扩张契丹势力的机会来临了。

随后，东喀喇汗使者声泪俱下地向耶律大石倾诉，说葛逻禄、康里等突厥部落的实力如何强大，如何残忍，如何到处抢掠坑害百姓等——他把葛逻禄人、康里人说得罪大恶极，对东喀喇汗国欺人太甚，请求天佑皇帝率契丹军去拯救东喀喇汗人。亲历女真反辽战争的耶律大石非常清楚东喀喇汗使者所说的，很爽快地拍起胸脯："有本皇帝保护你们，没什么可怕的！"

天佑皇帝跟部下精心策划后，在1134年初，应东喀喇汗国伊卜拉欣可汗的邀请，亲率数万精锐契丹军，进驻七河流域东喀喇汗国首都八剌沙衮。事实上，葛逻禄、康里等突厥部落的实力远远没东喀喇汗国使者描述的那样厉害。他们根本不是契丹军的对手。经过一次次战斗，葛逻禄、康里等部落被契丹军打败，愿意臣服。天佑皇帝见好就收，并没跟他们死磕，而是趁机册封葛逻禄、康里等部落首领官职，趁机将伊卜拉欣可汗封为土库曼王，把喀什噶尔与和阗一带划为东喀喇汗国领土，土库曼王率东喀喇汗国迁移到那里，作为西辽的附庸国。天佑皇帝率契丹军进驻八剌沙衮城，坐收葛逻禄、康里等部落以及东喀喇汗国的贡赋，为它们提供保护。

八剌沙衮城位于楚河谷地，左边是大山，右边是大河，中间是一望无际的平地，且气候适宜，土地肥沃，水源充沛，农业发达，各种水果丰富，还盛产葡萄。天佑皇帝率契丹军西行寻找发展空间，发现这样水草丰美的地方后，决定在这里建立首都，将其改名为虎思斡耳朵。

为了更好地管理和开发好新首都虎思斡耳朵，天佑皇帝将中原制度和农业技术引入当地，并充分结合当地的风俗习惯，派出一些重视农业的官吏管理百姓，将督促农业生产当作官吏的考核内容。从此，西辽以虎思斡耳朵为核心基地，努力发展农牧业，壮大经济实力，同时抓住时机不断对外作战，扩大领地，增强军事实力。

当初，耶律大石是以"中兴契丹"为旗帜号召契丹军西征的。在建立新首都，国家逐渐强大下来后，为实现"中兴契丹"，恢复契丹帝国的夙愿，耶律大石积极准备东征，希望打败将他们赶出家园的金国人。

1134 年三月，天佑皇帝任命六院司大王萧斡里剌为兵马都元帅，敌剌部前同知枢密院事萧查剌阿不为副元帅，任命茶赤剌部秃鲁耶律燕山为都部署，护卫耶律铁哥为都监，一起率 7 万名契丹骑兵东征金国。

天佑皇帝用青牛白马祭天，树立旗帜，向大家立誓，说："我们大辽自从太祖、太宗艰难创立大业以来，有几位君王沉溺享乐，毫无节制地耗费国家财政，不顾不管国家军政大事，导致盗贼纷起，天下土崩瓦解。我率大家远远地来到朔北沙漠，目的就是恢复祖宗大业，以光复和中兴契丹。这里并不是我们世代居住的地方。我们要趁现在兵强马壮，杀回潢河流域去，重建家园！"

随后，他向兵马都元帅萧斡里剌下达命令："现在，你要努力率军杀回东方，要赏罚分明，与将士同甘共苦，在途中选择水草肥美的地方扎营，估量好敌人的实力后，再率军与其交战，不要骄傲自大，招来祸患和失败。"

萧斡里剌率契丹军经喀什噶尔、和阗，向东行军了 1 万余里。他们一路遇到的都是沙漠戈壁，虽然想一鼓作气击败金军，收复契丹故地，却没遇到金军，所携带的牛马还死去了很多，将士也减员严重。

兵马都元帅萧斡里剌见状，意识到可能是走错了方向，继续进行下去将全军覆没。考虑再三后，他决定放弃东征，整顿兵马回去。萧斡里剌中途放弃东征的具体原因不详，但从地理角度看，他们显然选错了行军路线，以当时的实际情况，7 万名骑兵穿越塔克拉玛干沙漠这个死亡之海，不等他们见到金军，就已经被沙海吞噬了。

见东征半途而废，天佑皇帝没责怪萧斡里剌等人，而是安慰他们说："皇天不顺我们的心意，这是天数！你们不要自责！"

天佑皇帝仰天长叹后，深知率契丹人回故土恢复帝国的梦想断绝了，接下来只能在西域重振契丹雄风，率能征善战的契丹人在西域建立强大帝国。

3. 攻占苦盏，西辽一举击败中亚霸主

东征梦想破灭，天佑皇帝复兴契丹的梦想却没破灭。他知道，没可能回到故土复兴契丹，那么只有在西域复兴契丹这一条路可走。这条路，他只能走成功，而不能走失败。他以虎思斡耳朵为基地，积极发展实力，而原东喀喇汗国东南西北的敌手便成为他下一步征服的对象。

高昌回鹘是契丹臣属国，吐蕃在青藏高原上，北部是荒漠草原，这些都不是拓展西辽实力的优先选项。1135 年，天佑皇帝将目光盯上了西部的西喀喇汗国。他组织契丹军西征，目标是夺取费尔干纳盆地。

费尔干纳盆地是西喀喇汗国的势力范围。契丹军占领费尔干纳盆地，既可以夺取肥美之地，增强西辽实力，又可以占据有利地势，增加将来对抗塞尔柱帝国的筹码。塞尔柱帝国是当时中亚第一强国，西辽要在西域复兴，与它迟早会爆发战争。抢先占领要地，这是西辽发展壮大的需要。

出乎意料的是，契丹军进军费尔干纳盆地，开始几乎没遇到什么大抵抗，非常顺利。原来，西喀喇汗国可汗马赫穆德·伊本·穆罕默德一直在观察东喀喇汗国局势。契丹军镇压葛逻禄、康里等突厥部落，趁机夺取东喀喇汗国大部分领土，逼迫东喀喇汗国臣服，已经让马赫穆德·伊本·穆罕默德意识到与契丹军的战争不可避免，当然也让他见识到了契丹军的战斗力。得知契丹军西征，他立即下令收缩兵力，占据有利地形，寻机决战。

1135 年六月，在苦盏，天佑皇帝率契丹军与马赫穆德·伊本·穆罕默德率西喀喇汗军进行了大决战。马赫穆德·伊本·穆罕默德原以为他占有地利优势，又以逸待劳，一定能给予契丹军重挫。没想到，在能征善战的契丹军面前，西喀喇汗军的战斗力根本就不值一提。契丹军一举击败了西喀喇汗军主力，成功攻占苦盏。

马赫穆德·伊本·穆罕默德狼狈不堪地逃回首都撒马尔罕。整个撒马尔罕城沸腾了。军民人心惶惶，惶恐不安地执行着马赫穆德·伊本·穆罕默德加强防守的命令，时刻担心契丹军会趁势攻过来。不过，天佑皇帝很冷静，并没乘胜追击，而是将主要精力放在对占领地域的巩固上。他要的是征服当地官员和军队，而不是简单的杀戮和抢掠。

从惊慌中缓解过来后，马赫穆德·伊本·穆罕默德深入分析战局。他深知自己不是天佑皇帝的对手，即使率西喀喇汗军死拼，也阻挡不住契丹军西进的步伐。于是，他想到宗主国塞尔柱帝国，派人去游说塞尔柱帝国苏丹桑贾尔，将问题上升到了空前的高度，说整个伊斯兰世界将要遇到大灾难，凶狠的非穆斯林契丹军杀过来了，然后表示期待塞尔柱帝国苏丹桑贾尔站出来，号召所有国家一起保卫穆斯林。明明是西辽对西喀喇汗国两个国家的战争，被狡猾的马赫穆德·伊本·穆罕默德一下子搞成一场关于宗教信仰的战争，搞成了契丹军与中亚所有伊斯兰国家的战争。

消息一经传出，中亚其他伊斯兰国家变得十分不安，纷纷表示要先下手为强，出兵抗击契丹军，并主动写信要求塞尔柱帝国苏丹桑贾尔站出来做首领。

西喀喇汗国是塞尔柱突厥帝国的附庸。塞尔柱突厥帝国是中西亚最强盛的帝国。桑贾尔被中亚其他伊斯兰国家视为保护神。桑贾尔认为，契丹军打败西喀喇汗国，严重侵犯了塞尔柱突厥帝国的利益，其他伊斯兰国家要求他出来领导抗击契丹军，他义不容辞。很快，中亚诸国有十多万人马汇集起来。西喀喇汗国可汗马赫穆德·伊本·穆罕默德使者一番夸大其词的话，让当时中亚瞬间陷入"世界大战"之中。

塞尔柱帝国苏丹桑贾尔有自己的打算。他想通过这次军事行动强化伊斯兰世界盟主的地位。因此，当他看到黑压压的十几万军队时，心情大好，觉得自己率这么多军队，就可以轻松击败契丹军。于是，他做了令人费解的举动，花了6个月时间，慢悠悠地检阅各国汇集而来的军队，然后才正式率军出征。

1137年七月，为保护西喀喇汗国，为保护中亚伊斯兰诸国，塞尔柱帝国苏丹桑贾尔亲率忽儿珊、吉慈尼、祸咱答儿、西吉斯坦和古尔王国等国家共计10万联军，浩浩荡荡地渡过阿姆河，开进河中地区，前来与契丹军决战。

就在此时，成功调动诸国军队的马赫穆德·伊本·穆罕默德，没率军攻打契丹军，却派兵攻打葛逻禄人，想趁机夺取他们的土地。葛逻禄人并不好欺负。他们猛烈反击西喀喇汗军，一举获得胜利。马赫穆德·伊本·穆罕默德被猛揍后，又向塞尔柱帝国苏丹桑贾尔寻求援助，说葛逻禄人仗着有契丹人的支持，趁火打劫向西喀喇汗军发起进攻。

马赫穆德·伊本·穆罕默德的谎言再一次发挥了作用：桑贾尔听了片面之词之后大怒，表示一定要替他讨回公道，便率10万联军转而进攻葛逻禄人。面对如此庞大的军队，葛逻禄人吓得魂不附体，向他的宗主国西辽求助。天佑皇帝此时不想与塞尔柱帝国为敌，但臣属国遭到攻击，又不能不管，就本着和平原则，亲笔写了一封信，派人送给桑贾尔，替葛逻禄人求情。

塞尔柱帝国苏丹桑贾尔仗着有10多万军队，是中亚所有伊斯兰国家的盟主，根本不将天佑皇帝放在眼里。他不理会天佑皇帝在信中替葛逻禄人说情，反而写信给天佑皇帝，命令所有人必须皈依伊斯兰，不然就将他们统统消灭。不仅如此，他还在信中吹嘘联军武器先进，战斗力无人能敌。

天佑皇帝身经百战，见识过金军强大骑兵的战斗力，也见识过西域诸国骑兵的战斗力，根本就不相信桑贾尔信中所写的话。他让武士向桑贾尔的使者展示箭术后，当着使者的面烧掉桑贾尔的信，然后将使者放了回去。

双方和平的空间已经堵死，只剩下在战场上拼个你死我活了！天佑皇帝不敢疏忽。他知道桑贾尔率联军的号召是宗教，而自己属下的军队，除自己从东边率来的契丹人、汉族人，就是葛逻禄、康里等突厥部落的人，他们唯一的共同信仰就是战胜敌人，反对民族压迫。天佑皇帝重申民族平等，宗教信仰自由。随后，他组织起一支多民族士兵组成的契丹军，并亲自率这支军队攻向撒马尔罕。

1137 年九月初九，在撒马尔罕北面的卡特万草原，天佑皇帝率契丹军遭遇桑贾尔率领的 10 万诸国联军。当时，桑贾尔将 10 万联军分为三路，在草原上形成看不到边际的黑压压一片。其中，左路军由西吉尔斯坦国王指挥；右路军由塞尔柱帝国宰相指挥；中路是主力，由桑贾尔亲自指挥，所有后卫军、后勤军都在中路。

在两军相距 2 里多时，天佑皇帝鼓舞将士说："敌军虽然人数多，但缺乏谋略，不足为虑。在进攻他们时，我们只要让他们首尾不能相顾，就一定能取得胜利。"于是，他观察桑贾尔联军的阵型后，派六院司大王萧斡里剌等人率 2500 名骑兵攻击联军右翼，派枢密副使萧查剌阿不等人率 2500 名骑兵攻击联军左翼，亲率中路主力军向联军中部进攻。卡特万草原背靠大山，契丹军背后就是山脉。山脉旁边有一条长峡谷。天佑皇帝决定利用地理优势，安排军队在峡谷前方，一起夹攻联军中路军。

就这样，契丹军按照中亚军队的传统布阵方法，跟桑贾尔所率联军摆起"三对三"阵地大决战。战争开始后，桑贾尔联军左路军猛烈攻击契丹军，一度插入契丹军中路与侧翼缝隙间。契丹军中路和左路被迫向左移动。军阵出现一个缺口。桑贾尔大喜，命令联军全力朝着契丹军阵的缺口进攻。形势对契丹军不利，契丹军不得不苦战硬撑。

在关键时刻，天佑皇帝冷静观察战场局势，及时调整部署，在萧查剌阿不等人率左路契丹军苦战硬撑时，派人命令萧斡里剌等人率右路军快速迂回到联军后方，猛烈攻击联军后卫军，然后亲自率被挤压向左的主力军，全力反击联军右路军。

联军没预料到契丹军如此勇猛而有谋略，战场机动性如此强，一时阵营大乱，三面受敌，遭到契丹军攻击。起初，桑贾尔不以为意，认为自己兵多将广，契丹军硬拼的话，联军即使用人海战术也能取胜。契丹军三路并作两路反击，桑贾尔率军猛攻契丹军中部。契丹军中路军大部分随天佑皇帝反击联军右路军，小部分留在中路做预备队。做预备队的契丹军，见联军主力攻过来后，主动往峡谷地带撤退。桑贾尔率联军紧追不舍，契丹军中路一直后撤。

经过一番猛烈厮杀，契丹军先后击败联军左右两翼，并俘虏联军左右两翼指挥官以及桑贾尔的妻子，然后收拢军队，杀向深陷峡谷内的桑贾尔所部主力。契丹军趁机冲杀，大败桑贾尔所率的联军主力，使他们横尸数十里。桑贾尔仅仅率身边几个人侥幸逃跑。

卡特万大战是中亚历史上的一次著名战役。天佑皇帝以绝对劣势，以少胜多，击败数倍于契丹军的多国联军，取得巨大胜利。这次战役迫使塞尔柱突厥帝国的势力退出阿姆河以北地区，使西喀喇汗国成为西辽的附庸。而塞尔柱帝国苏丹桑贾尔从此一蹶不振，在伊斯兰世界中声威扫地。没过几年，纵横中亚的塞尔柱帝国就灭亡了。

卡特万大战使契丹军士气大振。天佑皇帝趁机加强对阿姆河以北地区的管理和控制，并废掉马赫穆德·伊本·穆罕默德的汗位，封他弟弟为桃花石汗（中国汗），继续统治西喀喇汗国，然后留下一名将领监督他们。

不仅如此，天佑皇帝还趁机发展在中亚的势力，派契丹军进攻塞尔柱帝国另一个附属国花剌子模。契丹军在花剌子模驰骋厮杀。花剌子模军得知契丹军来了，吓得面如土色、魂飞魄散。在契丹军猛烈攻击下，花剌子模国王无计可施，派人到契丹军营，表示愿意臣服西辽，每年交纳价值 3 万金第纳尔以及其他贡品。天佑皇帝表示满意，下令停战撤军。

随后，天佑皇帝又下令将西喀喇汗国都城撒马尔罕改名为河中府，然后率契丹军继续西征，直到起儿漫后，才班师回虎思斡耳朵。契丹军击败中亚最强大的塞尔柱帝国及其附属国，成为中亚无可争议的强大国家。耶律大石复兴契丹的梦想在这一刻得以实现。

4. 女帝执政，西辽走进盛世时代

在契丹朝廷中，后族具有较高地位。皇太后执掌朝政常见。在西域建立西辽后，契丹这一传统也被继承，并进一步发扬光大了。

在卡特万之战后没多久，征战一生的天佑皇帝耶律大石事业达到人生顶峰，生命也到了尽头。1143 年，在临死前，天佑皇帝将皇位传给年幼的儿子耶律夷列，让皇后萧塔不烟以皇太后身份垂帘听政。不过，萧塔不烟不满足于垂帘听政。天佑皇帝死后，她就直接跑到前台称制，宣布改元咸清，自称感天皇后。

萧塔不烟深受天佑皇帝的影响，治理才能突出。在她治理下，契丹军继续表现出强劲的战斗意志。西辽内部社会安定，百姓富足，国家实力进一步壮大。

西辽皇位交替之际，高昌回鹘表现得有些不老实。高昌回鹘一直在西辽和金国之间摇摆。天佑皇帝死后，孤儿寡母执掌西辽。高昌回鹘以为西辽统治将不稳定，主动派使者到金国，进献贡品并称臣。不仅如此，高昌回鹘使者还将西辽的情况全部告诉了金国。

女真人占领契丹故地建立金国，迅速强大起来。耶律大石率契丹残余势力西迁，成为金国眼中的"漏网之鱼"，令金国统治者很不放心，时刻担心这支契丹残余势力会卷土东来，因而要千方百计地征服他们。

金国从高昌回鹘使者那里得知契丹人的消息后，在 1146 年派粘割韩奴出使西辽，企图趁机威慑西辽。粘割韩奴抵达虎思斡耳朵郊外时，正好遇到出猎的感天皇后萧塔不烟。粘割韩奴仗着国大势大，根本不将萧塔不烟放在眼里，口口声声自称是上国使者，奉天子命令前来招降西辽，坚决拒绝下马跪见，言语之间也极其不礼貌，甚至当面辱骂契丹人是"反贼"。

萧塔不烟十分生气，不畏强权，也不管粘割韩奴是不是金国使者，直接令人将他杀掉，并下令兴兵准备迎战金军。她天不怕地不怕的气魄，震惊了金国人，也震惊了西辽人。金国与西辽相隔较远，想兴兵攻打也没办法，只好对此事不了了之。粘割韩奴可笑至极，因自己的狂妄无知，白白丢掉了性命。这件事后，西辽人发现，女统治者的气势一点儿也不输男统治者。萧塔不烟的女儿耶律普速完看在眼里，也充分意识到强悍生猛是最高统治者最重要的素质。

萧塔不烟称制7年，西辽政权稳定，国力蒸蒸日上，便又让儿子耶律夷列当皇帝，接管朝政大权。耶律夷列做了13年皇帝后，病死了。当时，耶律夷列的儿子们都很小。耶律夷列担心他们继位后无法掌控局面，就下遗诏，命令妹妹耶律普速完辅政。

耶律普速完也直接称制，改元崇福，自称承天皇后。耶律普速完是西辽历史上著名的女英雄。她早已默默学会了母亲萧塔不烟的强悍生猛，一执政，就毫不留情地收拾心怀鬼胎的葛逻禄人。

当年，葛逻禄人臣服西辽，是想得到西辽庇护，脱离西喀喇汗国统治。在卡特万之战后，天佑皇帝耶律大石率契丹军高高兴兴地班师回朝，还把河中地区还给了西喀喇汗国宗室，让西喀喇汗国做西辽的附属国。葛逻禄当初受到西喀喇汗国欺负，投靠西辽。西喀喇汗国得到西辽的允许继续存在，葛逻禄人还要受西喀喇汗国的统治，因此葛逻禄人心里非常不爽。

葛逻禄人对西辽的愤懑和不满越积越深。在耶律夷列亲政第七年，葛逻禄人举行反西辽起义。时任西辽皇帝耶律夷列派出契丹军，迅速镇压葛逻禄人造反。葛逻禄人仍然不肯死心，屡战屡败，屡败屡战，不放过任何给西辽制造麻烦的机会。

耶律普速完对葛逻禄人的做法忍无可忍，决定要来个彻底了断。

为了消除河中地区的隐患，在1164年，耶律普速完命令西喀喇汗国恰克雷汗将葛逻禄人迁到喀什噶尔，禁止葛逻禄人携带任何武器，必须从事农业生产活动。

西喀喇汗国恰克雷汗接到命令，大喜过望，立即不折不扣地去执行。他一直对葛逻禄人头痛不已，现在终于可以名正言顺地将这个烫手山芋送出去了。他非常感动，甚至忍不住膜拜耶律普速完。

西喀喇汗国恰克雷汗执行命令时，引起葛逻禄人的反抗。葛逻禄人在河中地区已经生活了几百年，不是说让他们迁走，他们就乖乖迁走的。不仅如此，葛逻禄是崇尚武力的游牧民族，几乎人人都骑马放牧，对农业丝毫不懂，突然让他们放下武器，改行种地，对他们而言，简直是直接断了他们的生路。

接到耶律普速完的命令，葛逻禄人十分生气。而西喀喇汗国恰克雷汗兢兢业业，严格执行命令，容不得半点通融，感觉到他在公报私仇，葛逻禄人彻底愤怒。葛逻禄人在首领的率领下，向布哈拉进军，公开造反。

布哈拉守将见葛逻禄人攻过来，一边派人迅速报告西喀喇汗国恰克雷汗，一边派人去跟葛逻禄人谈判。布哈拉的代表对葛逻禄人说，当年契丹军经过这里时，都没有抢掠和屠杀，葛逻禄人是穆斯林，如果在这里进行抢掠和杀戮，那将是十分卑鄙的。如果葛逻禄人不抢掠和袭击布哈拉城，那他们将主动缴付足够的保护费。

葛逻禄人觉得布哈拉的代表说得有道理，态度也算诚恳，就答应了他不抢掠、不屠杀的条件，趁机开出天价。布哈拉的代表二话不说，一口同意葛逻禄人开出的价码，但表示凑够那么多钱，需要宽限几天时间。葛逻禄人也表示理解。

就这样，布哈拉守将给西喀喇汗国恰克雷汗争取到了足够的时间秘密出兵。西喀喇汗军从背后袭击葛逻禄人。葛逻禄人遭到西喀喇汗军毁灭性的打击。除了少部分人逃到花刺子模外，绝大部分葛逻禄人不是乖乖跪地投降，被押送到喀什噶尔，就是被就地杀死。河中地区的葛逻禄人势力大为衰落。西辽的影响力和控制力进一步上升。

收拾完葛逻禄人，耶律普速完又出手教训内心不服从西辽、胆敢收留葛逻禄残部的花剌子模。花剌子模虽然在名义上臣服西辽，每年都按时纳税，但由于它跟西辽中间隔着西喀喇汗国，有些山高皇帝远的意味，一直不将西辽当回事，胡作非为。

西辽皇帝耶律夷列死后，花剌子模王沙伊勒·阿尔斯兰见继位的是一个小娃娃，整个国家由一个女人掌管，感到十分不屑，因而敢明目张胆收留叛逃的葛逻禄人。

令沙伊勒·阿尔斯兰没想到的是，那个他完全看不起的女人耶律普速完，一怒之下，就亲自率军浩浩荡荡地杀向花剌子模。惊慌之余，沙伊勒·阿尔斯兰兴兵迎战。

1170 年，在阿姆河，契丹军与花剌子模军决战。契丹军再一次大败花剌子模军。沙伊勒·阿尔斯兰吓得魂飞魄散，直接从马背上摔下来。他不顾伤痛，急急忙忙亲自跑到契丹军营里求和。没过多久，他死了。他的儿子苏丹沙抢先登上王位。

耶律普速完又派萧朵鲁不率军护送投奔西辽的特克什回国，全力扶植他当花剌子模王。特克什是苏丹沙的哥哥，更有继承王位的资格。因此，苏丹沙见契丹军护送特克什回国，吓得魂飞魄散，丢下王位直接逃跑。

1172 年十二月十一日，特克什继位当上花剌子模王。西辽加强了对花剌子模国的控制。在耶律普速完统治期间，西辽势力不断发展壮大，对外用兵接连获胜。西辽依旧是中亚地区最强大的国家。

西辽的强大归功于耶律普速完，同样衰败和内乱也是从她那时开始的。原来，为拉拢西辽开国功臣萧斡里剌，耶律大石将女儿耶律普速完嫁给萧斡里剌的大儿子萧朵鲁不。耶律普速完不爱萧朵鲁不，却跟小叔子萧朴古只沙里私通，先把萧朵鲁不从驸马都尉降为东平王，不久又将他害死。

萧斡里剌得知萧朵鲁不被害死的真相，怒火中烧，率军攻入皇宫，杀死耶律普速完和萧朴古只沙里，改立耶律夷列的二儿子耶律直鲁古为新皇帝，改元天穆。耶律直鲁古继位后，西辽对中亚的控制削弱。不仅如此，辅政大臣们奢侈腐化，享乐之风盛行。再加上对外两年用兵，对内剥削加重，西辽走向衰败。

5. 玩物丧志，西辽被臣属国耗垮

耶律直鲁古时期，西辽逐渐衰落。耶律直鲁古作为统治者，却并没认真处理过朝政。在突发事件面前，他既不缺乏能力，也不缺乏勇气，却终日沉湎于玩乐和狩猎，任其帝国分裂瓦解。

1209 年，高昌回鹘王亦都护巴尔术阿而忒的斤摆脱西辽的宗主权，转向蒙古成吉思汗称臣。西辽在高昌回鹘的代理人，一位少监被亦都护巴尔术阿而忒的斤处死。当年耶律大石率契丹残部西迁时，高昌回鹘王毕勒哥顺势归附。在耶律大石建立西辽后，时任高昌回鹘王月仙帖木儿率回鹘成为西辽属国。高昌回鹘成为西辽称霸西域的重要战略支点。

月仙帖木儿的儿子亦都护巴尔术阿而忒的斤继位后，发现时任西辽皇帝耶律直鲁古不理政事，将朝政大事交给太师沙均，自己全身心去吃喝玩乐。沙均无才无德，因皇帝信任而掌管大权，骄横恣肆，独断霸道。这样，西辽内部上下离心离德，一些属国也蠢蠢欲动。

巴尔术阿而忒的斤不能忍受臣服于沙均独揽大权的西辽。㘤理伽帖木儿向巴尔术阿而忒的斤献计，与东方正在兴起的蒙古人结盟，作为外援，设计杀死沙均，向蒙古称臣，寻求蒙古人的保护。巴尔术阿而忒的斤认为，反正西辽皇帝耶律直鲁古不管事，杀死管事的沙均，西辽报复的可能性不大，即使西辽报复，契丹军的战斗力也远远不如以往，有强大的蒙古人做支援，高昌回鹘依然是安全的。于是，他按计划杀死了沙均，然后派别吉思与阿邻帖木儿等人向蒙古称臣纳贡。

西辽臣属杀死西辽的摄政大臣，还投奔新宗主，这是赤裸裸的挑衅，换了任何一位皇帝，都会派军去镇压，但耶律直鲁古居然不闻不问，装作根本就没发生什么事一样，没派人去安抚高昌回鹘人，也没派军队去镇压高昌回鹘人。这实在是令人感到惊讶！

成吉思汗一直想将高昌回鹘纳入统治范围。高昌回鹘主动称臣纳贡，而原宗主西辽皇帝居然采取默认态度，令他非常兴奋。他不仅接纳高昌回鹘人称臣纳贡，还趁机在高昌回鹘打入楔子。成吉思汗把女儿阿勒屯别吉嫁给高昌回鹘可汗巴尔术阿而忒的斤。西辽东北境的高昌回鹘成为蒙古人属地、西进的前沿基地。

西辽在西域的威望迅速下降。1211 年，伊犁河下游的葛逻禄王阿尔斯兰以及在伊犁河上游阿力麻里称王的突厥人布札儿，相继宣布不承认西辽宗主权，转而向蒙古称臣纳贡。

高昌回鹘向蒙古称臣纳贡，它尚且与蒙古接壤，葛逻禄部落、突厥部落，与蒙古并不接壤，中间隔着回鹘和西辽，这是对西辽赤裸裸的蔑视。不过，耶律直鲁古听之任之，懒得管那档子事，丝毫没有镇压的意思。

为什么耶律直鲁古一直是那种态度呢？他此前处理类似事情，不仅没改善西辽外部环境，还导致出现一个强敌花剌子模。此时的西辽不仅实力严重衰落，且早已陷入四面楚歌之中。

花剌子模原本是塞尔柱帝国属国。在桑贾尔当苏丹时期，花剌子模闹独立。塞尔柱帝国出兵镇压。花剌子模不得不臣服。1142 年，西辽与塞尔柱帝国为首的联军在卡特万决战。联军战败。额布斯率契丹军入侵花剌子模，逼迫花剌子模统治者阿即思改向西辽称臣，每年进贡 3 万金巴里失。阿即思的继承者阿尔斯兰在位时，也一直向西辽称臣纳贡。

卡特万决战完全改变了中亚格局。除了花剌子模向西辽称臣，塞尔柱帝国走向衰亡外，中亚另一个伊斯兰国家古尔王朝抓住机会，成为中亚伊斯兰世界的新霸主。古尔王朝原是阿姆河以南的一个大国。在卡特万之战后，中亚一些小国纷纷臣服西辽，与古尔王朝接壤的巴里黑也成为西辽属国。巴里黑每年都向西辽朝贡、缴纳土地税。古尔王朝仗着实力强大，没臣服西辽。西辽也没向其发起进攻。

相处一段时间后，古尔王朝感觉自己的实力不错，试探性地将巴里黑消灭了。巴里黑灭国，从此不向西辽进贡。西辽统治者竟然毫无察觉，更谈不上做出任何军事反应。古尔王朝以为西辽软弱可欺，就进一步进攻西辽的另一个属国花剌子模。这次古尔王朝进攻花剌子模，是应阿巴斯王朝哈里发邀请出兵的。

原来，塞尔柱帝国苏丹图格里尔被杀后，他的头被送到花剌子模王特克什手中。按照常理，花剌子模王特克什处理此事时，应该征询宗主国西辽的意见，但出乎意料的是，特克什根本就没告知西辽，而是为提升自己的威信，将图格里尔的头送到阿巴斯王朝苏丹哈里发手里。

当时，阿巴斯王朝早已日薄西山，有名无实。苏丹哈里发却不承认这点，得到图格里尔的头，欣喜若狂。他觉得花剌子模人要比塞尔柱人文明有教养，就派人去说服花剌子模王特克什，将以前曾属于阿巴斯王朝领土的伊拉克还回去。

花剌子模王特克什见哈里发赤裸裸地索要土地，当然不肯拱手相让。为让哈里发充分意识到自身的实力和地位，特克什率花剌子模军进攻阿巴斯王朝首都巴格达。哈里发吓得魂不附体，马上派人向特克什求和。特克什正在气头上，根本就不搭理求和的事。面临严重局势的哈里发，只好派人向花剌子模东南的邻居古尔王朝求助。古尔王朝君主苏丁想充当塞尔柱帝国灭亡后中亚伊斯兰世界的盟主，见哈里发派人请求帮助，喜出望外，率古尔军浩浩荡荡地杀向花剌子模。花剌子模王特克什不可一世，也仅仅是针对弱小国家。苏丁率古尔军进攻过来，特克什吓得惊慌失措。他没把握击败古尔军，便想起他还有个宗主国西辽，派人向西辽求救。

附属国遇到大兵压境，向宗主国求援，看似没什么问题。但是，花刺子模王特克什在塞尔柱帝国灭亡后，在中亚攻城略地，从没告知西辽，也没给西辽分享相关的战利品，直到它触怒古尔王朝这个大国，自己闯祸了，才想起宗主国西辽。西辽的态度不仅对中亚局势影响巨大，也影响自身的声望。花剌子模使者担心西辽不愿意出兵，就拼命采用激将法，说契丹军如果不打击古尔军的话，古尔王朝就将花剌子模变成第二个巴里黑，到时就会以花剌子模为基地，进攻西辽。古尔王朝与西辽的战争迟早会爆发，迟打不如早打，早打的话，如果西辽能一举击败古尔王朝，那不仅解除了花剌子模的危难，还将会再得到一个臣属国。

耶律直鲁古原以为巴里黑丢了就丢了，没什么影响，在花剌子模使者一番鼓动后，突然意识到丢了巴里黑是一种屈辱。他越想心里越窝火，便答应花剌子模王特克什的请求，派塔阳古率契丹军去进攻古尔王朝。塔阳古率契丹军雄赳赳地渡过阿姆河，杀入古尔王朝境内，大肆烧杀抢掠。

塔阳古还派人去警告古尔王朝在巴里黑的守将，要么放弃巴里黑，撤回古尔王朝境内，要么继承原来的巴里黑，向西辽进贡，上交赋税。巴里黑的古尔守将断然拒绝，一边组织顽强抵抗，一边派人去周边寻求援军。

契丹军这次师出无名，军队战斗力下降，加上又烧杀抢掠，遭到各地一致反抗，也很快遭到古尔军主力反击。契丹军大败，被一路追杀到阿姆河。许多将士被逼入河中淹死。塔阳古率的那支契丹军几乎全军覆没。

耶律直鲁古得到消息后，大惊失色，但又不甘心，派人去花剌子模，向花剌子模王特克什索取损失赔偿。特克什却一反常态：你们契丹军打败仗，自己无能，关我什么事，还跟我要损失赔偿，想都别想。

耶律直鲁古遭到拒绝后，勃然大怒，感觉到被花剌子模出卖，立即派契丹军进攻花剌子模。不料，契丹军被打得落花流水的，连布哈拉城都被对方侵占了。

花剌子模王特克什老奸巨猾，对西辽的实力知根知底，知道长期敌对下去不利，便乘胜求和，以前该怎么进贡还是怎么进贡，给足了耶律直鲁古面子。对此，耶律直鲁古不仅接受了，还对花剌子模王特克什深信不疑。没过多久，古尔军再次进攻花剌子模。新花剌子模王摩诃末派人向西辽求救。耶律直鲁古二话不说，又派塔阳古率1万精锐契丹军去增援。

古尔苏丹得知消息，自知不敌，急忙率军撤退。塔阳古率契丹军断绝古尔军退路。不久，契丹军干净利落地将古尔军消灭。

花剌子模王摩诃末把对古尔王朝的胜利归功于宗主耶律直鲁古。当他发现自己的势力已经发展到不逊于西辽时，便觉得他这个穆斯林皇帝不能继续充当契丹人的封臣和贡臣了。他停止向西辽进贡。耶律直鲁古派人去质问摩诃末，催他赶紧进贡。摩诃末正在准备与钦察汗国开战，不想与西辽翻脸，又不愿意以藩属身份接待西辽使臣，就让母亲图儿汗可敦替他处理此事。

图儿汗可敦以高规格礼节接待西辽使者，缴纳了所欠的贡赋，并派几名贵族去西辽道歉，保证以后一定会按时按量缴纳。不过，摩诃末率军击败钦察汗国后，立马翻脸，无视西辽，率军征服河中地区。

西喀拉汗王朝的撒马尔罕王奥斯曼是西辽封臣。奥斯曼对西辽征收赋税不满。花剌子模王摩诃末在与奥斯曼达成一项协议后，于1207年占领布哈拉和撒马尔罕，取代西辽成为西喀拉汗王朝宗主。花剌子模囊括了整个河中地区。

1209年，高昌回鹘改向蒙古称臣时，耶律直鲁古已经意识到不能再任凭花剌子模王摩诃末为所欲为，准备反击，因此对高昌回鹘的举动便采取默许观望态度。1210年，3万契丹军向撒马尔罕发起反攻。摩诃末和奥斯曼抵挡不住契丹军的进攻。摩诃末逃回花剌子模。奥斯曼再次臣服西辽。

1211年，葛逻禄部落、突厥部落向蒙古称臣，已经被屈出律折腾得精疲力竭的耶律直鲁古根本没精力管。

1212年，积蓄势力的摩诃末卷土重来。他再次联系奥斯曼归顺自己，同时煽动河中地区穆斯林支持他，一起教训异教徒契丹人。一切准备就绪后，摩诃末率军杀向河中，跟契丹军在怛逻斯草原进行决战。这次决战，契丹军溃败而逃，主帅塔阳古被俘虏。

在西辽与花剌子模人消耗势力时，发生了回鹘人、突厥人归附蒙古等事件，耶律直鲁古心力交瘁，根本无力管，才一直保持沉默。不过，对西辽影响最大的是花剌子模。花剌子模击败西辽后，迅速进入鼎盛时期，成为中亚最强大的帝国。西辽属国纷纷另选出路。西辽迅速走向灭亡。

6. 偏信女婿，耶律直鲁古自毁江山

西辽被花剌子模人消耗尽了元神，但消灭西辽的却不是花剌子模人，而是耶律直鲁古最信任的人屈出律。

屈出律是被成吉思汗赶出阿尔泰地区的蒙古乃蛮部人。在乃蛮部太阳汗死后，乃蛮部被消灭，乃蛮王子屈出律像其盟友蔑儿乞的残部一样，逃到西辽去碰运气。

到西辽后，屈出律将要见西辽皇帝时，因担心有变，命令随从假扮自己入见，而自己扮作随从，站在门外等候。西辽皇后古尔别速从外面回来时，见他容貌壮伟，心生爱慕。

后来，耶律直鲁古经询问得知实情，把女儿晃忽嫁给了屈出律。屈出律一下子由亡国的落难王子变成西辽驸马。不能不说，耶律直鲁古对他有再造之恩。耶律直鲁古喜欢别人奉承，屈出律便想方设法迎合他。一来二去，屈出律成为耶律直鲁古最信任的人。

正好管理国政的沙均被杀了，耶律直鲁古便将国政交给屈出律管理，自己继续安心吃喝玩乐去了。屈出律原来是亡国的落难王子，能找

个安身之地就不错了，如今突然掌握西辽朝政大权，他的野心迅速被催化——乃蛮虽然灭国了，但如果能夺取西辽政权，不仅能为乃蛮残部找一块落脚地，还可以借此兴起，以此为基地，向蒙古人复仇。他得知乃蛮部溃兵大多藏匿在故地，就决定派人去乃蛮故地召集残部到自己身边来。

于是，屈出律以加强防御蒙古力量为名，对耶律直鲁古说："现在，蒙古人正在与篾儿乞人打仗，还没精力向西面拓展。不过，我们不得不防！如果我们到叶密立、哈押立克、别失八里召集士兵，一定会群起响应。我们可以借助他们的力量来保卫我国。"耶律直鲁古没多想，听从了他的意见。屈出律以此为契机，收集了大量乃蛮部残余力量。

后来，屈出律遇到花剌子模东来的使者，得知花剌子模在摩诃末治理下征服了中亚很多部落和国家，已经强大起来。只不过限于实力，花剌子模国尚保持与西辽的臣属关系。花剌子模王摩诃末也是一个野心勃勃的人物，也时刻想消灭西辽，征服东方。

作为西辽皇帝女婿、执政大臣，屈出律得知这些消息，按照常理，是应该想办法防御花剌子模才对。但是，他却与花剌子模使者勾结上了。双方决定联合推翻耶律直鲁古，共同瓜分西辽的国土。他们约定：如果花剌子模军先获胜，就可把花剌子模的疆界拓展到阿力麻里、和阗、喀什噶尔；如果乃蛮军先获胜，就可将乃蛮领地拓展到费那克特河。西辽执政大臣与敌国使者私下勾结瓜分西辽，是对耶律直鲁古莫大的讽刺。

花剌子模人曾公开挑战西辽，耶律直鲁古出乎意料地强力回击，在1210年派兵占领撒马尔罕。这件事其实是屈出律实施的阴谋，也是西辽灭亡的开始。将西辽精锐军队调动到河中地区后，屈出律率领乃蛮人在伊犁反叛。他率军前往费尔干纳的讹迹邗抢劫耶律直鲁古的宝藏，并趁机向都城虎思斡耳朵进军。耶律直鲁古此时才如梦方醒，亲自率守军反击屈出律，在虎思斡耳朵附近打败了他。

正在耶律直鲁古率军镇压屈出律反军时，1212年，花剌子模王摩诃末联合中亚其他伊斯兰国家一起对契丹人发起反攻。在怛逻斯草原另一战场上,一支契丹精锐军被击溃,主帅塔阳古被花剌子模人俘虏。这支从怛逻斯战场撤退回来的契丹残军发现他们都城的门已经被叛变的居民们关闭,就强攻下虎思斡耳朵,然后屠杀城内军民。屈出律乘机率军发起进攻,耶律直鲁古战败,被活捉。

这件事后,屈出律将耶律直鲁古尊封为太上皇,自己登基为皇帝。西辽落入屈出律这个乃蛮人统治之下。

攫取西辽实际控制权后,屈出律与昔日盟友花剌子模王摩诃末为划分边界几乎兵戎相见。在一段时间内,花剌子模王摩诃末统治范围到锡尔河以北的讹答剌、拓析和赛拉木。屈出律不得不给予承认。

西辽属地喀什噶尔被一些突厥族穆斯林统治。耶律直鲁古曾监禁喀什噶尔哈拉汗可汗的儿子。在耶律直鲁古被推翻不久,屈出律释放出这位年轻人,并派他去统治喀什噶尔。喀什噶尔的埃米尔们拒绝接受他做可汗,于1211年处死了他。屈出律大怒,派军进攻喀什噶尔,对那些突厥族穆斯林进行镇压,直到饥荒迫使喀什噶尔居民接受他的统治为止。

契丹人本来信佛教,耶律大石率部西迁后,当地盛行伊斯兰教,便制定宗教信仰自由政策,任凭百姓信奉哪一种宗教。由于实行宗教信仰自由政策,西辽和一些信仰伊斯兰教的属国倒也上下相安无事。

屈出律的妃子信仰佛教。屈出律听从妃子的建议,将佛教定为西辽国教,命令国民必须尊奉佛教,不得再信伊斯兰教。他亲自到和阗,召集伊斯兰教士辩论教理,企图使喀什噶尔和阗的穆斯林公开放弃伊斯兰教,改信佛教或基督教。

有一位教士名叫阿拉哀丁,和委派的官员古出鲁克互相辩驳。古出鲁克词穷,羞惭成怒,一边骂一边命人将阿拉哀丁捆绑起来,把他的手脚钉在门上。

古出鲁克征收赋税太重,每一乡长家里安排一个士卒监督收税。西辽的民心日渐瓦解，只希望蒙古兵赶快来。

成吉思汗不能容忍他的宿敌屈出律做西辽君主，存在于蒙古国附近，便于1218年派哲别率2万蒙古军进攻西辽。

哲别的首要任务是保卫阿力麻里和保证苏格纳黑的继承权。当他率蒙古军抵达阿力麻里时，屈出律已经离开了阿力麻里，躲到喀什噶尔避难去了。虎思斡耳朵的西辽守军不战而降。蒙古军不费吹灰之力就占领了西辽首都。

随后，哲别率蒙古军直接进攻喀什噶尔。哲别所率蒙古军纪律严明，禁止抢劫，一路宣扬宗教信仰自由，深受当地穆斯林居民的欢迎。在喀什噶尔，穆斯林居民们把哲别作为他们的救星。屈出律所部很快被打败。

1218年，屈出律率残部朝帕米尔方向逃去。哲别的随从追上了，在撒里豁勒河附近将他杀死。就这样，曾经拥有伊犁河、伊塞克湖、楚河和怛逻斯河流域统治权的西辽彻底灭亡，其领土被并入蒙古帝国。后来，在蒙古军征服世界各国的过程中，契丹人常常作为附从军队出战。他们的足迹随着战马走到蒙古军所到各地，并随着蒙古军的驻扎而逐渐融入各地民族之中。处在契丹故地的契丹族人，因长期与女真族、汉族等相处，逐渐被融入汉族中。曾创造过独特文明的契丹族消失了。